元宇宙营销

数字营销新浪潮
METAVERSE MARKETING
A New Wave of Digital Marketing

廖俊云 ◎ 著

北京大学出版社
PEKING UNIVERSITY PRESS

图书在版编目(CIP)数据

元宇宙营销:数字营销新浪潮/廖俊云著.—北京:北京大学出版社,2024.4
ISBN 978-7-301-34901-4

Ⅰ.①元… Ⅱ.①廖… Ⅲ.①品牌营销 Ⅳ.①F713.3

中国国家版本馆 CIP 数据核字(2024)第 054301 号

书　　　名	元宇宙营销:数字营销新浪潮
	YUANYUZHOU YINGXIAO: SHUZI YINGXIAO XIN LANGCHAO
著作责任者	廖俊云　著
责 任 编 辑	李沁珂　李 娟
标 准 书 号	ISBN 978-7-301-34901-4
出 版 发 行	北京大学出版社
地　　　址	北京市海淀区成府路 205 号　100871
网　　　址	http://www.pup.cn
微信公众号	北京大学经管书苑(pupembook)
电 子 邮 箱	编辑部 em@pup.cn　总编室 zpup@pup.cn
电　　　话	邮购部 010-62752015　发行部 010-62750672
	编辑部 010-62752926
印 刷 者	北京九天鸿程印刷有限责任公司
经 销 者	新华书店
	720 毫米×1020 毫米　16 开本　15.25 印张　246 千字
	2024 年 4 月第 1 版　2024 年 4 月第 1 次印刷
定　　　价	66.00 元

未经许可,不得以任何方式复制或抄袭本书之部分或全部内容。
版权所有,侵权必究
举报电话: 010-62752024　电子邮箱: fd@pup.cn
图书如有印装质量问题,请与出版部联系,电话: 010-62756370

前言
Preface

1994年,中国与国际的64K专线信道开通,标志着中国正式全面接入国际互联网。2024年恰是我国接入国际互联网的第三十个年头。

在这三十年的征程中,中国互联网的发展可谓突飞猛进。中国互联网企业从模仿走向自主创新,以抖音(TikTok)等为代表的一大批本土互联网企业诞生并发展壮大,它们走向世界,获得了世界人民的喜爱。短短三十年,中国互联网也相继经历了电脑文本时代、图文时代、视频时代和直播时代的持续升级,每一次都朝着更丰富、更生动、更交互的方向演进。发展永不止步,下一代互联网剑指何方?

近年来,随着计算机人工智能技术(如生成式人工智能模型)、互联网通信技术(以5G通信为代表)和显示传感技术[如虚拟现实(Virtual Reality,VR)、增强现实(Augmented Reality,AR)等]的长足进步,我们正迎来新一代互联网时代——元宇宙(Metaverse)。2021年,游戏平台ROBLOX(罗布乐思)成为全球首家将元宇宙概念写进上市招股书的企业,社交平台Facebook(脸书)更名为Meta,全面转型为元宇宙企业。中国企业亦不甘落后,百度正式发布首个元宇宙产品"希壤",中国移动、中国电信、中国联通、华为等巨头也纷纷布局元宇宙。2021年已然成为元宇宙元年,或许元宇宙发展之路不会平坦,但大

幕开启,未来可期。

2023年8月,工业和信息化部办公厅等五部门联合发布的《元宇宙产业创新发展三年行动计划(2023—2025年)》明确指出,元宇宙有望通过虚实互促引领下一代互联网发展,并强调要基于元宇宙在生活消费和公共服务等领域形成一批新业务、新模式、新业态。2024年1月,工业和信息化部等七部门联合印发《关于推动未来产业创新发展的实施意见》,强调大力发展未来产业是引领科技进步、带动产业升级、培育新质生产力的战略选择。值得注意的是,该文件五次论及元宇宙,显然政府层面已经将元宇宙视为未来产业的重要方向。

元宇宙最大的特点是打破了传统互联网的二维限制,改变了传统互联网的交互方式,打破了虚拟与现实的边界,为消费者提供极具沉浸感的三维互动体验空间,这将是互联网的又一次升级。想象一下,对于一个球迷而言,如果他在条件允许的情况下能够在现场看一场球赛,他就绝对不想对着电视或手机屏幕观赛。但元宇宙的发展将使身临其境般地坐在家里观看一场比赛成为可能。传统互联网时代,虚拟与现实像是隔着一扇窗户,远方可见但不可及;元宇宙时代,虚拟与现实相伴,虚拟与现实融合,虚拟与现实的距离消弭,沉浸式体验成为可能。

在传统互联网时代,内容为王;在元宇宙时代,立体沉浸式体验将是新的王者。元宇宙为品牌创新用户体验提供了新机会和新空间。一些大胆创新的企业,如Nike(耐克)、Gucci(古驰)、小鹏汽车、奈雪的茶等,已经开始在不同领域勇敢尝试元宇宙营销。总之,元宇宙为企业营销开辟了一块崭新而激动人心的天地。但激动之余,营销者必须冷静下来思考:元宇宙如何改变用户心理和交互行为?元宇宙中的产品开发和体验设计如何布局?如何设计元宇宙中的品牌沟通?元宇宙又如何影响未来的商业模式?不同行业如何应用元宇宙营销?如此种种,都是企业营销部门和从业者必须严肃思考的重要问题。

前言

我从事社交媒体营销的研究多年,对新技术下的营销变迁尤感兴趣。结合个人的研究和思考,本书试图对一些元宇宙营销中的重要问题进行分析和解答,为元宇宙营销提供一个较为全面的框架。本书既融合了大量企业案例,也渗透相关理论研究成果,努力达到学理性与实践性、专业性与通俗性的平衡。希望本书对读者了解元宇宙营销、对企业布局元宇宙营销有所启发。

本书的出版要感谢由我发起成立的"暨大社会化媒体研究组"的成员王欣桐、王薇、陈芷莹、周汇铧、莫惟等在案例及相关资料收集整理等方面的辛勤付出。感谢北京大学出版社贾米娜、李沁珂编辑的支持和耐心细致的编辑工作。感谢周南教授、何凯博士以及我所在单位和同事对我的关心、支持与帮助。感谢苏晨汀教授、李国林先生、张琦女士、吴小平先生对本书的热情推荐。最后,特别感谢我的家人,是他们的支持使我能全身心投入工作之中。

廖俊云

2024 年 1 月于暨南园

目 录
Contents

第1章　迎接元宇宙营销新时代　/ 1
　1.1　元宇宙营销的前世今生　/ 2
　1.2　元宇宙营销的关键技术揭秘　/ 6
　1.3　元宇宙营销的三个阶段　/ 15
　1.4　元宇宙营销三要素：人、货、场　/ 16
　1.5　打造元宇宙营销五要素　/ 25

第2章　元宇宙中的数字生命体　/ 37
　2.1　虚拟世界的主体——虚拟数字人　/ 38
　2.2　虚拟数字人的演进历程　/ 41
　2.3　元宇宙中用户的第二身份　/ 44
　2.4　元宇宙中品牌的沟通桥梁　/ 47

第3章　探索元宇宙用户交互　/ 59
　3.1　用户与元宇宙平台的互动——人机交互　/ 59
　3.2　解密虚拟社交世界——人人交互　/ 64
　3.3　元宇宙营销对象的革新——D2A 营销的到来　/ 70
　3.4　元宇宙丰富的虚拟交互形式　/ 75

第4章　元宇宙产品新玩法　/ 81

4.1　多样的元宇宙数字商品　/ 82
4.2　元宇宙产品设计的新面孔　/ 93
4.3　探寻数字藏品的奥秘　/ 94
4.4　NFT——品牌新型营销密钥　/ 98
4.5　虚实融合的产品线设计路径　/ 101

第5章　元宇宙中体验的全面升级　/ 104

5.1　虚拟体验的新可能性　/ 105
5.2　虚拟体验的诱人之处　/ 106
5.3　沉浸式体验打造　/ 109
5.4　趣味性元宇宙营销——游戏化体验　/ 112

第6章　场景营销的"元"革命　/ 120

6.1　元场景的数字化特性　/ 121
6.2　场景营销落地元宇宙　/ 122
6.3　全时互动场景渗透多领域　/ 126
6.4　元宇宙全域营销的全面升级　/ 133

第7章　品牌的"元"管理　/ 139

7.1　元宇宙成为品牌新空间　/ 140
7.2　贴近元宇宙的品牌创建过程　/ 141
7.3　元宇宙品牌管理全过程　/ 145
7.4　元宇宙品牌社群大不同　/ 153

第8章　元宇宙引领品牌沟通　/ 164

8.1　品牌沟通的元创新　/ 165
8.2　元宇宙品牌也要有人格　/ 171

8.3　智能技术赋能品牌沟通　／177
　　8.4　元宇宙广告与用户的角色变换　／180

第9章　　未来商业模式：打造元宇宙平台　／188
　　9.1　元宇宙营销如何盈利　／189
　　9.2　商业模式的元宇宙思路　／191
　　9.3　品牌元宇宙平台化的必然趋势　／193
　　9.4　平台经济与网络效应：助力元宇宙发展　／199

第10章　　不同行业的元宇宙营销　／209
　　10.1　餐饮品牌联手Z世代　／209
　　10.2　美妆行业的"游戏"元宇宙　／211
　　10.3　网络零售品牌的"区块链"化　／214
　　10.4　运动品牌入局虚拟专区　／216
　　10.5　文旅产业：沉浸式虚拟旅游体验　／219
　　10.6　面向B端企业的数字工厂　／221

第11章　　元宇宙营销挑战　／223
　　11.1　维护用户隐私与数据安全　／224
　　11.2　规范元宇宙社区：成为守法"元"公民　／227
　　11.3　品牌资产保护——元宇宙产权隐痛　／228
　　11.4　元宇宙成瘾——未来电子世界隐患　／229

参考文献　／233

第 1 章
迎接元宇宙营销新时代

2021 年被称作元宇宙元年。在当年的"双十一"购物节中,现实世界已不再是唯一的阵地,众多超级品牌提前迈入平行时空,解锁元宇宙中品牌的"双十一"新身份,或是缔造具有独创性的数字藏品,或是幻化成虚拟乐器,深入探索数字秘境,一场由品牌共同演绎的"赛博古典之夜"已然准备就绪。

作为数字营销的先锋,在"双十一"前夕,天猫超级品牌日与其数字主理人 AYAYI 携手,建立起一座数字藏馆,举办了一场前所未有的元宇宙艺术展,以突破性的想象力提前引爆"双十一"。作为元宇宙的来客,现象级的超写实虚拟数字人 AYAYI 亲自担任制作人,与八大超级品牌联合设计并布展。跟随 AYAYI 进入数字藏馆,充满科幻感的银色山海便在眼前浮现,一个个悬浮于空中的水晶球中包裹着来自各个品牌的神秘藏品,尽显各具风格的数字美学。这场沉浸式的虚拟艺术展,如数字化的山川冰河一般,以极具视觉冲击力的设计勾勒出元宇宙的一隅,也丰富了天猫超级品牌日的元宇宙世界观架构,吸引大众步入其中。

相较于初次涉足元宇宙的其他品牌,走在数字营销前列的奢侈品品牌博柏利(Burberry)显得游刃有余。博柏利一直以来持续开拓着品牌的数字化路径,此前在海外平台曾有过非同质化代币(Non-Fungible Token,NFT)的尝试。此次与天猫超级品牌日的合作,博柏利延续使用品牌数字 IP(Intellectual Property,知

识产权,可理解为有代表性的形象)"博博鹿",让它担任 AYAYI 的专属时尚顾问,成为活跃在元宇宙的数字精灵。每当新的搭配完成,"博博鹿"的部分身体还会化作酷炫的流体金属,动态的视觉效果与 3D 互动体验让这个数字精灵更加鲜活。借由与天猫超级品牌日联手打造的数字藏品,博柏利进一步丰富了"博博鹿"IP 的内涵、拓展了其外延,传达潮流时尚的设计美学以及个性前卫的创新精神,也为品牌此后的数字化创新积累了可持续运用的资产。

2021 年元宇宙加码全国范围的购物狂欢节,标志着中国的新型数字营销正式开启新旅程。而在了解元宇宙营销之前,让我们先深入了解一下什么是"元宇宙"。

1.1 元宇宙营销的前世今生

1.1.1 元宇宙的起源

元宇宙是一种起始于游戏平台、奠基于数字货币、由一系列集合式数字技术和硬件技术支持的、人类生活深度介入其中的虚拟世界及生存愿景。随着 5G、Wi-Fi6(第六代无线技术)、云计算等基础设施的出现和完善,智能手机、智能眼镜等人机交互设备的发展,区块链、边缘计算等去中心化技术的创新,创作者经济、渠道、体验经济等的不断完善,元宇宙在 2021 年迎来了元年。同年,前有社交媒体巨头 Facebook 宣布更名为 Meta 并收购虚拟现实领域的知名企业 Oculus(奥科勒斯);后有沙盘游戏平台 ROBLOX 成为第一家将"元宇宙"概念写进招股书的企业,并成功登陆纽约证券交易所,该企业上市首日股价上涨 54.4%,市值飙升至 372 亿美元。这两件事都引发了巨大的轰动,元宇宙开始进入大众视野。一些评论家说,元宇宙是一个模糊的概念,或者只是科技巨头创造的"令人兴奋的、未来感觉良好的地方",且没有足够的并对用户有用的应用程序;或者它只是一个由控制我们生活并将我们推向"消费黑洞"的力量创造的幻想世界。然而,许多人认为元宇宙不仅仅是一个流行语,更多的是一种演变,一种未来的象征,我们要持辩证、开放的态度去面对发展的事物。

1.1.2 元宇宙的概念

2021年元宇宙正式进入大众的视野,元宇宙的概念也受到各行各业的广泛关注。在产业界,Meta的首席执行官马克·扎克伯格(Mark Zuckerberg)设想元宇宙是一个融合虚拟现实技术、有超强沉浸感的社交平台。百度副总裁马杰认为元宇宙本质上是对现实世界虚拟化、数字化的过程,需要对内容生产、经济系统、用户体验以及实体世界内容等进行大量改造。在学术界,北京大学新闻与传播学院的陈刚教授和董浩宇博士认为,元宇宙是利用科技手段进行链接与创造的,与现实世界映射与交互的虚拟世界,是具备新型社会体系的数字生活空间。维基百科针对元宇宙也给出了相关定义:元宇宙,或称为后设宇宙、形上宇宙、元界、超感空间、虚空间,被用来描述一个未来持久化和去中心化的在线三维虚拟环境。在某种程度上,元宇宙是我们所处的现实世界的数字复制品,在这个三维数字空间中,用户的虚拟化身模仿并复制他们的行为,使其能够与他人进行互动。

元宇宙本质上是一个人造虚拟世界,最早由文字构建,后来随着技术的发展,它才借助电脑和互联网具体呈现在人们面前。元宇宙提出的根本原因在于人们对交互体验的要求日益提高。这驱动着媒介技术不断进步,为元宇宙的实现打下了技术基础。元宇宙的出现条件是信息技术高度发达和社会文明高度繁荣,而该条件又将催生出新的社会形态。在元宇宙世界的设想中,虚拟世界与现实世界共存,人们在元宇宙中拥有虚拟的数字身份,在现实世界可以进行的一切,在元宇宙虚拟世界中都能同步进行,这将给人类社会带来全方位的变

革。元宇宙是与现实相交融但又不完全依赖于现实的人造虚拟世界,人们可以借助数字分身进行交流和互动,形成虚拟社群,并逐渐发展出依托于现实世界又独立于现实世界的虚拟文明。

1.1.3 了解元宇宙营销的独特之处

1.1.3.1 超越现实——源于现实、高于现实的体验

由于增强现实、虚拟现实等技术的发展,人们可以通过穿戴设备来实现视觉、听觉、触觉乃至味觉上的全真模拟、高沉浸式体验。进入元宇宙的世界,人们可以做到日常生活所能做到的事,如在会议室里开会、在教室里上课、去各地旅行等;也可以做跨领域的事,如非专业潜水员体验潜水、非飞行员体验开飞机;更有甚者可以体验某个历史事件的重现,如重新观看北京奥运会开幕式的现场、回到战争中体验战争的残酷;还可以做一些人类在现实生活中无法做到的事,如体验蚂蚁一天的生活、长成十米高的巨人;等等。品牌可以轻松地在元宇宙中实现体验经济和场景营销。同时,虚拟世界消灭了时空距离,只要双方同意,人与人之间的互动成本近乎为零,这就给关系营销带来了无限机遇。在元宇宙中,品牌可以打造属于自己的空间来与用户互动,先体验后消费将会成为常态。如何将产品高质量、富有独特价值地虚拟化、如何打造具有品牌调性的场景以吸引用户参与,将会成为元宇宙营销中重要的一环。

1.1.3.2 身份改变——数字分身与虚拟数字人的出现

元宇宙催生了数字分身与虚拟数字人的出现。数字分身是指每个人都可以在元宇宙中拥有属于自己的身份,这种身份未必与现实世界中的身份相符,既可能反映现实的模样或现实的需求,又可能恰好与现实相反。在未来,营销不仅需要面对真实的人,还需要面对数字分身,如何挖掘与洞察数字分身背后真实的人的需求是营销的难点之一。虚拟数字人是指由代码构成的、只存在于

虚拟世界中的人物形象,这一类人通常为品牌、大企业所开发,如洛天依、初音未来等,但也不排除感兴趣者自行开发的可能性。虚拟数字人会成为未来世界的"新人种",会形成绝佳的营销媒介,因此企业可以开发自己品牌的虚拟数字人形象,与用户进行互动和交流。可以通过虚拟数字人、数字分身等来打造"社区",各式各样的人因为兴趣爱好、价值观等相似而聚集在一起,彼此交流,品牌与用户直接近距离接触,没有平台的限流或阻隔,有利于社区经济的发展。

1.1.3.3 符号经济——超现实体验新风向

在元宇宙中,人们的认同决定价值而非劳动决定价值,因此"经济人"假设面临崩溃。如今,最有可能成为元宇宙居民的人大多出生在 1995 年到 2010 年间,这代人伴随着互联网的成长,被称为 M 世代(Metaverse Generation)。其主要特征表现为追求精神上的富足——关心实物背后的文化、情感、艺术与美,追求社交认同,注重自我实现。这带来的结果是,以劳动决定价值的传统经济学理论大厦面临崩塌,以认同决定价值的元宇宙经济不断建立。商品不再是无差别的一般性人类劳动,"居住"在元宇宙中的居民更有意愿购买具有稀缺性、独特性的产品,自我认同转化为商品价值,体现出 M 世代的生活方式、生活状态。

法国哲学家让·鲍德里亚在他最知名的 *Simulacra and Simulation*(《拟象与仿真》)一书中写道,人类社会用符号和象征来取代现实和意义,人类的体验是对现实的一种仿真。

对于品牌和企业来说,无论是在现实世界还是在虚拟世界,未来生产和销售的不再是批量出现的同质化商品,而是基于用户情绪满足和价值实现提供的"超现实体验"。这种超现实体验及其承载的符号意义,并不是品牌单方面赋予用户的,也不是简单通过 NFT 这种形式自发产生的,而是需要品牌深入挖掘其价值和存在的意义,尤其要找到与用户关联的符号意义和精神价值。

1.1.3.4 共创共享——用户既是内容的使用者也是其创造者

过去,品牌是主要的内容创作者,它们决定用户观看和浏览什么内容,随着数字经济的发展,平台的出现为用户创造内容提供了可能。但由于内容的精准投放,品牌与用户之间仍然是自上而下的关系,用户仍然在被动接受品牌的内容,品牌仍然占据主导地位;然而,在元宇宙中,平台的作用大大削减,甚至可能不复存在——用户可以自由选择是否进入品牌打造的场景,是否接受品牌打造的内容,同时,用户可以在场景里的社区中进行互动、交流。而且,由于资产确权的发展,用户创造的产物能够以独一无二的数字资产形态呈现,具有一定的经济价值;再加上没有平台对用户创作的抽成,没有流量的胁迫,创作者经济会更加繁荣。用户可以很轻松便将自己创作的作品与品牌融合,在那时用户所创作的作品将会蓬勃发展,甚至可能比品牌自身打造的内容更精彩。品牌要做得更多的是营造良好的交流氛围,打造优良的品牌调性。

1.2 元宇宙营销的关键技术揭秘

互联网发展促进了社会的信息化变革,构建元宇宙需要硬件、软件两个方面的技术支撑,只有这样,才能让元宇宙从文字描绘的"可能世界"外显为人们能感知到的"虚拟世界"。简而言之,元宇宙依赖的是技术的集群。元宇宙的虚拟世界与现实世界之间的转换,或者说从现实世界进入虚拟世界,需要一扇"门",而这扇"门"的打造就依赖于庞大的硬件系统。相关的硬件设备要依赖如下技术:扩展现实技术,包括虚拟现实技术、混合现实技术和增强现实技术;信息技术,包括5G与将来发展到更高阶段的移动通信技术;互联网技术,包括互联网3.0;人工智能技术;等等。当这些技术发展到一定的高度时,可以很好地增强人们在元宇宙中的沉浸感,给人们带来交互性和构想性,创造一个电影场景般的全息数字世界。另外,只有拥有配套的数字化和智能化设备以及过硬的技术,才能满足元宇宙自身运行的需要。高端芯片制造技术、显示硬件技术,以及数据存储设备技术等都是构建元宇宙的重要设备技术。

同时,元宇宙也需要强大的软件技术。万兴科技副总裁谷成芳认为,元宇宙建设的过程中,除了基础系统支撑和持续的技术升级,还需要更多的创作者,通过更智能化的软件与工具去创造海量的创意内容。元宇宙的七个构成层级分别是:发现层、体验层、创作者经济层、空间计算层、去中心化层、人机交互层和基础设施层。其中,创作者经济层、发现层、体验层都在强调软件应用和生态。要建立虚实相生的元宇宙,就需要更高层面的交互技术,这种需要会相应推动人工智能等软件技术的高速发展,也就是推动元宇宙的构建需要相应的软件基础。

1.2.1 元宇宙的虚实界面

虚拟现实、增强现实和混合现实(Mixed Reality,MR)是构建元宇宙的重要技术基础。虚拟现实指的是一种完全模拟的数字化环境,通过头戴式显示器等设备将用户从现实世界转移到虚拟世界中。用户可以在虚拟世界中进行互动,感受与现实世界相似的视觉、听觉和触觉体验。虚拟现实技术被广泛应用于游戏、教育、医疗等领域。增强现实指的是一种将虚拟元素叠加到现实世界的技术。用户可以通过手机或其他设备观察到现实世界,并在此基础上叠加虚拟图像、文字、声音等元素,从而更加充分地感知现实世界。增强现实技术被广泛应用于游戏、营销、教育等领域。混合现实是一种将虚拟和现实元素混合在一起的技术。与增强现实不同的是,混合现实中的虚拟元素与现实世界中的物体相互作用,用户可以通过手势等方式对虚拟元素进行操作。混合现实技术被广泛应用于游戏、医疗、建筑设计等领域。

元宇宙营销
数字营销新浪潮

通过计算机模拟虚拟环境,虚拟现实可以给用户带来身临其境的体验,例如,奥科勒斯探索系列第二代(Oculus Quest 2)、宏达电子头显设备(HTC VIVE)上的虚拟现实游戏可以为用户带来更好的虚拟现实体验。增强现实可以将虚拟物体或信息与现实环境融合,混合现实可以打破现实世界和虚拟世界的界限。这些技术为元宇宙提供了更多可能性,而脑机交互技术则为用户在不需要增强现实/虚拟现实设备的情况下感受元宇宙提供了可能。

虚拟现实作为信息技术的集大成者,为元宇宙提供了终端入口和感知交互功能。2022年,虚拟现实硬件体验感和销量不断提升,元宇宙内容生态不断繁荣。据Meta公布的数据,2023年第一季度,超过百万收入的虚拟现实应用数量增长幅度达61.3%,超过200个应用软件在头显设备中获得超过100万美元的收入,这一数字较2022年增长超过46%。① 预计2023年、2024年虚拟现实内容盈利态势仍将延续。

案例1.1

字节跳动收购Pico

2021年,字节跳动收购Pico(一家主要经营虚拟现实一体机研发、生产和销售的企业),显然也是想基于自家丰富的媒体内容产品,尽快拿到元宇宙的船票。目前看来,在元宇宙仍然处于概念的当下,字节跳动更是想借助虚拟现实,在久攻不下的社交领域做出突破。

Pico商店目前已上架的游戏已经超过百款,并且还在持续更新中,虽然数量不算多,但重在精品化,其中不少都是Metacritic(元宇宙评分)平台上获得高分的作品,更不乏在国际上获奖的游戏。虚拟现实游戏几乎全部都要用体感进

---

① 《展望2023|中国虚拟现实终端出货量向千万级规模迈进》,https://baijiahao.baidu.com/s?id=1757730185923040436&wfr=spider&for=pc,2023年8月20日访问。

行操作,区别仅在于所用到的部位不同和运动强度的大小不同。Pico 内置了一个免费应用"运动中心",用于记录用户每天使用设备游玩时累计消耗的热量。因此,只要选择合适的游戏,就能达到足不出户居家健身的目的。同时,Pico 虚拟现实设备的另一大亮点是360°全景观影,可以让用户体验身临其境的效果,现实中难以接触到的种种环境,借助虚拟现实视频都能够触及。此外,Pico 虚拟现实设备中还有一些应用也带有很强的社交属性:"Pico 多人影院"和"Pico Home"都可以邀请好友一起观影,并随时进行语音交流;"PartyOn"则如同一家虚拟的 KTV,支持用户在线与好友 K 歌。随着未来更多元宇宙社区的引入,相信虚拟现实社交也会变得越来越普遍。

资料来源:改编自《字节跳动收购 VR 创业公司 Pico 后者将并入字节 VR 相关业务》,https://www.techweb.com.cn/it/2021-08-29/2855487.shtml,2023 年 8 月 20 日访问。

1.2.2 区块链技术

区块链技术是元宇宙发展的关键辅助系统,从技术平台、应用场景、协作机制等方面提供支持。区块链基础设施通常可分为五层,包括数据层、网络层、共识层、合约层和应用层。数据层提供区块链数据的分布式存储架构,可对元宇宙生态的关键数据进行封装,并提供防篡改机制。网络层使用网络协议构建了可靠的分发机制,为元宇宙生态参与者的点对点通信提供支持。共识层解决了分布式场景的一致性问题,使更多相关方能够参与元宇宙生态的治理。合约层为分布式编程赋能,使元宇宙中的各种资产可编程,更灵活地适应各种生态场景。应用层为区块链生态保驾护航,促进更多领域进入元宇宙中。区块链 3.0 可以实现对互联网信息价值和字节产权的确认。

随着区块链基础设施的发展,互联网 3.0 时代到来。互联网 3.0 为元宇宙中的异构分布式应用提供了通信基础、网络架构和交互模式。同时,区块链技

术还可以提供基础区块链的元宇宙身份价值网络，比如以区块链为核心的密码学身份。在传统的区块链系统中，用户身份是非对称密码学的公私钥对，有效地保护了用户的个人隐私。解决元宇宙中的用户身份问题有助于进一步实现元宇宙中的可信计算。可信计算中的隐私计算已经在金融、医疗、政务等领域有了一定的发展，主要解决了跨机构的数据采集和整合难的问题，降低了隐私数据容易泄露的风险，并克服了数据孤岛的问题。在元宇宙中，可信计算的实现有利于促进虚拟身份间的数据互联互通。互联网3.0和区块链3.0的结合不仅有助于实现以智能合约为核心的工业互联网和物联网，而且有助于加速智能社会的到来。

1.2.3 人工智能技术

人工智能是基于海量数据来模仿人类的智力，从而执行任务并对其自身进行迭代改进的系统。在构建元宇宙的过程之中，人工智能技术不仅推动了元宇宙中一些关键技术的发展，还能在元宇宙中直接进行内容的创作，从而将现实世界与虚拟世界连接起来。人工智能生成内容（Artificial Intelligence Generated Content，AIGC）可以大幅度地提高内容创作效率，在元宇宙中需要很多的文字、视频、图片等素材，相较于人力，AIGC可以快速高效地完成相关工作。另外，人工智能技术也是连接现实世界与虚拟世界的"纽带"，通过人工智能技术可以更好地完成场景的数字化，达到更好的沉浸式体验。同时，AIGC将作为生产力工具为元宇宙用户提供个性化内容体验，因为大量个性化、多元的数字内容是吸引人们进驻元宇宙的重要因素，所以需要AIGC来填充内容匮乏的虚拟世界。

通过AIGC也可以更好地实现元宇宙中的人机交互。交互式人工智能进一步降低了人机交互的技术门槛，增加了用户数量，在元宇宙领域具有极大的商业价值与广阔的应用前景。比如，元宇宙中的虚拟数字人需要具备一定的与人交互的能力,以满足与人类交互的需要,这相应地就要求应用 AIGC 以实现虚拟数字人的智能化,更好地帮助用户实现元宇宙内的人机交互,增强沉浸感。

案例 1.2

ChatGPT——AIGC 智能交互算法

ChatGPT 是由开放人工智能公司(OpenAI)开发的一款聊天机器人模型,它能够模拟人类的语言行为,与用户进行自然的交互。其名称来源于它所使用的技术——GPT-3 架构,即第三代生成式语言模型。ChatGPT 的应用场景很广泛,既可以用于处理多种类型的对话,包括对话机器人、问答系统和客服机器人等,又可以用于各种自然语言处理任务,比如文本摘要、情感分析和信息提取等。例如,在一个问答系统中,ChatGPT 可以提供准确的答案,解决用户的疑惑;在一个客服机器人中,ChatGPT 可以帮助用户解决问题,提供更好的服务体验。

未来,ChatGPT 的发展方向将会更加多元。它可能会引入更多的语言模型和深度学习技术,使得自身性能更加优良;也可能会拓展到更多的应用场景中,为更多的人群提供服务。例如,它可能会进一步丰富语言体系,支持更多的语言;也可能会更加灵活,可以根据不同的目标用户进行微调,适应不同的场景和需求。此外,ChatGPT 对于推进元宇宙的发展也大有益处,它可以作为智能化的文本信息生成工具,来辅助元宇宙的基础信息搜集、虚拟数字人的背景搭建以及各类广告文案的生成。它将作为相较于人工而言更加高效且准确的 AIGC 算法,成为元宇宙重要的技术底座之一。

资料来源:改编自《智能创作时代:ChatGPT 是什么?哪些工作或将被 AI 取代?》,https://baijiahao.baidu.com/s?id=1757158448177301542&wfr=spider&for=pc,2023 年 8 月 20 日访问。

1.2.4 云计算与边缘计算

算力在元宇宙中是必需的基础设施之一,因为元宇宙是一个与现实世界一样复杂的虚拟世界,需要强大的计算能力来支撑其多样化的功能和场景,如建筑建模、场景渲染、信息反馈、物理计算、数据协调和同步、人工智能、动作捕捉、区块链网络搭建等。为了满足这些要求,云计算具备了大规模、无限扩展、按需弹性、分布式网络连接、低成本、高稳定、安全等特性,可以提高资源利用效率,降低用户使用成本,承载元宇宙中的超大规模数据量,并提供计算、存储和机器学习等服务。边缘计算可以通过将计算放在靠近数据源头的边缘端,就近提供服务,减少冗余数据,减轻带宽需求,满足降低用户传输成本、缩短延迟、应用智能、保护安全与隐私、提高服务质量等方面的需求,为用户提供更快捷高效的需求响应和沉浸式的交互体验。在元宇宙场景下,边缘计算和云计算将互相补充,提供更好的服务。目前大型游戏通常采用"客户端+服务器"模式,这对用户终端设备和服务器的性能有较高的要求。

1.2.5 物联网

在元宇宙时代,物联网的作用愈加重要,能够实现万物互联的效果。为了营造更具沉浸感的体验,需要将更多的设备接入互联网,达到虚拟现实的效果。物联网可细分为标识、感知、处理、信息传输四个方面,其中的关键技术包括射频识别技术、传感器技术、网络技术和通信技术。射频识别技术是物联网中信息采集的主要方式,具有远距离、快速读取、穿透力强、效率高和存储量大等特点,是元宇宙中现实数据采集的重要前提条件。传感器则是元宇宙的感觉器官,能够感知万物的信息。传感器技术是元宇宙用来接收信息的重要的网络构成,即将实地监测、感知和采集的信息通过嵌入式系统处理,经过无线网络传送到服务端。网络技术是指用于连接和通信的技术,通常用于不同的计算机系统之间相互交流和共享信息。网络技术的发展使得全球范围内的计算机、设备和用户能够通过互联网等网络相互连接,实现数据传输、资源共享和协同工作等。通信技术是物联网数据的传送通道,通过近距离通信和光遇网络通信技术,实现通信感知高效融合,通感一体,为元宇宙提供全真全感互联的信息传输技术支撑。

1.2.6 虚拟平台

未来大多数用户将通过虚拟平台与元宇宙交互,并拥有属于自己的虚拟界面,从而可以访问各种设备。在虚拟平台中,用户可以闲逛、购物、交流、学习与工作,尽情体验元实境。该模块包括沉浸式数字、三维模拟、环境和世界的开发与操作,用户和企业可以自由探索、创建内容、进行社交和各种体验(例如玩游戏、开展或接受教育、购物、听音乐),并参与企业对企业和企业对消费者的经济活动。这些业务与传统的在线体验的区别在于,它们拥有一个由开发者和内容创建者组成的大型生态系统,由这些开发者和内容创建者在平台上生成大部分内容或收集大部分信息。

案例 1.3

现代汽车与罗布乐思平台的元宇宙合作

现代汽车早在 2021 年就已经在元宇宙平台罗布乐思上推出了元宇宙游戏《现代移动出行大冒险》(*Hyundai Mobility Adventure*)。这款游戏是一个集体共享的虚拟空间,不同玩家可以通过游戏实现交流。同时,玩家可以利用特定的数字角色,体验现代汽车旗下的移动出行产品和服务。作为罗布乐思平台上全球首款由汽车品牌开发的虚拟体验游戏,《现代移动出行大冒险》的目标玩家是

善于在现实体验之外探索虚拟世界的年轻技术精英们,他们通过近距离感受现代汽车的产品和体验未来移动出行解决方案,并与企业建立长期互动,使得现代汽车的高科技形象得到强化,巩固其拥有未来领先技术的品牌形象。

在中国,罗布乐思与腾讯建立了战略合作伙伴关系,并构建了独立的罗布乐思官方网站,且该网站仍在不断完善之中。腾讯希望借助罗布乐思风靡一时的娱乐性孵化出更大的社会价值,故将其平台和编程课程推广到中国,并开办了编程训练营。

资料来源:改编自《现代汽车在 Roblox 上推出元宇宙"Hyundai Mobility Adventure"》,https://www.sohu.com/a/487339759_120614492,2023 年 8 月 29 日访问。

1.2.7　3D 建模

3D 建模是指在计算机上生成三维虚拟和视觉交互表示的过程之中所涉及的技术。它包括 3D 绘图工具和计算机视觉技术,以进行用户环境、身体、姿势、位置和方向的 3D 重构。3D 建模可以更好地实现数字孪生,提高虚拟数字人的保真度。另外,3D 建模在通过虚拟资产创建促进用户创造相关内容方面起着重要作用,也使得虚拟世界中的环境和人物的设计能够为用户提供真实且可靠的体验。

1.2.8　大数据

大数据将为数字空间的发展注入活力,促进多领域融合。利用大数据可以对海量、完整的数据集进行分析,从中获取关键信息。元宇宙作为一个与现实世界平行的数字世界,数据规模庞大、信息孤立,这给数据的采集带来了巨大困难,大数据的应用可以解决收集、整理和分析元宇宙中海量数据时所面临的问题。大数据基础设施的建设有助于分析和处理各类数据,同时挖掘信息和汇集经验，以充分利用元宇宙来达到预测未来的效果。所以，大数据是元宇宙成功应用不可或缺的关键技术。

1.3 元宇宙营销的三个阶段

按照技术的发展成熟程度划分，元宇宙营销将经历三个阶段。

1.3.1 1.0阶段：社交+娱乐

在这个阶段，沉浸式体验较为完善，在虚拟世界可以实现基本的娱乐、社交功能，但底层技术不成熟，不足以构建真正的沉浸式的虚拟世界。品牌需要在现有媒介以及终端的基础上，基于特定消费场景应用虚拟世界的元素进行营销活动，从而为用户提供作为现实场景延伸的全新互动式体验，例如，腾讯推出的虚拟音乐嘉年华、耐克入驻罗布乐思专区等。现有的实践基本上都属于这个阶段，在元宇宙1.0阶段，大部分品牌依靠售卖虚拟商品，即数字藏品，以及利用虚拟数字人联名IP、售卖虚拟空间入场券等来获取收益，而这个阶段大部分用户处于围观状态，还没有充分参与到元宇宙世界当中。

1.3.2 2.0阶段：虚拟现实界限模糊

在这个阶段，底层技术相对成熟，但未达到大规模应用的条件，少部分企业已经构建出沉浸式元宇宙，且开放了商业化活动，消费、金融、生活服务等真实世界元素被引入虚拟世界，用户基数进一步扩大，元宇宙成为人们生活的重要组成部分。品牌需要在这个阶段的元宇宙里取得一席之地，全方位与用户建立连接，品牌IP和衍生IP的内容将成为品牌的生命线，属于品牌最重要的资产，也是与用户进行对话的窗口，它们的营销玩法也将无限拓展。

1.3.3　3.0阶段:全真互联网

在这个阶段,底层技术非常成熟,已经可以大规模应用,虚拟和现实世界密不可分,且用户在虚拟世界的时长已经很充足,甚至足够在虚拟世界中形成新的文明。在服务商的技术加持下,品牌可以构建起自己专属的虚拟空间,并联动线下真实场景,形成真正意义上的数字孪生,让用户感受全域、沉浸式的品牌互动,品牌与用户的关系已经被颠覆,二者成为产销共创的伙伴,是可以实现合作共赢的关系。

但由于当前的底层技术并不成熟,市面上还没有一家企业能够建立起"元宇宙世界",大部分只是停留在概念阶段。而且每一家科技巨头企业对于元宇宙的解释也不同,Meta的创始人扎克伯格认为元宇宙是连接人们的下一个前沿,英伟达的创始人黄仁勋认为元宇宙是虚拟世界与现实世界的交叉融合,而腾讯的创始人马化腾则认为元宇宙是虚实交互的全真互联网。

就算是科技巨头企业,目前为止也没有打造出真正具备沉浸感的元宇宙。从目前的状况看,元宇宙的发展尚处于1.0阶段,其落地的方式表现在"利用虚拟世界的元素做营销"上。

1.4　元宇宙营销三要素:人、货、场

1.4.1　元宇宙营销中的"人"

人是元宇宙营销中的主体,在人的层面,营销对象除了现实中的用户,还增加了用户在虚拟世界中的数字分身。这种对新营销对象进行营销的模式,简称为D2A(Direct-to-Avatar,面向数字分身的营销)模式。在虚拟世界中,用户通过数字分身进行社交和游戏,或通过劳动来获取报酬。数字分身既有衣食住行等

方面的虚拟物质需求,也有自我表达和自我实现的精神需求。为了适应元宇宙营销生态,基于数据分析并面向现实用户的全域营销,需要向基于价值交换并面向数字分身的沉浸式营销转型。

"人"是指虚拟数字人,相当于虚拟世界的非玩家角色,是通过计算机图形技术、图形渲染、深度学习、语音合成等技术创造的拟人化形象,具体情况如表 1.1 所示。虚拟数字人是元宇宙最基础的应用之一,有助于影视、游戏、电商等行业实现降本增效。

表 1.1 虚拟数字人类型

类型	简介	案例	所属企业/机构
服务型虚拟数字人	在特定场景提供个性化服务、进行内容生产和简单交互	度晓晓	百度
		中央电视台虚拟手语师	中央电视台
		小爱同学	小米
身份型虚拟数字人	品牌自建形象,部分拥有该 IP,并利用它进行内容输出;也包括用户的数字分身	AYAYI	燃麦科技(创造)阿里巴巴(聘请)
		NAIXUE	奈雪的茶
		花西子	花西子
		"黄仁勋"虚拟数字人	英伟达

元宇宙中的虚拟数字人分为身份型虚拟数字人和服务型虚拟数字人两种,既包括第三方的虚拟偶像 IP、品牌自建的人格化形象,也包括元宇宙参与者的数字分身等。身份型虚拟数字人中的代表是 IP 型虚拟数字人,即具备具体"人设"的虚拟偶像或关键意见领袖,有一定的粉丝群体,但版权不属于品牌方,例如阿里巴巴签下的超写实虚拟数字人 AYAYI;以及由品牌方自行建立,作为品牌人格化的代表形象,其粉丝群体多为忠实顾客,版权属于品牌方,如腾讯打造的"无限王者团"。服务型虚拟数字人主要是替代人工进行简单的内容生产,提

供在特定场景下的服务帮助,如浦发银行推出的"小浦"和百度推出的虚拟助理"度晓晓";此外,服务型虚拟数字人还包括用户的数字分身,其是用户在虚拟世界中选择或者进行创作的、代表自己的3D或者2D形象,每个用户进入元宇宙都需要创造自己的数字分身。

随着元宇宙营销时代的来临,许多品牌和企业都陆续推出了它们的虚拟数字人,如欧莱雅的形象代言人M姐、欧爷等。这一类虚拟数字人的重点都放在了打造真实靓丽的形象、塑造富有个性的"人设"上,旨在通过虚拟数字人让用户对于其背后的品牌产生联想,为品牌带来正向的宣传效益。模特和明星代言的时代正在经历巨变,其风险也越来越大。此外,寻找与品牌调性完全匹配的明星形象难度大,所以虚拟数字人的出现完美地契合了当下品牌代言的需求。虚拟数字人也再次带动了网红经济,如名为柳夜熙的虚拟美妆博主带着"元宇宙"和"虚拟偶像"的话题强势登榜,账号粉丝数更是突破了千万。

数字分身目前主要运用在游戏和社交平台当中。在罗布乐思中,数字分身是类似乐高积木的3D形象,现实用户可以通过手柄、键盘以及手机屏幕上的操作按钮来操控数字分身在游戏里走路、跑步、跳跃,甚至建造房屋、驾驶交通工具等。数字分身既可以是现实用户的虚拟映射,也可以是其真实映射,用户既可以通过元人类生成器(MetaHuman Creator)等工具还原自己的外貌,也可以创造出自己现实形象的理想化延伸,甚至以超自然的人或者动物的形象出现。比如在《第二人生》游戏中,想拥有更强健体魄的用户通常是以肌肉强壮的兽人形象出现的。除了在元宇宙游戏平台中创造数字分身,用户也可以使用专门的数字分身生成工具创造自己的原生数字分身,这种原生数字分身可以跨平台使用。用户在元宇宙游戏或社区中可以通过上传照片或者从原生素材库中选择素材来生成自己的数字分身"素人",然后通过免费或者付费的工具,对数字分身"素人"进行"捏脸"和"修身",对其五官、肤色、发型等进行个性化调整,并根据个人喜好和品位,对其衣着和装备进行升级改造。

在元宇宙中,品牌需要关注数字分身的衣食住行、自我表达和自我实现等种种需求,与用户进行持续互动,不断优化产品和服务,围绕满足用户越来越个性化、多样化的需求与欲望,动态调整和创新一系列与元宇宙相关的营销策略。因此,在元宇宙营销中,品牌需要思考如何实现与用户的持续互动和价值交换。

数据的获取是元宇宙营销面临的第一个问题,去中心化使得数据的所有权和使用权更多地掌握在用户手中,品牌想要获取用户数据,必须通过持续互动和打造沉浸式体验来与用户进行价值交换。但与此同时,当对元宇宙的塑造愈发成熟时,品牌能够提供更多与用户交互的场景,通过打造更具有沉浸式体验的交互方式,使用户对品牌内容有更大的决策权。这类选择决策从侧面反映了用户的消费倾向,能为品牌的营销方向提供更有价值的参考。而在当前阶段,品牌将更多利用游戏化设计讲品牌故事,将品牌资产融入社交场景中,赋能虚拟世界的创意内容,实现占领用户心智的初步探索。

1.4.2 元宇宙营销中的"货"

"货"是指 NFT,是连接虚拟世界和现实世界的通行证。NFT 实质上是一种基于区块链技术的数字化凭证,这种凭证可以证明 NFT 的唯一性,确认其拥有者的权利,并且可以追溯 NFT 的整个创造和交易过程。NFT 具有不可替代、不可分割和不可篡改等特性,可以用来标记特定资产的所有权。同时,元宇宙中的数字身份也是由区块链技术作为支撑的,未来元宇宙允许用户通过唯一的数字身份来统管所有的数字资产和数字内容。现在的移动互联网中,用户的数字身份是零散的,如各大交易平台间不能互通、移动支付手段在国内几乎被微信支付、支付宝垄断,在国外被 Paypal 主导等。未来,在元宇宙中应该会出现能贯通于各个平台的数字身份,让用户能够在不同的元宇宙空间中实现自由跳转交易。

NFT 的核心价值在于数字内容资产化。NFT 的表现形式可以是图片、视

频、3D内容等,具体情况如表1.2所示。

表1.2 NFT的具体情况

类型	简介	案例	所属企业/机构
文化	历史文物、传统文化	"敦煌十愿"	敦煌画院
个人资料图片	独一无二的头像图片	加密朋克(CryptoPunks)	Larva Labs
		无聊猿游艇俱乐部(Bored Ape Yacht Club,BAYC)	Yuga Labs
虚拟领地	虚拟平台中的土地	Decentraland(去中心化大陆)中的土地	Decentraland
		The Sandbox(沙盒)中的土地	The Sandbox
音乐	独立标识的数字专辑	胡彦斌《和尚》20周年纪念版黑胶唱片	QQ音乐
数字时刻	重大事件的纪念时刻	美国有线电视新闻网(CNN)成立41周年的"数字宝库"(Vault)数字藏品	美国有线电视新闻网
身份标识	虚拟活动的入场券	奈雪乐园入场券	奈雪的茶
品牌	虚拟数字产品的品牌商标	耐克	耐克
账户系统	基于区块链的个人账户(ENS域网)	以太坊域名服务、人工智能域名服务	ENS域网
人工智能+NFT(iNFT)	基于个性化的人工智能虚拟数字人	艺术家Robert Alice与Alethea AI合作的作品	Alethea AI

然而,并不是所有的图片、视频和3D内容都可以成为NFT,例如图片形式的作品必须被记录在区块链上才能成为NFT。NFT一旦发布到市场,以创建者制定的价格进行拍卖或者售卖,就需要利用计算机技术进行交易的确认和记录,因此也会收取费用。但是国内的区块链现在还不对个人开放,因此个人没有权利铸造NFT。

第 1 章
迎接元宇宙营销新时代

在中国，NFT 更直接的应用场景是数字藏品，相当于虚拟世界的道具，兼具收藏价值和社交价值的同时，还可以作为特殊权益的"兑换券"。国内数字藏品主要由文旅项目及博物馆等联合平台发行文博复制纪念品构成，持有动漫、电视剧、综艺等 IP 的上市企业也参与其中。在文创领域，国内有大量的文旅及艺术资产，近年我国致力于推动文化数字化战略，当这些文化资产通过数字建模、扫描上传形成数字资产后，NFT 平台将为这些数字资产提供定价以及交易的场所，使得我国博物馆的文物馆藏、艺术中心的名家作品、景区的名胜风景等以数字化产品的方式进一步进入大众视野，步入千家万户，成为我国文化出海旅程中不可或缺的一环。

在国内，数字藏品的主流交易平台有基于阿里巴巴蚂蚁链的鲸探、百度超级链和腾讯幻核。鲸探上的数字藏品以艺术家创作的作品以及博物馆主题的物体为主，比如戴敦邦英雄手册系列数字藏品、航天文化创意产品平台推出的神舟五号数字飞船。百度的超级链数字藏品涵盖博物馆藏品、体育文化、非遗文化、传统书画、潮玩艺术、航空航天和虚拟数字人，等等。

除了头部平台，国内开放的数字藏品交易平台还包括趣链科技的红洞数藏及以艺术品数字藏品为主的数字藏品中国（NFTCN）。国内的数字藏品一般都是对绘画作品、艺术收藏品实物进行 3D 拍摄或者重新建模生成的，由数字艺术家直接创作或者用户上传的原生数字藏品并不常见。敦煌研究院、秦始皇帝陵博物院、三星堆博物馆等文博单位曾分别推出寻梦敦煌、"秦甲士"、古蜀传奇系列数字盲盒等，就是对文物进行二次创作，激活数字文化遗产；泰山、华山等景区则推出数字藏品来拓展文化消费新场景，利用数字藏品，艺术家打破了与粉丝交流的时空限制；新华数藏平台推出乡村振兴数字藏品，女娲 NVWA 平台推出数字村民数字藏品；《解放日报》发行虎年纪念版数字藏品；中央广播电视总台发行 3D 版"虎娃"数字藏品；中国搜索发布京剧脸谱数字藏品。数字藏品也

成为公益宣传的新舞台,人民科技数字藏品平台推出了其第一款数字藏品——《人民日报》头版数字藏品·新中国第一个特等发明奖授予袁隆平团队;最高人民检察院推出未成年人法治手绘画廊数字藏品;新华数藏平台推出"六一"儿童画系列公益数字藏品;等等。

对于一些企业来说,数字藏品可以作为一种推广品牌 IP 的方式,品牌和 NFT 结合,并发行相关产品。早在 2021 年 8 月,灵境文化就联合暑期档国漫电影《白蛇2:青蛇劫起》推出了小白、小青两个角色数字藏品。这是业内首个以蚂蚁链技术实现数字艺术收藏品链上发售的国漫电影,也是电影在 IP 衍生价值上的一次创新尝试。随后,优秀国产内容 IP《流浪地球》《我不是药神》也相继联合灵境文化发行了数字藏品。

NFT 不仅包括在现实世界中设计出的艺术品和数字化产品,也包括元宇宙原生的虚拟土地和建筑。虚拟土地就是元宇宙中的地产,在网络虚拟空间里,用户既可以在该平台上购买虚拟土地来建造并装修自己的房子,开设店面,也可以买卖房地产,以虚拟化身在其中漫游。比如 Decentraland 和 The Sandbox 里面的每一块土地都是 NFT,具有唯一、可交易、可溯源等特性。字节跳动的 Pico 也为玩家提供了类似的虚拟土地 NFT。在国外,OpenSea、SuperRare、Async、Rarible 和 Mintable 等平台提供上传、铸造和交易 NFT 的全流程服务。数字房地产是基于区块链技术而形成的新行业,让人们既能够通过购买虚拟土地在虚拟空间中进行类似于现实生活中的商业交易,例如租赁,也可以作为私人居住、展品展示等场所,同时虚拟土地还具有一定的流通价值。

与传统的数字营销相比,对 NFT 产品进行品牌营销具有以下几个方面的优势:第一,NFT 既能够提升品牌在现有受众群体中的形象,也能够吸引更多用户的关注,传递品牌价值和品牌理念;第二,由于具有稀缺性,因此,当品牌将商品与 NFT 绑定时,用户的参与热情将会被进一步释放出来;第三,利用 NFT 进行的交易减少了运输成本、租金、存储成本和残次品,等等,使品牌不再局限于实体的商品或服务。

1.4.3 元宇宙营销中的"场"

"场"是虚拟空间,相当于虚拟世界的舞台,除了包含搭建场景的"背景板",还为用户提供虚拟化身系统,使其成为登台演出的角色。与传统的社交平台相比,虚拟空间中的场景空间连续性强、自由度高、沉浸感强,能够让用户获得更强烈的临场感和真实感,解决了传统社交平台的痛点。国内外对于元宇宙虚拟场景的搭建仍处在激烈的竞争当中,由于相关技术发展不成熟,因此即使众多科技巨头入局元宇宙,行业的发展仍处于早期阶段,具有技术、内容优势的虚拟场景将会更容易获得用户的认可。在类别上,虚拟空间分为虚拟社交空间和虚拟私域空间。在数字化营销时代,存在公域和私域的二元营销场景,在元宇宙时代,公域和私域两个场景在营销中也同样适用,但是二者的界限会逐渐模糊,营销更多依托的是与用户的沉浸式互动(如表1.3所示)。

表1.3 虚拟空间类型

类型	简介	案例	所属品牌
虚拟社交空间	由第三方打造,承载多个品牌,拥有用户资产的部分所有权	腾讯虚拟音乐嘉年华(TMELAND)	腾讯
		希壤	百度
虚拟私域空间	由品牌自行构建,承载单个品牌的营销活动,拥有用户资产的所有权	LOUIS THE GAME	路易威登
		安踏冰雪灵境	安踏

元宇宙营销的公域场景包含元宇宙游戏、社交、购物、活动以及正在形成的工作场景。现阶段,元宇宙场景最主要的构成还是元宇宙游戏和社交平台,这

些平台上聚集了大量用户和流量,因此是品牌营销的首选场所。2021年5月,古驰在用户最活跃的平台之一的罗布乐思上建造了品牌专区,用来吸引对时尚感兴趣的罗布乐思用户。用户可以在品牌专区试穿该品牌的虚拟服装并且自拍,也可以花费代币Robux来购买数字艺术家和时装设计师设计的限量版虚拟服装及装备。

在元宇宙中,社交和购物之间的界限并不明显,社交场景、游戏场景和购物场景正在融合成一站式的用户体验场景。2021年12月31日,腾讯音乐举办了一场象征着"未来音乐世界"的跨年活动。这是一场联合中国先锋电子音乐制作人Anti-General、"2021全球百大DJ"Luminn、DEXTER KING,国际知名DJ Vicetone等音乐人和多位视觉艺术家,在国内首个线上音乐元宇宙平台——腾讯虚拟音乐嘉年华上举办的融合现实与虚拟的大型"超现实"音乐活动。腾讯虚拟音乐嘉年华更是联合元象(XVERSE)公司,实现了业内首个以端云协同技术为创新驱动,为广大乐迷、音乐人及合作伙伴开启的"超现实"数字时空;用户不仅可以通过腾讯音乐旗下(如QQ音乐等)各个应用程序的入口进入虚拟音乐嘉年华,并在腾讯虚拟音乐嘉年华中创建个人专属的虚拟形象,以"音乐世界中另一个自己"的数字身份,尽情探索音乐与互动,还可以"身临其境"地体验虚拟演唱会和直播,享受"未来音乐文明"所带来的新奇乐趣。为了弥补互动性上的差距和用户体验上的缺失,腾讯虚拟音乐嘉年华还开放了海螺迪厅、海滨观光塔、游戏空间、虚拟直播盒、音乐广场、雕像广场、音乐博物馆、热气球广场和环游飞艇等虚拟景观,让用户能获得更多元的体验。

品牌建设的私域场景将经历一次变革,因为当前私域场景的运作逻辑和元宇宙去中心化的逻辑背道而驰。将现实世界的营销方式照搬到元宇宙中,并不完全适用。在元宇宙中,品牌方搭建的私域场景将更多地依赖于品牌与用户的价值交换平台。价值交换平台指的是品牌方在元宇宙中拥有产权或使用权的独立空间,如罗布乐思平台上的耐克乐园(NIKELAND)以企业在现实生活中的总部为蓝本,搭建了耐克建筑、场地和竞技场,竞技场中有供用户参与的各种迷你游戏,从躲避球(Dodgeball)到熔岩地板(The Floor Is Lava)等,用户既可以在这个虚拟俱乐部里见面、聊天和玩耍,也可以使用智能手机将线下运动转移到线上游戏中。例如,用户可以在现实中以跳跃的方式移动身体,该动作会在虚拟世界中得到相应的转换。在耐克世界中,耐克最终计划整合模拟全球体育赛事,可能包括世界杯或超级碗期间的比赛,并且将继续更新虚拟世界,加入相应的运动员和产品。

在元宇宙中,无论是公域场景还是私域场景,都在持续进化中。品牌需要不断挖掘不同的元宇宙场景,寻找品牌植入点,探寻推广商品与服务的突破口,如在元宇宙游戏中植入广告,为用户提供带有品牌标识的装备或品牌服饰鞋帽等,占据用户心智;举办元宇宙演唱会、新品发布会,搭建自身的元宇宙建筑,构建属于品牌自身的私域场景,如购物中心、游乐场、健身房、博物馆等丰富的生活化营销场景,不断拓展品牌在元宇宙营销中可延伸的领域和方向,将来,每一个"场"就是一个元宇宙。

1.5　打造元宇宙营销五要素

营销生态的打造需要特别注意这五个方面的要素,分别是智能(Intelligence)、身份(Identity)、想象与创造(Imagination)、互动(Interactivity)、沉浸感(Immersion)。这五要素利用元宇宙的转型推动着营销生态不断完善(如图1.1所示)。

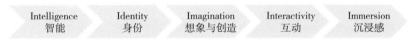

图1.1　打造营销生态的五要素

智能是指，依托物联网、增强现实、虚拟现实、混合现实、以太网和区块链等技术，以及虚拟化合成等设计开发手段，打造的一个智能品牌元宇宙世界；身份是指，品牌要着重关注用户的真实身份与虚拟身份，注意两者之间的联系与区别，同时要打造品牌的数字分身、品牌的虚拟数字人形象，利用虚拟世界的身份形象打造品牌调性，宣传品牌理念；想象与创造是指，一方面，品牌应当着力发展产品，使其具有独特性、创造性，以符合元宇宙"认同决定价值"的消费基础，吸引用户了解品牌；另一方面，未来，用户的创造将会大大多于并优于品牌的创造，品牌等相关方应当致力于打造一个开放、包容、能发挥想象力与创造力的环境供用户去参与；互动是指，品牌要与用户多交流沟通，进行多元互动，开展关系营销，加强品牌黏性；沉浸感是指，用户在互动的过程中，应当体会到等于甚至高于现实的体验感。如此，营销由智能化出发，打造、关注身份，并基于身份进行想象、创造及互动，最终达到沉浸式的目的。

1.5.1 智能

智能指的是元宇宙中涉及的各类智能技术(如人工智能、虚拟现实、增强现实、混合现实、3D建模、实时渲染等)，并通过这些技术去获得知识和经验，以及运用这些知识和经验来解决问题、提出新想法。首先是智能交互技术的进步，交互终端是连接元宇宙场景的第一个接口，目前已出现的虚拟现实头显、各类传感器、摄像头、全息投影甚至脑机接口等智能技术都是用户进入元宇宙营销场景的前提，也是品牌收集、处理用户的相关消费偏好与信息的前提。

元宇宙利用虚拟现实、增强现实、混合现实等技术，借助物理设备，强化沉浸式体验，增强营销的交互性，这使用户的消费过程变得更高效、更智能化。扩展现实(Extended Reality，XR)技术在消费场景的应用不仅弱化了用户对品牌营销的感知度，也大大提高了用户对营销内容的参与度，不仅增强了线下消费场景的体验感，而且为线上用户构建了真实的线下消费场景体验。

第 1 章
迎接元宇宙营销新时代

现如今有许多大型城市综合体都将元宇宙要素结合到自己的线下场景中,如在中庭、街道上布置装饰元素并在其内部设置可扫描的光标签终端。用户下载应用软件后扫描光标签设备,即可在手机终端实景画面中获取动态元素效果及导览图、优惠活动等增强现实信息。通过 3D 立体展示,将传统物料宣传升级为数字化动态宣传,有效提升消费场景的公共服务能力,实现文化和消费信息的快速虚拟化。

线上构建消费场景的应用可为用户提供便利,减少外出的交通成本。如现今有不少服装时尚品牌为用户提供服装、鞋帽等的虚拟试穿服务,使用户足不出户便可以直观感受试穿效果。如果说单个品牌的人工智能试穿服务能给用户带来的体验优化存在局限,那么随着 3D 建模、实时渲染等技术的革新,未来对超级商业体虚拟空间的打造则能让用户足不出户便感受到在顶级商业体购物带来的体验。想象一下未来人们只需带着虚拟现实头显,就可以随时随地约朋友去世界各地的超级商场逛街,在商场里会遇到虚拟数字人为你介绍产品,如果感兴趣还可以进行试穿、试用,试穿、试用效果会即刻显现,觉得合适可以立刻下单。目前在线下一般需要实体的试衣间或试妆镜才能解决的场地问题,在元宇宙的商场里统统不存在,这背后都是算力和人工智能的支持。

而人工智能相关技术则让机器能如同人一样思考与行动,并通过大数据的模拟与推演为人类提供更多意想不到的思路和意见。目前元宇宙中运用较为广泛的是虚拟数字人,尤其是服务型虚拟数字人的人工智能化。这一类虚拟数字人需要作为品牌与用户之间的桥梁,通过各类交互方式获取用户的数据,并由品牌进行分析后,为其提供智能化的营销内容和营销场景。例如,百度推出的全能助理度晓晓这一类虚拟数字人,将来的发展方向一定是通过大量的数据学习以及实时的算力运算成为带有用户个性特征的存在,具有切实服务人类的功能。人工智能发展到一定程度,人工智能虚拟数字人便能代替真人进行品牌营销内容的创作,即 AIGC。AIGC 被认为是继专业生成内容(Professionally-generated Content，PGC）、用户生成内容（User-generated Content，UGC）之后的新型内容创作方式。2022年，AIGC发展速度惊人，迭代速度更是呈指数级爆发，其中深度学习模型的不断完善、开源模式的推动、大模型探索商业化的可能性，成为AIGC发展的"加速度"。2018年，首次由人工智能创作的画作《埃德蒙·贝拉米画像》在佳士得拍卖会上拍出了43.25万美元的高价，超过自身估价的45倍，也证明了人工智能创作的艺术作品正得到认可并产生更大的价值。在美国科罗拉多州艺术博览会中，游戏设计师杰森·艾伦（Jason Allen）使用人工智能算法绘图工具Midjourney，以画作《太空歌剧院》夺下首奖。

AIGC可以在虚拟数字人与用户的交互过程中收集和反馈信息，通过吸收用户的偏好信息不断更新品牌的形象内容，从而生产出用户乐意看到的营销内容。即便目前人工智能的技术水平还不能替代真人创作，AIGC也可以帮助创作者捕捉灵感、提供思路，通过技术合成为创作者提供草稿。从某种程度上讲，AIGC的出现不一定是为了替代PGC和UGC，而是可以暂时作为真人创作的一种辅助工具，随着技术的不断发展再向着成熟的内容输出者转变。

同时，智能化对于B端业务，即元宇宙工业化来说具有极其重要的意义。就像互联网时代智能化的出现让工业制造解放了大量劳动力的同时，通过机器标准化的执行大大提高了产品的质量，元宇宙时代对工业的赋能主要体现在对基建设施模型的进一步模拟上。通过更加成熟的大数据、5G、3D建模技术，创造者不仅可以对机器进行造型上的模拟，还能通过输入更多的数据来模拟硬度、材质等，做到更精准的模拟预测；管理者也可以通过1∶1模拟所在城市遭遇自然灾害的情况，做好应急方案，以便灾难真正来临时最大限度地减少损失。

1.5.2　身份

身份对于元宇宙营销而言尤为重要，在元宇宙世界中，每个人都可以按照自己的想法创造各种各样的数字分身，所以身份既可以是用户现实的映射，也可以是对现实的理想化塑造。用户根据自己选择的身份不同可能会产生不同的想法，例如一个在现实生活中十分胆小的人有可能一直想尝试跳伞，而元宇宙的沉浸式技术就为他提供了这样一个无风险的机会，此时他的身份（或者说用户画像）就变成了对极限运动感兴趣的人。在元宇宙中，一个人展现的身份可以有很多种，甚至可以与现实大相径庭，此时品牌便可以抓住这些规模远超现实世界的市场空白进行营销，同时，采取更加细分且个性化的营销方案满足用户多样化的需求。

身份也可以指品牌与用户在营销上的角色定位。对品牌方而言，营销的重点不再是单方面地向用户输出品牌或产品的内容，而是要向用户提供场景和平台，让他们自己去体验并选择感兴趣的内容。品牌的营销视角正从"我有什么"变成"你需要什么"，为用户服务。而对于用户而言，他们的身份从信息的接收者转变为品牌内容的构建者。用户不用一味地接收品牌方的信息，而是变得更有选择权，能够在元宇宙提供的更多选择中挑选自己喜欢的消费方式与产品。而在品牌的营销内容上，用户也拥有了更多机会去参与、了解、提出反馈，并与品牌一同构建专属的品牌内容，从而提升对品牌的认可度。

元宇宙也强调一种身份认同。随着元宇宙时代的到来，每个人都会在虚拟世界中拥有对应的数字分身，这个数字分身代表着现实世界的个体人物。通过数字分身，用户可以更好地实现虚拟世界与现实世界的交互，获得一种虚拟世界的身份认同。同时，用户通过这个虚拟身份，可以在虚拟世界中对相关的数字资产、数字货币进行身份认证。此外，品牌还可以根据这个虚拟身份，结合现实世界的相关情况，更好地构建虚拟世界的社会关系秩序，这种秩序既可以更好地增强数字分身的身份认同感，也可以更好地增强数字分身与现实世界真实人物的联系，增强现实世界真实人物通过虚拟世界中的数字分身获得的身份认同感。

案例1.4

广州首家元宇宙咖啡馆

2022年,广州首家元宇宙咖啡馆(YMeta Coffee)在海珠区亮相。据悉,该咖啡馆是一家集成了虚拟数字人互动的线下体验咖啡馆,同时也是一间全真互联网虚拟数字人生态工作室。

元宇宙正从概念逐步变成现实,虚拟数字人也可能出现在你的身边。作为一家虚拟数字人线下体验咖啡馆,该咖啡馆的首位体验店长本(Ben)是以咏声动漫董事长兼总裁古志斌为原型一比一复刻的虚拟替身。顾客可以打破物理空间与其进行"跨次元"互动,体验一杯由他亲手制作的"元宇宙"咖啡,虚拟技术与内容的完美融合带来了令人震撼的全新视觉体验。

该工作室还集成了虚拟数字人孵化及内容制作能力,专注于虚拟数字人孵化与运营,孵化了超写实虚拟数字人、虚拟偶像、数字宠物、虚拟乐队等虚拟数字人生态,搭建了跨次元内容的制作产线,支持虚拟数字人静帧图片、动态视频、电视广告短片、番剧等多种创意内容需求。与此同时,基于虚拟数字人数字资产与虚拟直播技术应用,该工作室专注于虚拟数字人互动场景的实现,满足虚拟直播、虚拟演出等多种虚拟数字人互动需求,致力于为元宇宙世界提供更丰富的娱乐体验。

资料来源:改编自《广州首家"元宇宙"咖啡馆亮相,"虚拟店长"近距离互动》,https://new.qq.com/rain/a/20220311A09OJS00,2023年8月29日访问。

1.5.3 想象与创造

元宇宙也具有可想象和可创造的特点。通过先进虚拟技术的运用,元宇宙

第 1 章
迎接元宇宙营销新时代

摆脱了从前的零碎感、植入感和拼贴感,越来越呈现出逼真感、沉浸感和世界感,创造了一种超现实的想象空间,可以更好地实现虚拟世界和现实世界的交互,满足时空穿梭的快速性和及时性。同时,沉浸式的元宇宙感受也可以丰富用户的体验,增强用户的代入感,使用户完全沉浸于虚拟空间之中,提高用户的想象力,拓展用户的发散性思维。另外,企业作为开发元宇宙的主体,也需要更加沉浸于元宇宙虚拟世界之中,更好地发挥企业的创造性思维,激发出更好的创意,以促进相关产品的开发与设计。

元宇宙作为虚拟技术的集大成者,其最大的特征便是能摆脱现实物理条件的束缚,创造现实生活中难以出现的事物。现实中的陆地最高点是海拔 8 848 米的珠穆朗玛峰,而在元宇宙中人们可以建造一座海拔 5 万米的山峰,并且可以克服恶劣的气候条件或者可将高原缺氧、寒冷等现实难题控制在可接受的范围内,让虚拟数字人登上 5 万米的山峰,获得现实生活中难以体验到的经历。元宇宙技术还可以设计并开展现实生活中成本巨大且难度极高的试验,通过模拟实验积累经验、记录数据,再反馈给现实生活,使实验成功率大大提高。想象力在元宇宙中可以得到充分发挥,并以跳出现实生活束缚的思维去创造更新颖的事物,还能利用更加灵活、成本更低的试错手段进行模拟,最后可以以虚拟反哺现实。例如,要在现实中建造一项耗资过亿元的基础设施,此时先通过技术手段在元宇宙的虚拟空间中进行模拟并让公众进行投票选择,然后再进行现实世界中的实地建设,便可以在大大降低大工程出错率的同时让更多人有权利参与到影响自己生活的城市建设当中。

想象力在元宇宙中具有极其重要的意义,同时也有着远超现实生活的商业价值,元宇宙场景下想法的实现要远比在现实生活中简单并容易让人接受。比如,数字藏品及虚拟数字人的出现就充分体现出想象力在元宇宙营销中的变现能力。又如,奢侈品品牌很自然地在元宇宙初期取得了先发优势,这是因为奢侈品品牌本身就具备强大的内生设计和创意能力,如路易威登在 2021 年便推

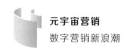

出了一款元宇宙剧情向游戏 LOUIS THE GAME 并创造了一个类似向日葵的虚拟形象,品牌利用自身深厚的历史底蕴对自身内涵进行了全新的诠释,并以此产生了新的营销内容。而数字藏品丰富多样的形式也正体现了想象力在元宇宙时代的重要性,如 2022 年支付宝的集五福活动便以数字藏品为载体,将"虎"的传统符号用于新春创意营销。此外,支付宝更是与全国 21 家博物馆合作,用户可以在福气商店用福卡兑换"虎文物"数字藏品,以独特的方式庆祝新年。由于元宇宙摆脱了现实条条框框的束缚,人们的思维模式也相应变得更加开放、积极,用户勇于接受新事物,创造新内容,元宇宙中大量的蓝海市场涌现出来。

1.5.4 互动

元宇宙中的互动性也是其重要特点。通过更加先进的虚拟现实技术,可以更好地实现虚拟世界与现实世界的交互。元宇宙强调的是一种沉浸式的体验,这需要用户更多参与到虚拟世界中,也就是需要更多地与虚拟世界进行交互。同时,虚拟数字人也需要在虚拟世界中进行交互,构建虚拟世界的社会文化秩序,实现数字资产的转移、购买等。互动性使得虚拟数字人参与到整个活动过程中,增强了虚拟世界中虚拟数字人之间的交流与互动;现实世界中的人通过虚拟世界的虚拟数字人与他人进行交互,可以摆脱现实世界中交互的时间与空间限制,更好地实现信息的沟通以及人员的互动。

在元宇宙世界中,品牌想要吸引、影响、转化和留存用户,就需要构建沉浸式的全时互动场景。在传统营销时代,企业往往单方面地将信息投放给用户,旨在通过提高品牌曝光度来吸引用户进行购买。这样的营销方式不仅效率低,成本还高。而在元宇宙时代,品牌需要搭建全时互动平台,依托虚拟空间开展各类沉浸度高、参与性强的营销活动,同时利用好元宇宙时代发达的数据处理技术对用户参与活动的数据做出实时分析,并通过 5G、人工智能等手段快速且及时地为用户提供个性化的服务内容,让他们体会到与品牌的交互感,感受到品牌的温度。

互动在元宇宙品牌内容构建中也发挥着重要作用。在制订元宇宙营销方案时,在内容生成、价值创造、体验设计等方面,品牌不一定是主导者,可能是参与者或合作者。品牌需要融入元宇宙创造者群体和玩家社群,以共创互动的方式引导用户一同构建品牌营销内容。这是品牌在元宇宙中树立形象并提升用户体验,进一步占领用户心智的必经之路。

同时,品牌也要转变传统营销推广的方式,将营销的重心从"让用户知晓"转变为渗透用户消费周期的每一个环节,即让用户在体验中知晓、使用、分享、购买,不过,这些环节的顺序并不是固定的。用户在实时互动的过程中可以先利用人工智能技术进行试用,如果觉得喜欢就可以立刻分享给自己的亲朋好友,然后再进行购买;也有一些从来没有购买过该品牌商品的用户,在参与了品牌策划的全时互动活动后,深入地了解了品牌文化与内涵,建立起了品牌忠诚度。

在元宇宙中,互动的另一层含义是,比起互联网时代的文字、视频交流,元宇宙赋予的数字分身形象能为用户带来更接近于线下见面的交流效果与效率。在新冠疫情时期,线上形式的"见面"非常常见,但是网络的不稳定性、交流场景的局限性、情感表达的有限性都成为制约线上交流效率的因素。小到同事间工作内容的交流,大到国家元首间的会晤,元宇宙技术带来的数字分身形象的肢体语言以及丰富的工作、生活场景都会对交流产生极大的提升效果。

1.5.5 沉浸感

"沉浸"指的是在虚拟世界中,通过视觉、听觉、触觉等感官沉浸实现对真实世界的模仿与再现,甚至在摆脱物理限制的虚拟环境中进行交互。元宇宙是身体高度沉浸的虚拟空间,人们在虚拟与现实世界中穿梭,以获得沉浸式的生存体验。

虚实结合、虚实共生是元宇宙的核心发展思路,元宇宙的建设不能跳脱于为现实世界服务的框架而去空想,现实世界的发展同样也需要先进元宇宙技

的助力。在2020—2022年这三年间，随着新冠疫情的暴发，线下场景受控，人们在线上的时间越来越多，并逐渐开始将现实生活中的许多场景，如健身、工作、购物、学习等转移到线上。元宇宙沉浸式交互技术的进步将成为促进人们转向线上生活的重要动力。

"实"是发展"虚"的基础和思路。通过虚拟现实、传感器等技术，人们足不出户便可以体验到真实的线下消费场景。人们以沉浸的"虚拟数字人"身份——虚实结合的"沉浸化身"形式，在以自身为中心的泛在环境中，实现社交、办公、娱乐、起居等生存、生活功能，元宇宙当中的内容创作与功能应用也都集中在沉浸式的生态之中。此外，企业也可以利用沉浸式的交互大大提升用户的体验感，从而进一步激发用户的消费欲望，同时，更加沉浸的交互体验也可以为企业收集更多用户的数据，如用户的一个眼神、身体的反应时间等都可以通过数据采集并进行实时分析，以帮助企业制订更加完善的营销方案。

"虚"是发展"实"的延伸。在元宇宙开放包容、无限延伸的特点下，许多现实的消费场景与消费方式可以跳脱于现实束缚得到更具想象力的延伸。在现实生活中，图书馆就是实体建筑，是阅读图书、汲取知识的地方。但是在元宇宙技术的加持下，图书馆（例如上海临港数字科技图书馆）就可以集公共聚集空间、文化体验空间、旅游休闲空间、商业消费空间于一体。用户不仅可以在图书馆阅读二维的书籍，当阅读到历史书籍时还可以跳转到历史文物、遗迹开发现场切身感受历史的底蕴；在阅读地理书籍时能跳转到世界上的任何一个地方，以全知全能的视角体验地域风情；在阅读文献产生疑问时可以立刻跳转到讨论室与导师和同学进行讨论；在了解到某种非常感兴趣的东西时可以随手下单购买其数字藏品加以收藏。

数字孪生、虚拟现实技术，甚至脑机接口最终都能使人以数字智能的"沉浸化身"（Immersive Avatar）形式，与媒介、环境合为一体，真正沉浸于跨越时空边界的虚拟空间生态当中，以后的每一个虚拟空间都是一个"场"，存在许多交互的方式和内容,消费场景中的用户留存率也会大幅提升。

在元宇宙时代,科技是推动时代发展的超级引擎,极大地改变了人们的生活、工作和学习。科技的进步也不断引发着社会、思维甚至世界的变革。"沉浸"是时代的新标签和发展潮流,成为人们日益关注的焦点和话题。现代技术的飞速发展,特别是拓展现实技术的发展和应用,使社会日益进入以"沉浸"为主要特征的时代。沉浸传播通过技术手段打通虚拟与现实的通道,让用户能够全方位、多角度、深层次地接收外部信息,实现技术与教育的深度融合,达到浑然忘我、客我不分的境地。

综合案例

可口可乐与腾讯虚拟音乐嘉年华合作:对元宇宙的初步尝试

可口可乐作为百年老品牌,推出的产品十分经典,但同时又存在增长乏力、被潮流淘汰出局的风险。在营销业态不断变迁的过程中,可口可乐迫切需要找到新的增长点,用全新的表达方式与年轻用户对话。对于可口可乐来说,新产品的发布是一股重要的增长驱动力,然而用传统营销的手段去上市新品,效果越发普通,对于年轻群体的吸引力也不大。时下热门的手段(诸如直播带货)也不适合饮料这种利润较低的大众消费品。于是在2022年,可口可乐开始试水"乐创无界"(Coca-Cola Creations)平台项目,与元宇宙的概念做了绑定,通过广受年轻人欢迎的方式,建立起人们对于新产品的感知——用元宇宙作为语言,用沉浸体验的方式将新口味的特点传递给年轻群体,把抽象化的概念用实体产品表达出来。这一方面刺激了新产品的销售,另一方面也促进了可口可乐品牌的年轻化,传递了其紧跟时代的品牌形象。

与其他品牌不同的是,可口可乐在元宇宙上的布局是非常全面的,直奔"构建品牌自己的元宇宙"的目标。在美国国内发售"星河漫步"新品时,可口可乐直接就将实体产品本身作为元宇宙的入口,消费者通过可乐瓶身扫码可以进入一个由增强现实技术加持的虚拟空间,捕捉流星并许愿。此次活动的分享比例高达23%(正常为11%),瓶身增强现实扫描率达3%(正常为1%),产品出货量为6 000万—7 000万箱,产品复购率达53%。不过,由于品牌自身技术的限制,可口可乐难以通过自研技术来打造自己的虚拟空间平台。目前,可口可乐更多的是通过其他企业较为成熟的虚拟空间平台将自身产品的特点以及品牌理念传播开来。

2022年10月25日,可口可乐与腾讯虚拟音乐嘉年华进行合作,在虚拟场景营销上再次升级。只需打开"腾讯虚拟音乐嘉年华"微信小程序,用户便可以一键"魂穿"元宇宙,空降腾讯虚拟音乐嘉年华为可口可乐粉丝节所打造的"可口可乐粉丝节元宇宙宠粉街区"。此举大大降低了用户的参与门槛,且一次性满足游戏、社交、娱乐等多元用户需求,是一种置身于完整生活街区的全方位拟真。腾讯虚拟音乐嘉年华与可口可乐粉丝节元宇宙宠粉街区的"宠粉"之间的联合是从更友好的交互体验开始的。这一次,腾讯虚拟音乐嘉年华首先利用微信小程序创新落地,同时与可口可乐小程序进行打通,用户在腾讯虚拟音乐嘉年华平台上收集的"快乐瓶"可以在可口可乐小程序中兑换优惠券、获取现金奖励、进行抽奖等,通过平台之间的互通提高可口可乐品牌的曝光度、活跃度,同时,用数字藏品的形式来实现交易总额(GMV)的提高,增加用户黏性和提高复购率。可口可乐此次借助当前较为成熟的虚拟平台腾讯虚拟音乐嘉年华,通过让用户"逛街、玩游戏、与明星合影、观看品牌电视商业广告"等方式进一步提高了品牌的影响力以及与用户的亲密度。

资料来源:改编自《TMELAND x 可口可乐粉丝节推出宠粉街区,元宇宙音乐营销迭代新玩》,https://baijiahao.baidu.com/s?id=1747648823132648190&wfr=spider&for=pc,2023年8月29日访问。

第 2 章
元宇宙中的数字生命体

2022年北京冬奥会的开幕式无疑给观众留下了深刻印象,各种虚拟数字人在冬奥会中的表现十分亮眼。央视新闻与百度智能云联手打造的首位人工智能手语主播在北京冬奥会上正式亮相,其使命是"在这个冬天,通过技术跨越声音的障碍"。这位短发女性,形象自然亲切,气质优雅。经过深度的机器语言学习,她已经能够为观众提供专业准确的手语解说,并且她掌握的手语词汇规范全部来自《国家通用手语词典》。从北京冬奥会开始,她将全年为听力障碍群体提供贴心的手语报道。

此外,数字航天员、新华社数字记者小诤在冬奥会上也有着亮眼的表现。小诤于2021年10月底注册微博,并在春节前夕从火星上发来一段在火星表面表演的冬奥主题手势舞。北京冬奥会开始之后,小诤就投入到冬奥会的宣传报道之中。而在整个冬奥会进程中,虚拟数字人不仅有在央视转播中负责手语解说的主持人及天气播报员,还包括运动员的数字分身,以及在开幕式上担任表演的演员,甚至在官方直播间负责带货的主播等。

除了场内的虚拟数字人随处可见,在冬奥会场馆外,为冬奥会服务的虚拟数字人同样随处可见。比如,作为云上奥运的技术服务商之一,阿里巴巴也推出了冬奥宣推官虚拟数字人冬冬。冬冬在北京冬奥会主媒体中心的首秀便是与主持人一同到北京2022官方特许商品零售店介绍各种冬奥周边商品。而冬奥会开始之后,冬冬也会在每天晚上7点半之后在淘宝直播带货2个小时左右。用户只需要在淘宝搜索"雪容融""冰墩墩"等与冬奥会相关的关键词,冬冬就会出现,并和用户进行互动。

总的来说,从冬奥会开始之前就已经火遍全网的人工智能手语主持人,到冬奥会开始后在淘宝直播带货的冬冬,从场内到场外,虚拟数字人已经渗透到冬奥会的多个环节。可以说,冬奥会已经成为国内虚拟数字人产业最近几年发展成果集中展示的重要窗口。而从这次展示来看,国内虚拟数字人技术已经十分成熟,依靠技术驱动的服务型虚拟数字人已经可以在相当程度上满足奥运级别体育赛事的需要。与此同时,虚拟数字人的兴起也推动了元宇宙营销的大力发展。从冬奥会的经验来看,品牌想要与用户拉近距离、提升品牌效能,虚拟数字人或将成为主要助推器。

2.1 虚拟世界的主体——虚拟数字人

随着科技的发展,人们在元宇宙中的交互不再局限于文字、图片、语音和视频,元宇宙使得人们的交流互动突破了时空限制,再次回到人与人之间"面对面"的交流互动,而数字分身便承担了元宇宙中人与人交互的媒介功能,成为虚拟世界的主体。

进入元宇宙的参与者都将打造一个具有通用性、独立性、隐私性的虚拟数字人,既将其作为自己在元宇宙中的数字身份,又将其作为一种内容产品和载体,生动地打造数字化内容和文化,呈现人们的审美和取向。数字身份记录着参与者在元宇宙中的社会关系、活动记录、交易数据、价值创造和财产权利等一切信息。数字分身是元宇宙中数字身份的表现形式,是用户在元宇宙中创作的、代表自己形象的虚拟映射。数字分身可以是用户自身形象的再现,也可以是用户形象的再造。这些数字分身将会在元宇宙中生活、工作和学习,并且能够建立新的社群关系。品牌虚拟数字人是品牌在元宇宙中的虚拟IP,代表品牌的形象和价值观,表现形式可以是虚拟偶像、模拟虚拟数字人或智能虚拟数字人。这些品牌的虚拟数字人将会和用户的数字分身进行交互,建立紧密的联系,为品牌带来大量的商业机会。

2.1.1 虚拟数字人的特征

虚拟数字人作为元宇宙世界的关键组成部分,打破了现实和虚拟的壁垒,让人们可以通过与其交流顺利地实现在虚拟和现实之间的角色切换,并且顺畅地在元宇宙中进行社交、游戏、商业贸易、工作和学习等活动,这对形成虚拟世界中的精神空间至关重要。技术的进步和人们沉浸式体验需求的增加使得虚拟数字人的出现成为必然,它的拟人化程度和智能互动水平影响着用户的体验感和行为表现。

2.1.1.1 拟人化

拟人化特征是指虚拟数字人与真实人类的相似程度。这一特征程度的高低将会影响用户的社交方式和行为表现,是虚拟数字人的重要特征。用户对待无生命物体的方式与对待有生命物体的方式不同,对于拟人化程度高,甚至能提供引人入胜的体验的虚拟数字人,用户天然地偏向选择与人类交互的方式与其进行互动,这一类虚拟数字人与用户的交流互动将会更加频繁;而对于拟人化程度低的虚拟数字人,用户会天然地选择对待无生命物体的方式与其进行交互。因此,缺乏拟人化外观的虚拟数字人的社交潜力并不如具备拟人化外观的虚拟数字人。

案例 2.1

搜狗联合新华社推出人工智能主播

2020 年 5 月,搜狗联合新华社推出的全球首位 3D 人工智能合成主播"新

小微"正式亮相。"新小微"是基于搜狗人工智能核心技术"搜狗分身",在人工智能算法的驱动下,只需输入新闻文本,"新小微"就能根据语义,以拟人的表情和动作实时播报新闻。

"新小微"是以新华社记者赵琬微为原型,通过最新人工智能技术"克隆"而成。为了高度还原赵琬微的外型,研发人员进行了海量数据采集工作。真人赵琬微需要戴上数据采集头盔,研究人员借助几百个摄像头对其进行全方位"打点"扫描,采集她身体每一个部位的细节,并细致入微地捕捉记录其表情、动作和形态。通过算法实时驱动、渲染构建出的 3D 虚拟数字人物模型,无论是表情、肢体动作还是语言表达,都实现了与真人的高度契合。

资料来源:改编自《"她"来了!全球首位 3D 版 AI 合成主播精彩亮相》,http://www.xinhuanet.com/politics/2020lh/2020-05/20/c_1126011533.htm,2023 年 8 月 29 日访问。

2.1.1.2 互动性

互动性被定义为参与程度,代表消费过程中用户与产品、服务和环境之间的互动程度。虚拟数字人的互动性是指虚拟数字人在多大程度上能够与用户及时互动、同步交流。互动性特征程度越高的虚拟数字人,其智能化程度也越高,它不再是被动的旁观者和预定指令的追随者,而是能够对用户的需求及时做出回应,使用户能感知到信息的交换和双向互动,进而提升用户体验感和满意度的角色。例如,将虚拟数字人应用于在线商品导购,将会进一步减少用户搜寻信息的时间成本,增加与用户的交互,提升用户购物体验。由此,智能化程度对于虚拟数字人来说非常关键,它决定了用户能否获得较好的体验,也决定了品牌能否赢得消费者的信任。

案例 2.2

虚拟歌手洛天依

洛天依作为中国的虚拟女歌手,凭借可爱的外表和过硬的唱功收获了一批粉丝。洛天依的事业可谓蒸蒸日上,近年来登上了央视以及各大地方卫视,与家喻户晓的诸多明星合作演唱。她甚至还站上了 2021 年春晚,以及 2022 年北京冬奥会文化节开幕式的舞台。

成为真正的"国民偶像"的洛天依同样经常出现在这两年兴起的直播带货行业中。2020 年 4 月,洛天依现身李佳琦直播间,为知名品牌欧舒丹卖货,并产生强烈反响,登上微博热搜。5 月,洛天依和另外 5 位虚拟歌手在淘宝开启了直播带货,在线观看人数一度高达 270 万,近 200 万人打赏互动。据商家透露,洛天依的直播费高达 90 万元人民币,而普通带货主播的费用一般在几万元到几十万元不等。

资料来源:改编自《当李佳琦遇上"洛天依",这场"AI 青春云对话"真是蜜汁可爱!》,https://baijiahao.baidu.com/s?id=1671943569181997452&wfr=spider&for=pc,2023 年 8 月 29 日访问。

2.2 虚拟数字人的演进历程

2.2.1 虚拟数字人的分类

对于品牌来说,虚拟数字人主要分为虚拟偶像、虚拟品牌 IP 和智能虚拟数字人,如表 2.1 所示。虚拟偶像针对的是暂时没有技术能力和资源打造成熟数字分身的品牌,这些品牌想要在元宇宙中推广产品,与虚拟偶像合作是最常见的选择。相较于真人偶像,虚拟偶像更加"完美",是理想化的人类,可塑性极强,还能通过故事和脚本设计来强化形象。品牌与虚拟偶像合作的应用场景包括品牌邀请虚拟偶像担任品牌体验官、直播联动、推出联名产品等。

表 2.1 品牌虚拟数字人分类

类别	行为控制	自我意识	产出定位	核心功能	代表应用	举例
智能虚拟数字人	人工智能	有	导购、导游、信息咨询	日常陪伴关怀服务	专家服务关怀陪伴	央视虚拟主播、崔筱盼、湖南卫视主持人小漾
虚拟偶像	故事脚本	无	明星网红	娱乐、社交生产内容	虚拟团体偶像带货、代言	柳夜熙、AYAYI、翎
虚拟品牌IP	品牌方	无	品牌形象	娱乐、社交	品牌代言	花西子

如果综合考量虚拟偶像的合作成本和品牌营销的持续性,打造品牌专属的虚拟数字人即虚拟品牌 IP 是更加经济的做法。在任务造型和角色设定上,虚拟品牌 IP 可以按照品牌的理想型"人设"进行打造,比如花西子的虚拟数字人"花西子"、肯德基的虚拟数字人"桑德斯上校"等。对于品牌而言,虚拟品牌 IP 更像是品牌"人格化"的形象,集品牌的智能化技术、个性、情感于一身,不仅有利于说服用户购买,还能够提升用户支付品牌产品与服务溢价的意愿,实现降本增效。

而智能虚拟数字人则是品牌数字分身的进化,在具有超写实人类外貌的同时,可以借助自然语言处理算法与用户交流,同时依赖多模态和深度学习、机器学习等技术实现实时反馈和真人互动。随着智能虚拟数字人智能化和自动化水平的提升,其被赋予的角色和任务也在增多,不仅能够担任品牌产品体验官,负责搜集用户和市场的反馈,还能够参与到产品工业设计等工作中来。

2.2.2 虚拟数字人的发展

2.2.2.1 从普适化到个性化

虚拟数字人的发展将更强调个性化,虚拟偶像是进行偶像活动的虚拟数字人,往往有自己的人物设定、粉丝基础和作品产出,对于没有强大资金支持和技术能力打造专属虚拟数字人的品牌来说更加容易实现。当前,越来越多的品牌开始搭建自己的虚拟IP、虚拟形象,而不仅仅停留在寻求与虚拟偶像的合作上。虚拟偶像作为一种普适化虚拟数字人的存在,逐渐向个性化发展,无论是传统的虚拟偶像需要更多的个性化设定,还是品牌布局自身的虚拟IP,都说明个性化将会是未来虚拟数字人的发展方向。例如,彩妆品牌花西子推出自身的专属超写实虚拟IP形象"花西子",该形象被赋予了花西子特色的东方美,并且为了增强记忆点,"花西子"的眉间轻点美人痣,耳上挂有莲叶装饰,发色选择花西子品牌色——黛色,手持的并蒂莲表达了同心同德、吉祥如意的美好愿望,成为花西子独特的视觉符号。花西子个性化、差异化IP的打造,能够帮助品牌在用户心中留下强烈的认知,甚至实现破圈层传播,未来将为品牌带来更大的附加效应。

2.2.2.2 从功能性到情感性

虚拟数字人具有拟人化和互动性的特点,这就决定了随着技术的发展和沉浸式体验需求的增长,虚拟数字人最终将会走向更高阶的智能虚拟数字人。从本质上讲,未来的虚拟数字人发展将更多基于人工智能,并且能够实现实时互动。当前,虚拟数字人大部分集中于模拟虚拟数字人和虚拟偶像,所提供的服务从简单的导购导览、在线咨询向日常陪伴、关怀转变。百度推出国内首个可交互的虚拟偶像度晓晓,她基于人工智能交互能力和人工智能创造内容,可实现根据文本情绪转换语气、与粉丝互动、进行唱作表演、艺术创作、新闻采

编等,在满足大众娱乐与陪伴需求的同时,服务于商业品牌并制造爆点,触达更多的人群。中金财富的数字员工 Jinn 有着帅气且逼真的外表、活泼灵动的个性、丰富的金融知识,以及与用户双向实时互动的能力等,可以同时担任品牌大使、智能客服、数字顾问等多种角色,并在长线运营中持续提升 IP 影响力。除了数字投顾、专业主播等职责,虚拟数字人还将拓展更多服务场景边界,如品牌推广、投资者教育、共富学堂、财富规划、社会公益等,实现有温度的互动和陪伴。

2.3 元宇宙中用户的第二身份

2.3.1 一体两面:数字分身与用户

在元宇宙中,人们由数字分身代表但又控制着数字分身的外观、行为等。数字分身被定义为用户创建的数字表示,象征着用户在元宇宙中的存在。在元宇宙中,数字分身象征着数字身份,用户既可以通过现有元宇宙游戏或社交平台提供的素材来生成数字分身,也可以通过一些专门生成数字分身的平台来生成数字分身,这些数字分身将可以在各大元宇宙平台中互认互通。拟人化水平更高的数字分身也会给用户带来更强的参与感、社会存在感和更高的交流满意度,影响用户的行为表现和消费方式。

2.3.1.1 数字分身与现实用户的一致性

用户在塑造自己的元宇宙形象时,可以使用现有素材让元宇宙中的数字分身形象与自己真实的外表形象类似,所创造的数字分身是对现实自我的复制。同时,用户也可以在真实形象的基础之上进行改造,使得元宇宙中的虚拟映射成为现实自我的理想化表达。例如,通过元人类创作中心这一专门生成数字分身的平台,用户在几分钟之内就可以创建从五官到发丝都十分精细、逼真的虚拟数字人类,同时,用户还可以通过丰富的自定义服装选项,细化服装的类型和花纹样式等,从而使自己的数字分身更独特。

2.3.1.2 数字分身与现实用户的不一致性

数字分身也是多元的、可不断构建的对象。数字分身由用户自由创造,因此,可能存在与现实用户形象完全相反的数字分身,这使得数字分身与现实用户的自我产生分裂,可以设想一个高大魁梧的大汉在元宇宙中以娇小甜美的虚拟形象出现,又或者内向保守的人在元宇宙中以暴躁鲁莽、开放新潮的形象出现。数字分身与现实用户的不一致性与当前互联网社交中出现的不一致性有相同之处。数字分身既可以是现实用户形象的强化,也可以是现实用户形象的颠覆,虚拟世界中的一切并不能完全映射到现实中,加之元宇宙的去中心化使得营销不得不面临更大可能性的判断偏差,因此,在元宇宙中开展营销需要考虑数字分身与现实用户的不一致性,以此来优化、迭代品牌的营销战略。

2.3.2 数字分身发展历程

2.3.2.1 数字分身1.0

在虚拟世界中,用户往往需要这样一个身份——既与现实中的自己不同,却又能够代表自己性格中最生动有趣的部分,我们将这样的身份称为互联网"人设"。社交,作为人类融入群体的方式,也是人类的核心需求,衍生出无数的互联网社交产品,如从早期的论坛(Bulletin Board System,BBS)到如今的QQ和微信,在彰显着媒介进化的同时,也体现出社交需求在人际交往中不可替代的地位。而"人设"既能够满足用户对自我形象与角色的设定,又能够让用户凭借虚拟身份参与互联网社交。至此,数字分身的雏形就诞生了。

"人设"衍生出了卡通头像、虚拟形象等多种玩法。例如在论坛时代,论坛中各类极具个人特色与时代特征的卡通头像,丰富了论坛文字沟通的单调世界；腾讯开发的QQ秀，可以让用户根据自己的喜好设定角色的发型、装扮与布景，充分满足了用户表达自我的需求。从初代互联网社交产品的形态差异可以看出，社交产品出圈与风靡的底层逻辑在于将智能技术和虚拟技术相结合为用户打造的用以满足其社交需求的虚拟空间。而初代互联网所孵化的数字分身1.0，虽然其形式仍旧是简单的头像和平面化的虚拟角色，但其社交属性和"人设"所对应的用户需求是不变的。

2.3.2.2 数字分身2.0

随着科技的发展，数字分身的虚拟角色从平面走向三维。2014年成立的虚拟社交平台——虚拟现实聊天（VRChat）平台，就是对3D社交场景的大胆尝试。虚拟现实聊天平台允许用户上传自己使用第三方3D软件制作的形象、场景、自定义游戏，等等。不少用户借助虚拟现实聊天平台扮演了原本只存在于荧屏中的形象，还和朋友们在虚拟空间中一起进行游戏、观影等社交活动。在用户的社交行为中，"人设"承载着双重价值：一是虚拟形象的使用在某种程度上弥补了互联网沟通效率的缺陷，有时符号的作用远大于长篇大论的文字描述；二是对于自我隐藏的需要，尤其是在与陌生人的社交过程中，我们倾向于用虚拟符号来隐藏自己。

正是由于用户对"人设"的深层想法和动机，数字分身不断发展，只为更好地满足用户对自身虚拟形象的期待。如今，数字分身已经发展到2.0阶段，相较于过去，用户的数字分身更加具象化，主要是以虚拟场景中的三维形象来进行交流、娱乐，超越了文字、语音、视频等沟通方式，让虚拟交流更加接近现实世界。但现阶段的数字分身也尚存不足，比如由于技术限制，用户的数字分身无法完美复刻现实世界人类的表情与肢体语言，这导致虚拟世界中的交流仍然存在隔阂与抽离感；目前，极少有平台能够做到虚拟与现实的完美融合，用户体验仍旧存在"割裂感"。

2.3.2.3 数字分身3.0

未来,虚拟世界和现实世界将成为两个完全对等的空间,穿梭于其中的人们不需要学习如何使用和适应技术,而应该学习如何在这两个空间更好地生活。虚拟和现实之间不存在边界,人们在虚拟空间中停留的时间越来越长,数字分身3.0将是人们前往虚拟世界的通行证与身份标识。

在元宇宙中,人工智能捏脸的逼真程度可以趋近于现实,加之实时渲染、表情随动、实时互动等技术的加持,虚拟空间将更加具有沉浸感。比如,社交软件中的群聊不再局限于屏幕里,而是凭借扩展现实技术,让用户能够进入具有视觉冲击的虚拟派对房间中。不同的数字分身有着用户创造的独一无二的面孔,现实中的神情、语气,包括手势等都可以完美同步到虚拟空间,让用户体验到独特的临场感。但这种沉浸式的良好社交环境的形成仍旧需要不断地探索与积累,需要科技先驱持续进行尝试,最终将这种美好的愿景变为现实。

2.4 元宇宙中品牌的沟通桥梁

在元宇宙中,各个品牌不仅是赞助商和广告主,同时也是元宇宙的参与者和建设者,品牌在元宇宙中与用户进行互动,往往利用品牌自身的虚拟数字人,通过创建社群、创建社区以及创建元宇宙等方式来实现。

2.4.1 品牌虚拟数字人的应用场景

品牌虚拟数字人的应用场景取决于任务的复杂程度,从低到高依次是品牌形象代言人、客服助手、虚拟主播和主持、数字员工。当前,大量的品牌都开始广泛使用第三方虚拟偶像和模拟虚拟数字人作为品牌形象代言人。

2.4.1.1　品牌形象代言人

虚拟IP具有"人设"稳定、符合品牌方对定制化代言人的要求,满足高频、碎片化、实时的短视频及直播需求的优势,也拓展了品牌营销的创意空间,甚至带动了数字商品的兴起。品牌自建虚拟形象代言人的实质是借助科技发展为品牌拟人化沟通找到新的载体。虚拟数字人是品牌与用户沟通的介质,品牌需要通过它向用户传达品牌个性以及提供有价值的信息等,引发用户的兴趣。同时,形象代言人相当于关键意见领袖,能够影响追随者的消费决策,提升品牌的影响力。

越来越多的品牌使用虚拟偶像和品牌IP来塑造品牌"人设"和讲述品牌故事。2021年5月,随着一张带有光影的个人形象图而爆火的AYAYI,已经成为现实世界中的虚拟关键意见领袖,并已经和娇兰、保时捷、安慕希等品牌达成合作;2020年,欧莱雅先后推出虚拟偶像M姐、欧爷等,他们成为欧莱雅集团的虚拟代言人,在各种直播、发布会上都积极与观众进行实时互动;哈酱不仅是一位国潮关键意见领袖、滑板少女,还做过电竞主播、公益大使、交通安全宣传大使,她既是哈尔滨啤酒的虚拟代言人,又和李宁、PONY、摩登天空等不同品牌都达成了深度合作。推出虚拟偶像已经成为一种潮流,比如花西子、一汽丰田、钟薛高、雀巢、屈臣氏、先锋品牌Feng Chen Wang等海内外多家企业都已推出虚拟偶像,涵盖化妆品、汽车、食品、零售、服装等多个行业领域。

案例 2.3

虚拟博主AYAYI的自我营销

2022年2月,中国时尚博主AYAYI在微博、小红书等"个人"社交媒体上发布了一条关于蒂芙尼之结(Tiffany Knot)系列产品的推广内容。这一切乍看之下与司空见惯的时尚博主内容营销没有什么不同——除了AYAYI并不是真人,而是近年来在时尚圈越发活跃的虚拟偶像。在社交媒体上,AYAYI打造的"人设"是"时尚博主",目前在微博和小红书上拥有近百万粉丝。仅在过去一个月,与AYAYI合作的就包括魅可、欧莱雅、天猫等品牌与机构,以及《时尚芭莎》等时尚刊物。

从目前AYAYI已经完成的营销内容来看,其背后的运营团队是按照时尚、未来感、创新先锋和元宇宙等几个主要方面去搭建这个虚拟偶像的人物形象和故事的。她是品牌尝试元宇宙等新的营销场景时会考虑合作的对象。AYAYI这样的虚拟偶像更能允许品牌从自身需求出发,构建一个更完美匹配品牌所需的营销场景的偶像"人设",从而覆盖真人代言人或是时尚博主无法触达的人群。

资料来源:改编自《蒂芙尼为中国虚拟偶像系上了"蝴蝶结"》,https://new.qq.com/rain/a/20220302A01UUS00,2023年9月4日访问。

2.4.1.2 客服助手

客服助手主要用于代替真人进行内容生产和与用户的简单交互,甚至在特定场景提供顾问、关怀、陪伴等。比如柴火科技首席客服柴小晋,主要负责解答用户各种售前售后咨询问题,提供操作类、应答类、闲聊类客户服务等;浦发银行年度最受欢迎的理财顾问小浦,主要负责在个人计算机、平板、手机等终端解决客户问题,提供收支平衡管理等金融服务支持;百度搜索创新养成类人工智能虚拟助理度晓晓,主要负责提供信息搜索和日常推荐互动等服务。

案例 2.4

度小满冠名独家晚会

2022年9月,由度小满独家冠名的互联网3.0沉浸式晚会——百度元宇宙

歌会完美收官。直播两小时成功吸粉超千万。这场由百度应用软件人工智能探索官度晓晓担任人工智能制作人的歌会，邀请歌手及组合同台演唱，引发网友点赞。AIGC 的应用可谓这场歌会不同于以往音乐会直播的最大创新。据悉，百度元宇宙歌会以"未来"为主题，整合旗下的希壤、虚拟数字人、数字藏品等互联网 3.0 产品，将人工智能融入每个节目和环节，包括作词作曲、编舞、舞美设计等制作及表演中。这场长达两个小时的沉浸式歌会的背后，是虚拟数字人度晓晓 AIGC 能力的完美展现。

作为 AIGC 的典型形态之一，虚拟数字人度晓晓在沉浸式歌会中展现出了听说读写、唱跳以及个性化的互动能力。这背后离不开百度产业级知识增强大模型文心和深度学习平台飞桨。在文心大模型的支持下，度晓晓已具备了很强的内容理解和生成能力，在人工智能作画、写歌和剪辑等领域也频频出圈。晚会上，百度还宣布已对度晓晓进行形象、能力升级，用户在百度应用软件内搜索"度晓晓"就能与她进行实时对话聊天，更新后的度晓晓还能直接语音回答用户的问题。未来，百度还将持续解锁更多虚拟数字人交互玩法。

资料来源：改编自《百度元宇宙歌会直播观看 5 000 万背后：虚拟数字人度晓晓担任 AI 制作人》，http://www3.xinhuanet.com/info/20220927/78d70b70efd 94e15bb292c64ca5802f3/c.html，2023 年 9 月 4 日访问。

2.4.1.3　虚拟主播和主持

品牌虚拟形象或品牌与虚拟偶像合作的直播也是品牌虚拟数字人的应用场景之一，当前虚拟主播和主持获得越来越多的关注，营销效果得到大众认可。虚拟主播和主持是参照主持人专业标准设计，使用数字技术创造，能够通过广播、电视、互联网等媒体与用户进行交互的仿真人形象。虚拟主播和主持与存在于现实生活中的真实主持相对应,虽然具有主持的功能和作用,却没有真实主持人的现实生活体验,因此被人们称为虚拟主播和主持。虚拟主播和主持的出现大约可以追溯到20年前,早期虚拟主播和主持大多以2D或3D的虚拟形象出现,加以配音,被应用到媒体场景中。比如2003年央视少儿频道就推出过名为跳跳龙的虚拟主播和主持。2016年,以名为"绊爱"的虚拟油管博主为起点,虚拟主播和主持概念的序幕拉开。2021年10月,湖南卫视打造的第一个虚拟实习主持人小漾正式登场,她既可以主持,又可以代言,还可以为活动站台,开展联名合作、主题展览等。

虚拟主播和主持早期主要应用于新闻播报,后在文娱互联网行业企业试水,现在普通互联网用户也可以在诸如虎牙、哔哩哔哩这样的直播平台尝试使用虚拟形象进行直播。艾瑞咨询的数据显示,截至2022年10月31日,哔哩哔哩虚拟主播粉丝数排行榜前22名的粉丝数均超过100万,第一、第二分别为hanser(336.63万)、泠鸢yousa(326.42万)。虚拟主播是虚拟偶像行业收入的主要贡献者,知名虚拟主播的合作费甚至超过真人主播。

案例 2.5

虚拟主持人小漾的别样风采

2021年10月,湖南卫视官宣了一名新的实习主持人——小漾,这位新人迅速登顶热搜。湖南卫视表示,小漾将以湖南卫视实习主持人的身份出道,后续将转正签约,成为全能型主持人。随后,小漾在她的官宣动态中一并晒出了自己的工作证,湖南卫视不少官方账号都前来与其互动,就连湖南卫视主持人谢娜也转发了该条官宣微博。

小漾具有稳定、高效的工作状态,不会像真人那样有生理和心理状况的波

动,这就最大限度地保证了节目的质量和水准。她不仅能接掌多个王牌栏目、大型晚会,体力对她来说也不是难题,并且她在节目中能做到播报准确,不冷场,不出错。此外,她的可塑性强,可以最大限度地为观众提供个性化的服务,而且在外形和主持风格上能随心所欲地切换。她能唱能跳能演,互动性强,能更好地与年轻人建立联系、产生共鸣,并连接虚拟世界和现实世界,通过虚拟与现实的交互,让虚拟也有温度。

虚拟偶像的市场前景是非常值得期待的,对于湖南卫视而言,在接棒何炅、汪涵、谢娜等前辈的新人难寻的背景下,小漾的出现,未必不是一条新的出路。

资料来源:改编自《湖南卫视官宣新实习主持人,下一个当家女主持人可能不再是真人了》,https://www.sohu.com/a/493306644_456764,2023年9月4日访问。

2.4.1.4 数字员工

数字员工是一种以软件形式存在于数字世界的智能化劳动力,其发挥价值的基础在于企业丰富而广泛的数字化业务系统。这些业务系统为企业提供了大量自动化的处理能力,如基于业务规则的计算、审核、预警等,这些能力成为数字员工开展业务的基础技能。虚拟数字人技术的实现让数字员工成为一个"人",他拥有姓名、思想和人格,能像真人一样提供有温度的服务。数字员工又被称为机器人流程自动化,或数字化劳动力。数字员工的应用场景需要满足两个条件:大量重复和规则明确,只要满足这两个条件,数字员工就可以应用于任何行业、任何场景。

随着智能化和自动化水平的提升,虚拟数字人被赋予了越来越多样的角色,承担了越来越丰富的任务,成为越来越重要的数字化人员。虚拟数字人技术在数字员工领域主要有两种应用形式:一种是承接企业面向用户的业务,如虚拟主播、虚拟客服、虚拟导游、虚拟大堂经理、虚拟教师等;另一种则主要服务于企业经营和管理领域,协助企业员工处理各类事务,可能身处不同部门或身兼多职,招商局集团的招小影、万科集团的崔筱盼、金蝶公司的金小蝶等都是这类数字员工的代表。

案例 2.6

数字员工崔筱盼入职万科

崔筱盼是万科首位数字员工,于 2021 年正式加入万科。在系统算法的支持下,她迅速学会了使用流程和数据来检测问题,并以超出人类数倍的效率在应收款项提醒、逾期提醒和异常检测等方面表现突出。崔筱盼是一个基于深度神经网络技术渲染而成的虚拟形象,旨在为人工智能算法赋予更拟人化的身份并采取更温暖的沟通方式。随着算法的不断迭代,崔筱盼的工作内容逐渐扩展,从最初的发票和款项回收提醒,到现在的业务证照上传和管理,以及提醒员工维护社保和公积金信息等。

在万科的内部系统中,崔筱盼不仅有自己的名字、联系方式、工作证件照、工位号等,还能用自己的账号接收邮件。在其他同事眼里,这几乎是一个真实的人在线上办公。对于"聘任"崔筱盼的万科而言,集团涉及很多应收、应付账款管理工作,所有资金的流动都有相应的规划,而这些工作最终都需要人去执行,这就不可避免地涉及催促和提醒。但是员工们对于收到的系统邮件提醒并不会特别关注,而被忽略的系统邮件提醒往往会拉长整个收款的过程。从个人角度讲,这一过程似乎没有什么影响,但当弹力变大、资金流动非常多时,就会产生影响。因此,由人工智能小冰框架生成的虚拟数字人——崔筱盼走进了万科,并用深度神经网络渲染技术生成的生物学 ID 注册了系统邮箱。当崔筱盼开始正式工作时,估计任何一个普通员工都想不到自己是在和一个虚拟数字人"对话"。这时,和"真人"对话的好处就显现了出来——拒绝一个"真实"的人要比拒绝一个机器难得多。这一交互过程也让过去只纯粹发送邮件的人机交互变得更有人性温度。

资料来源：改编自《"虚拟职场女性"崔筱盼震惊四座：你的同事可能不是真人》，https://cj.sina.com.cn/articles/view/1678512213/640c105500100xvrg，2023年9月4日访问。

2.4.2　品牌虚拟数字人的商业价值

随着元宇宙东风正盛，虚拟数字人已在多个场景中发挥着更为多样的价值。在品牌的营销市场上出现了众多类型的虚拟数字人。虚拟数字人在帮助品牌业务升级、触及Z世代（网络时代）年轻用户、提升服务体验乃至沉淀企业自有IP资产等维度都发挥着积极作用。当前，虚拟数字人的市场规模已超过2 000亿元，预计2030年将达到2 700亿元。其中，以虚拟主播、虚拟员工、虚拟品牌代言人等为代表的身份型虚拟数字人将在未来占据主导地位，体量达1 750亿元。虚拟数字人迎来了新的发展契机，一个富有想象力的虚拟内容行业生态已然呈现在眼前。

2.4.2.1　助力品牌破圈传播与裂变

元宇宙的无限可能给予了品牌更大的创作空间，许多品牌将现实世界的广告延伸至虚拟世界，为用户提供了体验游戏、拥有虚拟财产的机会，提高了用户的体验感和参与感，从而达到品牌营销的目的。对于品牌来说，虚拟数字人独一无二的新鲜感，为企业带来了多元化的营销方式，为品牌赚足了眼球，最终达成了消费落地的目标。让品牌在完成媒介破圈与传播裂变的同时，实现品牌价值的突破。

世优科技作为国内较早的虚拟数字人技术服务商，提供"虚拟数字人建模设计+动作捕捉/人工智能驱动+虚拟数字人直播互动"一站式全栈技术方案。

此外，它还能结合客户诉求提供个性化虚拟数字人定制，包括超写实虚拟数字人、二次元虚拟形象、3D 卡通吉祥物"复活"等，可以用于虚拟偶像、虚拟主播、虚拟代言、虚拟主持……目前，世优科技已通过"复活"打造 600 个虚拟形象 IP，致力于打造虚拟数字人工厂。截至目前，世优科技的实时虚拟数字人制作技术，已经为众多不同领域的头部品牌提供了虚拟数字人制作的技术支持，其中包括央视虚拟数字人"阿央"、《四川日报》虚拟数字人"小观"、虚拟歌手"小缪 Metamuse"、虚拟主播"卓青"等，也有如"京东狗""海尔兄弟"等已经在用户心里留下深刻印象的商业 IP。

2.4.2.2 连接用户群体

随着元宇宙概念的不断走红，虚拟数字人的市场规模也在不断攀升，价值日益凸显，这让很多品牌看到了营销的另一种可能——选择或创建符合自己品牌的虚拟数字人 IP，连接用户群体，突破圈层，实现破壁增长。一方面，因为科技性、话题性等固有属性，虚拟数字人更容易在短期内成为营销热点。同时，由于虚拟数字人主要面向年轻受众，品牌选择与虚拟数字人 IP 合作可以让品牌变得更酷、更年轻，更容易激发年轻用户的潜在心理需求，形成情感共鸣。另一方面，品牌可以与虚拟数字人 IP 进行联合营销，虚拟数字人可以根据品牌特点进行二次创作，在保留虚拟数字人 IP 自身特质的同时，主动适配品牌特点，为品牌定制符合其调性和风格的形象与内容，充分参与到品牌营销推广的各项活动中。

品牌也可以通过自建 IP 的方式开展营销活动，对整个品牌进行虚拟数字人 IP 化，把诸多品牌不容易直接传达的精神、理念、文化等集中到一个虚拟数字人 IP 身上，为品牌带来更大的附加价值。从实际效果看，品牌自建 IP，固然会使品牌的虚拟 IP 形象在安全性、契合度以及稳定性上得到保证，但是，这类品牌自建的虚拟数字人 IP 在内容和层次上会显得相对单薄，缺乏丰富的性格

类型,只是一个传递品牌理念的标识,无法与用户进行更深层次的交流和互动。相对而言,品牌与专业成熟的创作团队合作,不仅可以加速产出效率、降低成本,更能借用成熟虚拟数字人IP的流量和热度,覆盖更多用户群体。

以天娱数科旗下虚拟数字人天妤为例,其造型设计上融合了中国古典美学特色,既具有极高的审美价值,又符合国人的文化认同;其背后的故事以护佑苍生为主题,符合中国传统价值观。天妤和网易旗下的《倩女幽魂》手游展开合作,将二者在"国风"潮流文化方面结合起来,使传播内容突破媒介限制,提升营销的纵深度。网易不仅可以借由天妤的影响力,将游戏覆盖到更多用户群体,更能通过天妤生动的演绎,展现游戏的核心价值。网易与天妤进行联合营销,可以借助天妤的技术实力丰富用户的产品体验,为品牌建设创造更大价值。天娱数科以人工智能为技术支点,使天妤完成了行业内首个超400万面高精度模型的实时互动直播,为用户打造了超越以往的沉浸式体验,同时也更大程度地满足了品牌的营销需求。除此之外,联合营销可以使品牌在虚拟数字人IP营销的固有优势上更进一步——品牌可依托虚拟数字人背后的平台,捆绑平台的资源优势。如天妤的主体企业天娱数科的多元股东构成,不仅能为企业开展业务提供源源不断的优质资源,也能为合作品牌带来一定的资源扶持。

2.4.2.3 品牌虚拟数字人的自身优势

越来越多的品牌利用虚拟数字人来开展营销活动,相较于传统的真人明星、网红代言,虚拟的场景、虚拟的主持人、虚拟的活动有四个优势:

一是更强的可塑性。虚拟偶像、虚拟主持人和数字分身的"人设"可以灵活、自由地根据品牌价值观和品牌形象按需定制,几乎能满足品牌的一切形象要求。

二是更强的可控性。虚拟数字人的行为可控,相较于真人行为,虚拟数字人有预先固定的设置,不会因为独立的自主意识行动给品牌带来负面影响,并且与品牌的联系也更加紧密,能够承担更多与用户沟通的职责。

三是更多的可能性。虚拟化的发布会、演唱会、音乐会、直播或者大型会议等的举办成本将会大大降低,而数字化商品的制造成本趋近于零,因此品牌将增加另一份收入,即虚拟世界的商品收入,大幅提升品牌利润率。

四是更高的曝光度。品牌的虚拟化身具有品牌的个性特征,其持续的数字存在能够促进与用户的关系,并且支持内容的共创共建,鼓励更多的用户参与其中,持续提高品牌的曝光度和关注度。

综合案例

阿迪达斯:打造数字分身与虚拟空间互动,拥抱网络世代

对于服装行业来说,品牌价值的重要体现就是不断满足用户自我表达的需求。除了在现实世界中塑造潮流的风向,虚拟世界中也诞生了全新的机会。在元宇宙这个风口诞生之前,阿迪达斯就做了很多布局。最关键的一点就是构建虚拟空间,让用户能够自行打造其专属的虚拟分身(OZ流动体),并让虚拟分身参与到众多虚拟世界的活动中去。2022年4月10日,流动体首先在阿迪达斯经典系列(Adidas Originals)官方微博进行预热宣传,4月15日正式推出。而通过"OZWORLD"小程序,用户可以选择阿迪达斯的虚拟产品为流动体装扮,让虚拟产品成为打造虚拟分身的元素之一。在这个天马行空的虚拟世界中,网络时代的用户有了全新的方式来展现自我。

此外,阿迪达斯2021年就提出了直面消费者(Direct to Consumer, DTC)的全球性战略,力求以直营模式为主导,与消费者直接建立联系,进一步提升零售体验,并构建统一的会员体系,用数据驱动增长。元宇宙营销无疑贯彻了这个战略,让品牌和用户产生了深度的互动关系。阿迪达斯曾与腾讯虚拟音乐嘉年华合作,以明星演唱会这个虚拟的场景作为切入点。用户可以通过小程序自行

"捏脸",打造虚拟分身,这个分身还能够直接进入腾讯虚拟音乐嘉年华的演唱会现场,进行实时互动。用户不仅能在现场看演出、进行社交,还能参观展览、跳转小程序直接购物等,小程序的功能覆盖多个场景,在国内市场,阿迪达斯作为服装行业第一个打造虚拟空间互动的品牌,能够享受到市场的红利,奠定自己的领导地位,同时也在激烈的行业竞争中取得了众多成效:元宇宙营销策略具备很强的社交属性和很高的传播度,使品牌形象进一步得到了强化;此外,大量年轻群体会员的加入,使用户资产得到了沉淀,为长期的会员运营奠定了基础;此类全新的营销方式还尝试与实体会员权益相结合,通过演唱会现场空投的形式解锁品牌特权,包含限量产品、免抽签购买的礼品券等。

资料来源:改编自《阿迪达斯与 Ready Player Me 合作推出虚拟化身创建平台"Ozworld"》,http://meta.sootoo.com/content/2057.shtml,2023 年 8 月 29 日访问。

第 3 章
探索元宇宙用户交互

3.1　用户与元宇宙平台的互动——人机交互

用户在元宇宙中的第一层交互，是与元宇宙平台的交互。元宇宙的去中心化使得其运行基本上是由用户主导的，用户体验感的好坏决定了平台能否取得成功。用户在元宇宙平台的体验主要在于身份创建、感受元素吸引力和内容新颖性、价值创造和社交。身份创建是用户进入元宇宙平台的第一步，这是影响用户需求期待、情感态度和思想感受等的重要环节，该环节的复杂性和功能性决定了元宇宙平台的复杂性和功能性，因此该环节是获得用户认可的重要环节。此外，元宇宙平台需要为用户提供丰富的素材，让用户在身份创建过程中充分发挥创造性思维，实现价值创造，由此提升用户在元宇宙中的体验感，推动元宇宙的建设与完善，以及相关用户社区的形成与发展。

用户在元宇宙中的第二层交互，是与除数字分身外的虚拟数字人的交互，未来的人机交互将会是基于人机融合智能基础的、与虚拟数字人进行的沉浸式交互。在这个环节，行业各界布局的虚拟数字人将会与元宇宙用户进行认知、情感甚至更高层面的交互。这种交互将会被广泛应用于营销领域，这是由于元宇宙改变了品牌与用户的关系，品牌在元宇宙中要面对的不是现实的用户，而

是用户的数字分身。而元宇宙中的品牌也可以打造属于自己的虚拟数字人形象,代表品牌与用户进行实时的面对面交流。未来,计算机、人工智能控制的虚拟数字人也将会成为构建元宇宙新世界的参与者,并作为交互对象融入社群、组织当中,帮助品牌更好地打造产品和提供服务。

3.1.1 人机交互的发展历程

人机交互的方式不仅关系到人类获取信息的渠道,同样也决定了人与人之间在网络空间中的连接形式。伴随着人机交互方式的改变,在网络空间中的人际连接形式也将被重新定义和构建。

起初,互联网 1.0 时代是一个中心化、开放连接的时代,其主要目标是连接所有的互联网公开信息,方便人们检索和查找。用户通过电脑主机、鼠标、键盘等,与网站内容进行交互,网页之间通过超链接相连,形成了一张巨大的网。这张网的节点是网页,这些网页连接着数以亿计的访问者设备,每个网页都部署在中心化的服务器上。在这个时代,人们的主要需求是检索和查找网页信息,而社交、娱乐等需求并不旺盛,人与人之间的关系通过访问共同网页而连接,没有任何人或机构试图阻碍这种关系的产生。

互联网 2.0 时代则变成了一个中心化、割裂连接的时代,其主要目标是连接所有的人,并且最大化地激活他们的社交、游戏、购物、视听、交易等个性化需求。在这个阶段,用户在不同时空环境下,通过在终端设备上进行点击、触控等操作表达需求,这些操作被网站、应用软件捕捉,并通过推荐系统反馈给用户具有个性化的内容。因此,此时的互联网仍然是中心化的,只是用户之间的连接已经被逐步割裂。可以说,整个互联网像是被割裂成了无数个子网,较大的子网代表了用户数较多的头部网站或应用软件。每个子网内部都是中心化的,所有数据都存储在该网站或应用软件的数据库中,以此支撑该网站或应用软件提供特定的业务(如社交、游戏、视听等)。用户在每个子网中都有一个注册ID,享受着该子网提供的服务。

而目前,人们正在探索的互联网3.0时代,是一个去中心化的、碎片化连接的时代,其主要目标是支持人们通过虚拟世界智能体之间的交互,产生某种虚拟关系。这种新型虚拟关系,将再一次重构元宇宙框架下人与人之间的连接形式。用户在元宇宙中可以创建属于自己的、唯一的虚拟身份,以及若干虚拟资产和虚拟物品,用户只需要通过虚拟身份在某虚拟社区内进行授权操作,就可以与该社区中的其他用户建立虚拟关系。这些虚拟世界的操作,可以通过对传统终端的点击、触控等交互动作完成,也可以通过虚拟现实智能设备中的交互动作(眼神、肢体)完成,虚拟社区捕捉到这些交互动作之后,所产生的结果也会通过交互设备(智能眼镜、智能头盔等)以虚拟视频的方式反馈给用户。同时,这一系列的动作和反馈结果也将会被记录在区块链上,从而保证数据安全。

显然,这样一系列的虚拟操作是以用户为中心,且呈完全分布式和不可预测的,没有任何一个网站或应用软件能够要求用户必须重新注册ID,也不存在一个超级网站或应用软件可以收集绝大多数用户的个人数据。人与人之间的连接能否建立,取决于双方是否存在虚拟关系,是否授权虚拟身份在虚拟社区中进行了某种操作。

3.1.2 人机交互的机遇与挑战

元宇宙时代,在去中心化、碎片化的虚拟世界中,以往互联网中的资源和利益都会被重新分配,这带来了很多新的机遇。当然,抓住并利用这些机遇的过程也存在诸多挑战。

3.1.2.1 机遇

在构建元宇宙的初级阶段,人机交互仍然不可避免地依赖于传统方式(通过手指点击等)。沉浸式的交互设备,使得信息的输入、输出可以更加逼真,除了视觉、听觉,还包括触觉、嗅觉等其他多个维度的感官体验。而当人工智能交互技术进阶到高级阶段时,我们就可以脱离传统方式,通过脑机接口,利用人的意念完成与虚拟世界的交互,即人们将自己的指令通过脑电波直接传入虚拟世界,同时,虚拟世界也将反馈结果直接传输给人脑。这种超级智能的交互过程甚至省去了通过人的动作发号施令、用眼睛查看结果等传统操作,可以直接将交互结果呈现在人脑中。这种方式省去了所有中间环节,第三方更无法知晓人与人之间交流的内容,从而做到了彻彻底底的去中心化,保障了数据安全。

对元宇宙连接的碎片化重构,打破了传统网络空间中的业务垄断,也将重新分配传统的资源和重构利益分配方式,从而带来流量与盈利两方面的机遇。第一,由于用户在元宇宙中的交互关系都只存在于虚拟社区中,而传统互联网巨头也只会变成一个较大的社区,因此会导致用户将更多的时间分配给具有独特属性的中小型社区,这些中小型社区或将迎来更多流量机遇。第二,鉴于交互方式的多元化,第三方无法捕捉到用户所有的动作、眼神、意念等数据,无法收集到足够多的个性化偏好数据,传统的推荐系统就无法正常运行,也就无法复制互联网巨头一贯的广告营销推广等盈利模式,而流量所带来的利润将会被更加平均地分配给不同社区。

3.1.2.2 挑战

企业需要清醒地认识到,即便处于视频交互技术下的初级元宇宙中,想连接用户或社区也存在很多困难和挑战。首先,从实践来看,多数用户宁可用一个囊括所有生活服务的超级应用软件,也不愿在不同虚拟社区之间来回切换。即使用户发现自身的很多数据被数据中心所掌握,也会习惯性地继续使用由其提供的传统互联网服务。可以说,大部分用户并没有意识到中心化的互联网对自身数据隐私安全的侵害。其次,流量意味着商业价值。无论是作为服务提供商的头部网站还是应用软件,都不愿意看到人们将时间花在中小型虚拟社区上,他们仍然希望在虚拟世界构建最大的社区,并吸引足够多的用户和占用足够长的使用时间。最后,由于虚拟社区是碎片化的,用户所发表的文字、图片,甚至更难捕捉到的信息,分散在许多社区中,分散度和信息监测难度大大提高。

3.1.3　人机交互的商业应用——虚拟数字人

随着交互方式的不断发展,传统的键盘交互、触摸交互发展成为语音交互,到现在智能化、多模态的人机交互已成为重要趋势。随着深度学习等算法实现产业化,以及传感器技术、视觉技术、语音技术和自然语言处理技术的不断迭代升级,多模态人机交互方式逐渐形成。多模态人机交互能够通过多种方式,如文字、语音、视觉的理解和生成,动作的识别和驱动,环境的感知等,充分模拟人与人之间的交互方式。目前,多模态人机交互领域最典型的代表是虚拟数字人。

2021年,OPPO推出了智能助手小布的首个虚拟数字人版本,该智能助手采用多种基础创新技术,包括视觉、语音、自然语言处理等多模态融合算法,能够为用户在多个场景生态下提供内容服务,与其进行实时交互以及情感化交互。同年,英伟达首席执行官黄仁勋的一段虚拟数字人演讲视频风靡全球,英伟达推出的Omniverse平台进一步进入大众视野。据悉,该平台整合了图形、人工智能、模拟技术和可扩展计算,成为连接现实世界与虚拟世界的基础。利用强大的图形处理器(GPU)算力,英伟达构建了一个比较真实的人物形象。

随着对话式人工智能技术的不断升级,虚拟数字人的形象构建能力也得到了提高,与其对话的体验也大大优化了。对话理解、知识图谱等认知能力建设的日益提升,也助力虚拟数字人产品化能力的不断增强。

3.2 解密虚拟社交世界——人人交互

用户在进入元宇宙时创建了代表自己身份的数字分身,借助数字分身参与虚拟世界中的活动,利用它在虚拟世界中进行探索,并与虚拟世界中的其他用户进行互动。元宇宙中的人人交互,可以说是数字分身之间的交互。数字分身让人们拥有了第二种身份,可以将现实中的活动映射到虚拟世界中,从而塑造元宇宙世界的文明。

用户可以依据共同的兴趣、目标在元宇宙中建立虚拟社群。此外,用户还可以在社群里共同创造新事物,推动元宇宙社会的形成,促进"精神空间"的发展,让元宇宙更具有人文色彩。元宇宙的用户在进行内容创造之后,可以与其他用户进行价值互换、交易。互联网时代的发展不仅使人机交互方式发生了改变,同样也影响着人人交互方式的发展。如表3.1所示,我们基于各个维度对移动互联网时代与元宇宙时代交互的差异性进行对比。

表3.1 移动互联网时代与元宇宙时代交互的差异性

对比维度	移动互联网时代的交互	元宇宙时代的交互
交互工具	手机、电脑等移动端、个人计算机端 现状:已经普及	虚拟现实、增强现实等可穿戴感知设备 现状:正在逐步成熟 例子:Meta推出的虚拟现实头盔探索者系列升级版、微软推出的混合现实头戴式显示器(Hololens)等产品
数据控制	中心化	去中心化
交互特点	基于互联网与多媒体的内容交互 结果: 社交距离和心理距离比较远,具有隔阂感、他处感	类现实的面对面交互 结果: 社交距离和心理距离比较近,具有亲切感、熟悉感

(续表)

对比维度	移动互联网时代的交互	元宇宙时代的交互
展现形式	文字交互为主、语音和视频等多媒体可交互内容为辅 特点:文字交互(输入)花费的时间较长(普通人一分钟打 40~60 个字算比较快的,信息发送方和接收方都需要花更多时间在打字上)、虚拟性比较强、反馈弱(如微信聊天中,经常会看到"对方正在输入中"的字样,此时需要我们等待对方回复)	多感官可感知的沉浸式交互 特点:现实感比较强,想到的事可以立即表达(一般情况下,人讲话的语速为每分钟 160~180 个汉字);实时反馈,以人们日常讲话的自然沟通方式进行交互。在元宇宙中品牌虚拟数字人能以更加真实的方式与用户进行互动和交流
社交线索	文字 文字不足,所以表情符号起辅助作用,丰富度有限,社交线索有限	面部表情、动作、声音等 内容丰富度极高,社交线索广泛
交互对象	静态(账号、头像等) 不丰富	虚拟数字人 更加自然、生动、及时
用户感知	在线感	在场感
用户沉浸度	弱	强

3.2.1 人人交互的特点

我们总结了元宇宙中用户人人交互的四个特点:用户交互空间维度的沉浸性、时间维度的实时性、交互行为过程的动态性以及交互信息内容的丰富性。具体内容如下。

3.2.1.1 交互空间维度的沉浸性

这种沉浸性主要通过虚拟现实技术及设备对用户交互环境的建立而形成,用户在元宇宙中体验到的"存在"的感觉,是沉浸在这种交互环境中的一种心理状态。在元宇宙中,用户能够以第一视角与其他用户进行直接的互动,从多感官刺激的互动体验中感受到"共同的在场感",而高保真的沉浸式环境营造能够让用户逐渐忽略交互过程中的计算机中介的存在。全球最大的互动社区之一及大型多人游戏创作平台罗布乐思就是通过对新交互方式的把握、从新角度切入以获取新的用户流量的。用户可使用自己独特的虚拟形象和朋友们进行沉浸式的交互,将线下社交活动数字化,打造虚拟社交。

3.2.1.2 时间维度的实时性

建立在先进的数字互联网技术之上的元宇宙具有"低延时"的显著特点,这保证了元宇宙世界中用户交互的实时性。在元宇宙中发生的一切都是同步的,用户在其中所经历的一切与其他用户所经历的相同,因此用户之间交往互动的体验也是同步的。品牌要想在元宇宙场景中获得强劲的竞争力,就必须为用户提供具有个性化的全时互动场景,满足用户对元宇宙环境中独特的交互方式的期待,实现更具成效的品牌营销效果。

3.2.1.3 交互行为过程的动态性

元宇宙中的用户交互过程具有动态性的特点,使得用户能够以更生动、直接的方式传达出更多的信息。不同于2D互联网的静态式媒体环境,元宇宙环境中的用户交互过程更加灵活多样。元宇宙为用户提供了面对面直接交互的逼真环境,用户对数字分身的操作除了可以传递语言信息,还可以向其他用户传递出非语言信息内容,如通过点头表达赞成、通过空间上离去的动作表达情绪等。元宇宙的物理移动性可以帮助用户强化自己的动作表达,这让用户交互更加真实灵动。

3.2.1.4 交互信息内容的丰富性

由于虚拟现实技术在元宇宙中的深度应用,多维度、多感官环境的营造使用户接收的信息不再局限于基本的视觉、听觉感官,还能够延伸到多维视觉,甚至触觉的信息感知。除此以外,元宇宙还为用户交互的多种行为(如物理移动性等)的实施搭建了可实现的技术环境。用户可以在虚拟世界中使用平台提供的工具来赋予角色能力,完成在现实世界中可能无法完成或较难完成的任务。这为品牌生态内容的共创提供了便利性,使其模式更加广泛存在于各品牌营销之中。以罗布乐思为例,作为游戏创作平台,它吸引了许多开发者创造游戏和创新玩法。玩家沉浸的时间越久,平台通过社交网络吸引到的新用户就越多。玩家数量增多的同时,用户生成内容的激励和反馈系统也引发更多玩家加入游戏开发中,形成正向飞轮效应。玩家的开发创造构筑了平台的内容基础,以此成为吸引其他用户的关键,最终完成了平台运作模式的闭环。这种信息接收与传达的正向循环说明在元宇宙中用户交换的信息更为多样化、更具丰富性。

3.2.2 面向数字分身的沉浸式营销

在虚拟世界中,用户通过数字分身进行社交和游戏,以及通过劳动来获取报酬。数字分身的虚拟物质需求和精神需求与现实世界中人们的各种需求相对应。人们在现实世界中通过穿衣打扮来表达个性和增加魅力,而数字分身在虚拟的穿衣打扮上同样追求个性化。所以各类服装品牌正在借助数字时尚(Digital Fashion)满足数字分身表达自我的需求。比如,拉夫劳伦(Ralph Lauren)于2021年8月发布了12款数字服装,用户可在元宇宙时尚社交平台崽崽(Zepeto)上购买;美国鹰(American Eagle)于2021年7月在表情贴纸制作平台Bitmoji上发布了数字服装系列;古驰和北面(The North Face)于2021年1月面向增强现实游戏《精灵宝可梦Go》联合发布了一系列游戏服装和头像。

现实世界中的数字营销关注的是人群圈层、用户画像和行为兴趣。我们使用消费者生命周期模型来切入人群圈层和锚定潜在客户,在发现、种草、互动、兴趣、加深、首购、复购、忠诚8个关键节点上添加标签并定群分组,然后设计千人千面的内容和自动化流程,最后依靠评分体系和归因系统来"养鱼"和"抓

元宇宙营销
数字营销新浪潮

鱼",循环往复。无论是阿里巴巴的 FAST 模型(从数量和质量上衡量消费者运营健康度模型)、GROW 模型(指导大快消行业品类有的放矢的增长模型),还是字节跳动的 0-5A-GROW 模型(以用户为中心的数据驱动链路营销模型),数字营销的实现都依赖数据。为了适应元宇宙营销生态,基于数据分析并面向现实用户的全域营销需要向基于价值交换并面向数字分身的沉浸式营销转型。

进入元宇宙营销时代,品牌面临的第一个挑战是如何获取和使用数据。元宇宙是一个去中心化和注重个人所有权的世界,因此数据的所有权和使用权将从平台转移到用户手中。这是因为元宇宙建立在区块链基础之上,强调去中心化理念和技术。任何平台或品牌都必须遵循元宇宙去中心化的核心架构和运行逻辑,未经授权不得随意调用和处置用户的数据。如果平台或品牌不能提供足够的价值作为交换,用户将不会授权他们使用个人数据。

在互联网 2.0 和数字营销时代,品牌和广告主通过平台获取用户数据,并通过账号标签、分群组以及数据匹配等方式圈定目标人群,然后再使用定向群发或自动化推送的方法将品牌的营销内容推送到目标人群的邮箱中和手机应用上。但在元宇宙世界中,这种基于数据来圈定人群进行定向推送的方式将受到挑战。用户不仅希望获得更个性化的品牌内容推送,还期望自己的数据能够产生收益。区块链技术和 NFT 的应用及流行,让用户的信息和互动数据成为元宇宙中的数字资产。例如,Presearch 是一个基于区块链技术的去中心化搜索引擎,在保护用户隐私的同时实现数据变现。这个平台被称为"下一代搜索引擎",由独立节点支持,保护用户信息和搜索数据的安全,同时通过分布式账本将搜索行为和数据兑换成虚拟代币。自 2017 年 11 月首次启动以来,该平台已获得 130 万注册用户,月活跃用户数达 30 万,月访问量超过 1 000 万。

在元宇宙营销时代,品牌获取用户数据的方式已经发生了变化。品牌需要与用户进行价值交换,而不仅仅是与平台合作。即使品牌获得了使用用户数据的授权,也需要注意现实用户和数字分身之间的差别。在元宇宙中,数字分身不一定是用户现实"人设"的镜像,有可能是其增强版或者异化版。例如,当美妆品牌在虚拟世界中对一个时尚辣妹形象的数字分身进行营销时,该用户在现实中可能是一个满脸胡茬的中年大叔。

3.2.3 人人交互的体验设计

在数字时代,个人信息的安全愈发受到人们的关注。然而,很多人不知道的是,我们在日常使用手机、电脑等设备时,已经不可避免地把自己的信息暴露给了各种应用、网站和服务商。这些数据被收集和处理,在为我们提供更好的服务和带来更好的体验的同时,也可能被用于商业目的。对企业来说,获取用户数据是一项重要的营销策略。品牌需要了解用户的需求和偏好,才能更好地为其提供产品和服务。然而,品牌在获取用户数据时必须遵守相关法律法规,保护用户隐私。同时,品牌还需要考虑用户数据的真实性和准确性,避免被误导或误解用户需求。只有在保证合法合规的前提下,品牌才能在用户数据中找到商业价值,推动自身发展。

面向数字分身的游戏化体验设计将经历两个重要的发展阶段。第一个阶段即品牌赋予元宇宙。在这个阶段,品牌借助 NFT 和游戏奖励,向数字分身提供带有品牌标识的数字化产品,在虚拟世界里解决数字分身的衣食住行问题,满足其个性化表达的需求。在这个阶段,品牌不仅是一个符号,还是一种用户彰显个性的方式。赋能虚拟世界的内容和创意,是品牌在这个阶段的重要任务。

阿迪达斯数字创新前负责人瑞恩·穆林斯(Ryan Mullins)创立的应用程序 Aglet 就进行了游戏化体验设计。在 Aglet 上,用户将拥有自己的虚拟运动鞋和装备,比如空军一号(Air Force 1)或者椰子(Yeezys)运动鞋。如果用户在出行

时选择品牌植入的虚拟运动鞋,就会获得游戏奖励。用户穿着的虚拟鞋子价格越高或者越稀有,得到的游戏奖励就会越多。这家已经获得450万美元融资的元宇宙创业企业,希望建立一个融合游戏与运动文化并与用户进行价值交换的平台,通过培养用户的虚拟穿戴习惯,增强品牌在现实中对用户心智的占领。虽然Aglet的模式只是沉浸式营销和游戏化体验设计的初级探索,但这要比使用数字分身网红(Key Opinion Avatar,KOA)和游戏植入广告(In-Game Advertising,IGA)更能让用户接受。

第二个阶段即品牌的虚拟数字人参与元宇宙的共生共建。元宇宙营销也会转变为品牌的虚拟数字人面向用户数字化身(Brand Avatar to User Avatar,BA2UA)模式,即让品牌的虚拟数字人与用户的数字分身进行互动。品牌的虚拟数字人需要参与虚拟社区的建设,并且提供虚拟化的产品、服务,提升品牌价值,完成虚拟化转型。

3.3　元宇宙营销对象的革新——D2A营销的到来

3.3.1　D2A营销模式的概念

D2A指一种正在兴起的商业模式:直接向用户的数字分身销售产品。研究发现,92%的用户重视虚拟形象的定制,借此在3D环境中进行自我表达。面向用户数字分身的营销模式的优点是:其提供了独特的购物体验,人们可以先体验再购买,颠覆了从前先购买再体验的模式;并且这种模式有可能增强用户对品牌的黏性,使品牌实现长期可持续发展;这种模式大大减少了中间环节,品牌的供应链也会因此而缩短。其缺点在于,开发成本和设计成本高昂,不是一般的品牌能够驾驭的。不少奢侈品品牌抓住了这一市场:巴黎世家(Balenciaga)与游戏《堡垒之夜》合作推出了虚拟服装、配件和武器。古驰在罗布乐思上以

4 000美元的价格出售了一款数码包。此外,增强现实技术将助力面向用户数字分身的营销经济的兴起。一份关于增强现实技术对零售业影响的报告显示,61%的用户更喜欢在提供增强现实服务的商店里购物。实时可视化产品技术的出现,极大地增强了用户的购物体验感。

元宇宙中的营销将会是面向用户数字分身的营销。元宇宙这一概念自出现起,便以沉浸式体验和虚拟化身占据了用户的心智,元宇宙改变了以文字、视频为主的沟通交流模式,全息数字形态突破屏幕交流的阻隔,为用户提供了全新的体验。由此,元宇宙营销中的营销内容如虚拟社区、虚拟演出、游戏和数字藏品等,在增强用户沉浸式体验感的同时与用户尽可能多地进行沟通。在这一阶段,营销的核心是为数字分身提供沉浸式体验并进行交互,与用户建立更加紧密的联系。同时,用户也将更多地参与品牌内容的共建,不受限制地参与到内容的生产当中。

3.3.2 去中心化的D2A营销模式

去中心化是互联网发展过程中形成的社会关系形态和内容产生形态,是相对于"中心化"而言的新型社群组织和内容生产过程。相较于早期的互联网2.0,去中心化互联网中的内容不再由专业网站或特定人群所生成,而是由全体网民共同参与、共同创造。以往,品牌内容主要由品牌及其广告公关合作伙伴设计和制作,品牌牢牢掌握创意和内容的主导权,这是中心化的内容生产模式。现在,品牌已经将内容生产的控制权让渡给了平台、用户、意见领袖甚至人工智能。除了内容生产的去中心化,品牌的内容分发模式也在经历去中心化。以往,品牌可以自己决定何时通过什么渠道向哪些用户推送何种内容。现在,用户有权决定品牌的内容分发模式。用户不是通过与品牌的直接沟通来行使这种权利,而是通过在互联网上表达自己的偏好和期望,再经由品牌部署的营销自动化系统和用户管理系统的判断实现的。对于自己不感兴趣的内容推送,用户可以选择以拒绝查看或者取消订阅的方式来告知品牌停止此类信息的推送。

3.3.2.1 内容的去中心化

内容是所有有效营销活动开展的基础。在数字营销时代,品牌营销内容的主要形式从广告和公关软文变成了能与用户直接沟通的品牌故事。

品牌故事是品牌与用户建立情感纽带的内容营销方式之一。品牌故事将事实和情感融入品牌沟通内容中,除了向用户解释购买的理由,还分享了品牌的愿景、价值观和理念。作为内容营销的核心,品牌故事不仅为企业提供了与用户建立联系并宣传其价值观和信念的宝贵机会,还通过向用户传达品牌的目标、产品或服务的价值,建立起品牌与用户的情绪共鸣和情感连接。一方面,这是由用户的信息消费习惯决定的。相较于数据和事实,人们更愿意倾听和关注能够带来情绪起伏及情感连接的叙事类故事。另一方面,这是品牌内容能够在信息过载的互联网上吸引用户注意力的有效手段。

品牌故事的内核是品牌价值和目标,它的表现形式是有主线的故事内容。可口可乐在"内容2020"策略中,通过不断地收集用户对于可口可乐的反馈,来形成专属自己的营销内容,并挑选其中最好的部分作为其追求"内容卓越"的目标。但元宇宙会继续加速内容的流动,同时阻断故事主线的完整性。品牌故事通过线性媒介载体(视频、活动网站等)一步步地把故事呈现给用户。但是元宇宙的叙事方式远远超越了线性媒介载体,用户在元宇宙场景中可以自由探索,进入不同的叙事线。例如,古驰在罗布乐思平台的虚拟店铺里,试图通过以品牌历史为叙事主线的视频讲述品牌故事,但是绝大多数用户都把时间花在了3D服装的试穿上。

用户进入虚拟现实场景后,便成了故事的主角。如何在360°全景视频中进行多角度叙事,并在虚拟现实场景中构建以用户为主角的故事,是内容去中心化需要解决的第一个问题。

品牌叙事是这个问题的解决方案之一。品牌叙事就是搭建一个包含品牌价值的叙事框架,允许用户从自己独特的视角对故事进行解读。相较于结局固定、线性叙事的品牌故事,品牌叙事是灵活的、适应性强的,由品牌、用户和社区共同参与的持续性对话。在元宇宙世界中,品牌故事将失去活力并最终消亡,而品牌叙事将继续存在,依赖去中心化的解读、创造和反馈继续为品牌赋能。

内容的去中心化也是内容创作的去中心化。元宇宙中的用户既是参与者也是内容的创造者。品牌需要逐渐放弃对品牌故事和品牌信息的绝对掌控,和用户共同创造内容。品牌在元宇宙内容创作人才的储备上也面临瓶颈,传统的4A广告公司和数字营销机构在元宇宙内容创作上并不能为品牌提供足够的支持。因此,品牌更需要以开放的姿态建立与用户协作的内容创作机制,和用户一起探索和创造新的内容。

3.3.2.2 品牌社区的去中心化

元宇宙中的品牌社区与品牌在互联网 2.0 时代打造的私域社群并不相同。私域社群的搭建需要的三个重要基础——用户和会员体系、基于数据标签对用户打分和分类、营销自动化——在元宇宙世界中都将失去技术上的可能性和管理上的可操作性。品牌也不能依靠自定的守则和规矩,对用户的行为和创造的内容进行有效的过滤、限制及删除。可持续存在的社区都具备用户归属感、社区仪式和传统。

社区最重要的属性是基于兴趣、利益和共同目标的用户归属感。要建立一个社区,其成员必须感受到彼此的相似性,并且必须与其他社区存在差异。否则,社区将会名存实亡,曾经的小米社区以及大部分开源项目的社区就是成熟社群的例子。社区通常会通过仪式和传统来定义社区文化。对现实中的哈雷社区来说,拥有一台哈雷摩托车仅仅是一个开始,哈雷夹克、装饰品以及一次组队骑行才是让成员脱胎换骨的一系列仪式。这说明仪式和传统在网络社区中同样重要。

关于归属感,元宇宙提供了营造归属感的致命武器:沉浸式内容带来的用户同理心。仪式和传统的打造,则需要强大的品牌叙事能力和真实的品牌愿景及目标。

品牌社区需要解答的另外一个问题是,品牌是否需要在元宇宙中建立属于自己的社区。有学者认为,元宇宙也许并不需要品牌自己的社区。与建立一个"品牌围栏"相比,品牌赋能用户体验并为用户创造价值更加重要。

3.3.2.3 价值创造的去中心化

在透明和去中心化的元宇宙世界中,用户能立即感知到品牌"所说的"和"所做的"之间的差异。品牌的营销宣传需要与自身的产品和服务相符并做到真实、可信。

在元宇宙中,品牌的成功从传递意义和创造价值开始。品牌需要利用这种丰富且身临其境的体验探索新的商业模式,同用户和社区共同创造及分享价值。在现实世界中,成员的归属感是创建持久社区的核心,对数字分身来说也是如此。因此,元宇宙中真正的赢家将是那些能够建立真正吸引用户持续参与的社区的品牌。价值创造的去中心化意味着品牌需要为其目标受众量身定制虚拟体验和虚拟产品。这不仅包括制作千人千面的商业广告等内容,还包括花时间去研究哪些元宇宙体验和内容会引发用户的共鸣,以提高用户参与度。

在价值创造的过程中,品牌需要逐渐学会放弃绝对的控制权和主导权,将用户和社区引入价值创造过程中。例如,有些品牌会在游戏中为数字分身提供装备,但是允许用户根据自己的爱好和想法进行个性化的穿搭。元宇宙为社区建设者和参与者提供了一条清晰的品牌合作路径,让他们可以分享社区的经济收益。为了吸引用户中的顶尖人才共同打造丰富的、身临其境的场合,品牌应该调整激励措施,与社区的活跃成员共享社区所有权。

多样化的价值创造、深度的用户参与是元宇宙价值创造去中心化的核心和基础。只有那些以开放和包容的心态去构建价值体系的品牌,才能通过虚拟社区和用户紧密协作,共享社区繁荣和长久价值。

3.4 元宇宙丰富的虚拟交互形式

本节基于现实对用户与虚拟数字人的交互形式进行分类:具有低互动性和低拟人化的简单化虚拟数字人、具有高拟人化和低互动性的肤浅虚拟数字人、具有高互动性但拟人化程度较低的智能虚拟数字人以及高互动性和高拟人化的数字人类虚拟数字人,如图 3.1 所示。

	低拟人化	高拟人化
高互动性	智能虚拟数字人	数字人类虚拟数字人
低互动性	简单化虚拟数字人	肤浅虚拟数字人

图 3.1 基于拟人化程度和互动性的四种划分

不难发现,虚拟数字人的拟人化程度和互动性这两个特征不仅对其能够应用的场景产生重要的影响,也影响着用户与虚拟数字人的交互。虚拟数字人的拟人化程度和互动性并不完全同步,这导致了用户在面对不同发展程度的虚拟数字人时会展现出不同的交互行为及心理状态。

3.4.1 与简单化虚拟数字人的交互

简单化虚拟数字人的拟人化程度和互动性都很低,这类虚拟数字人在元宇

宙的沉浸式交互中适用度不高,其既不具备高拟人化程度的外在形态,也不具备高交互性的内在形态,因此用户对其行为的期望并不高。常见的低拟人化程度、低互动性的虚拟数字人往往是基于特定脚本设计的,能够进行简单的内容生产和简单的交互。使用这一类虚拟数字人,能够在一定程度上提升企业基础服务的效率,在不涉及较高风险的产品交易时,这种低水平的一致性也能带来巨大的正面效果。小米手机的米柚(MIUI)系统支持用户自定义小爱同学的虚拟形象,用户可以自行选择小爱同学的服饰、体型、发型、脸型、五官、配饰等,塑造小爱同学专属的虚拟形象,同时,小爱同学能够实现和用户的基础互动,帮助用户实现语音操作。百度搜索创新养成类人工智能虚拟助理度晓晓也属于这种类型,它具有提供信息搜索和日常推荐互动的功能。

3.4.2　与肤浅虚拟数字人的交互

肤浅虚拟数字人的外表与人类的相似程度高,用户在面对这一类虚拟数字人时,可能会难以分辨其是由人工智能操控的还是由真人操控的,因此往往会对与这一类虚拟数字人的交互产生较高的期待。而这一类虚拟数字人互动性较低,导致用户体验到的实际交互效果比预期中要差,进而导致其满意度下降。柴火科技首席客服柴小晋就属于这种类型,她能为用户解答各种售前售后咨询问题,提供操作类、应答类、闲聊类客服等服务。国家博物馆虚拟讲解员艾雯雯具有与人类较为相似的外貌形象,能够通过文物珍品知识的语料训练,不断更新、丰富自己的知识库。她对国家博物馆的140多万件馆藏了如指掌,具备丰富的知识储备和讲解互动技能。浦发银行的虚拟理财顾问小浦主要在个人计算机、平板、手机等终端解决客户问题,提供收支平衡管理等金融服务支持,但无法解决复杂的客户问题,进而导致有高风险交易需求的用户体验感降低。由此,这一类虚拟数字人不适用于高风险的交易。在当前的营销中,品牌普遍使用的虚拟数字人都是智能化程度仍有待提高的虚拟数字人,这是由于高拟人化程度有助于吸引用户,同时低互动性减少了高风险的交易。

3.4.3 与智能虚拟数字人的交互

智能虚拟数字人具有较高的智能化程度,而拟人化程度并没有达到我们所认为的真实感,常常表现为卡通、3D 积木形象。这类虚拟数字人无法准确感知用户的情绪,也无法很好应对用户的一些问题,所以拟人化程度比较低,用户并不会将其视为真正的"人类",因此在与其交互时会减少社会偏见,比如当涉及个人敏感的信息或隐私信息时,用户将会更积极互动。国外研究表明,高互动性、低拟人化程度的虚拟数字人能够强化用户在交流互动中的社交感知,促进情感反应。

此外,人们在与人工智能互动时,更有可能透露出自身的情绪,有助于帮助品牌识别不足并做出改进。高德地图数字领航员小高老师,拥有精致的漫画人物形象,能够做到智能预测和情绪识别,全程陪伴用户并与其进行智能互动。据高德地图官方介绍,小高老师具有自我学习与智能预测的能力,能够精准地预测前方道路的红绿灯情况,帮用户减少等红灯的时间,还能根据昼夜情况为用户规划不同的行进路线。同时,能够识别并表现出情绪变化的小高老师,可以与用户进行实时沟通,比如在车辆拥堵时缓解用户的焦躁情绪,或者在用户长时间开车时进行温馨的问候或提醒等。

3.4.4 与数字人类虚拟数字人的交互

数字人类虚拟数字人的拟人化程度和互动性都达到较高水平,能够为用户创造愉快的交互体验。互动性较高的虚拟数字人能够实现非语言行为的交流,专注于情感和同理心,能够与用户进行自然的对话,及时反馈,由此提升真实感。而高拟人化程度使得智能的虚拟数字人更具吸引力,更容易取得用户的信赖并与之建立社交和情感联系。这一类虚拟数字人需要强大的技术作为支撑,不仅仅是构成虚拟数字人的计算机图形技术、渲染技术等,对于交互设备也同样提出较高的要求。总体而言,高拟人化程度、高互动性的虚拟数字人能够有效地应对用户的复杂问题和高风险,并且与用户建立长期良好的关系,为其提供个性化的服务。例如,基于"RPA+AI"等技术打造的水滴公司首位拟人化数字员工"帮帮"于2022年上线。"帮帮"的背后是语音识别、自然语言处理、语义理解、多轮对话等技术,使他能"听懂"用户的诉求,能"回答"用户的问题,其意图识别准确率达97%,问题解决率超80%,承担了企业86%的客服会话。水滴公司在研发"帮帮"的过程中产生了11个创新点,完成了数十项技术专利申报,实现了1项业界首创技术应用、3项保险行业首创技术应用。

3.4.5 虚拟数字人品牌营销发展迅猛

近年来,虚拟数字人在与品牌合作中越来越受欢迎。这些虚拟数字人的形象往往与品牌定位十分契合,例如银色短发具有时尚科技感的AYAYI、自然真实带有痘印的阿喜和虚拟超模Shudu Gram。尽管虚拟数字人的数量不断上升,但成功的虚拟数字人均具有个性突出的特征和品质保障。2020年,魔珐科技与次世文化共同打造的名为翎LING的国风虚拟偶像正式出道,她有着柳叶眉、丹凤眼,以国风妆容示人。这一虚拟偶像收到了中国著名护肤品牌百雀羚的合作邀请。百雀羚一直崇尚东方护肤的平衡和谐之道,虚拟偶像翎LING的加入将更好地诠释品牌的东方美妆特色,并通过与时尚科技的结合,为品牌带来新的视野。

虚拟数字人在与品牌合作中表现出典型的"人"的行为,比如小冰公司推出的虚拟数字员工崔筱盼入职万科集团,在财务部工作,她和其他员工一样办公,并且拥有自己的工号和账号。在日常工作中,她使用自己的账号接收邮件,只是其他同事无法见到她"本人"。在负责催办预付应收逾期单据方面,崔筱盼的核销率达到了91.44%,成为企业内部一名合格的"打工人"。除数字员工外,又如美妆博主、模特、主持人和企业职工等不同职业,不仅是人身上的标签,也是虚拟数字人的必要设定之一。

虚拟数字人与用户之间的交互性非常强。通过多种技术支持,例如动态扫描、语音自动识别、动作捕捉采集等,大多数虚拟数字人在推出时就已经具备了独特的外形、语言系统等。当用户表达观点时,虚拟数字人可以快速、智能地回应,从而增强用户的新鲜感和体验感。此外,在展示和推广产品时,虚拟数字人可以根据用户需求随时展示商品,并呈现真人试用效果,从而提高可信度和感染力。品牌越来越钟情于虚拟数字人,还因为他们具有稳定的属性。虚拟数字人由大量技术合成,无论是人物形象、性格设定,还是合作期间的出场时间、临场反应和后续宣传中的涟漪效果等,都处于稳定状态。因此,在合作期间,虚拟数字人发生"意外"的可能性几乎为零,他们也被称为不会"塌房"的偶像。

在当前的大环境下,企业或品牌纷纷参与元宇宙研究并推出虚拟数字人,与虚拟数字人开展合作已成大势所趋。然而,在这一过程中,也有一些应该注意的事项。首先,推出虚拟数字人需要明确目标,是为了品牌升级、特定产品代言,还是弥补现有传播力不足、重新规划品牌叙事等。缺乏清晰的目标会导致后续动作混乱,指令不明确,不利于形成传播效果,甚至可能动摇原有的品牌基础。其次,虚拟数字人的性格应与企业要推广的品牌相符,无论是企业品牌、产品品牌、雇主品牌还是公益品牌等。最后,为虚拟数字人建立一个叙事结构非常重要。这就是说,要讲述虚拟数字人的故事,就像迪士尼中的卡通人物一样,每个卡通人物都有自己的故事,推出虚拟数字人也需要一个叙事结构,例如面

对困境,依靠个人力量顽强崛起的英雄,以聪慧感化世界的小精灵,或看似弱小但内心强大的动物警察等。

综合案例

沉浸式线上社交平台——"空间"

远程会议,无论是电话会议还是视频会议,都无法实现同线下共享空间那样的交流。然而,为线上社交服务的Spatial公司,将支持团队打造更具沉浸式的虚拟会议空间,具体包括:使用远程呈现技术将团队联系起来,支持增强现实和虚拟现实头戴设备,或者简单的交互式网络浏览器。

帮助团队创建沉浸式会议体验的一项关键功能是创建逼真的自定义头像。对于其他许多虚拟现实平台,用户要么受限于创建头像的选择范围狭窄,要么受限于创建逼真头像既复杂又耗时的过程。而Spatial公司的虚拟现实化身让头像创建任务变得快速而简单。首先,用户能够通过网络摄像头进行拍摄,或者通过设备上传自己的照片,用于创建一个基于用户外表的3D虚拟现实头像。之后,用户可以自定义肤色外观,更改服装的颜色……这样简单操作后用户将完成头像构建。任何人都可以在几分钟内完成虚拟现实头像的创建,全程不需要任何特殊的3D建模技能,也不需要花哨的设备。

除了头像的仿真性,Spatial公司还支持用户积极表达自我。用户能够生成自己想要的任何外形,并选择性别。此外,用户表达自我的方式还包括与他人互动时习惯性的肢体动作。用户可以通过操作虚拟现实设备来改变数字分身的动作。对于没有虚拟现实设备的用户,平台嵌入了不同的肢体动作,用户能够通过按动键盘,展现自己在肢体语言上的风格特色。

资料来源:改编自《融资800万美元,AR远程办公平台Spatial如何定义未来智能办公》,https://www.diankeji.com/vr/43702.html,2023年8月29日访问。

第 4 章
元宇宙产品新玩法

作为时下最火的数字藏品之一，无聊猿游艇俱乐部发布了许多行业重磅新闻。第一，无聊猿团队正式宣布收购 NFT 头像鼻祖、市场份额曾经占据第一的加密朋克系列 IP，随后又发行了自己的代币猿币（Ape Coin）以及新的元宇宙项目 Otherside。第二，其母公司 Yuga Labs 在 2022 年 3 月完成了 4.5 亿美元融资，市值高达 40 亿美元，并率先在艺术、时尚、文娱、餐饮等多个行业出圈。无聊猿系列 IP 不再是单一的静态图片头像，而是成长为一个完整的 IP 生态，从曾经的小众品牌发展为现象级数字藏品潮牌，并不断向大众圈层进军。

无聊猿团队让无聊猿系列 IP 成为跨界王者，成功走出数字藏品、互联网 3.0 的小众圈层。2021 年，美国职业篮球联赛球星斯蒂芬·库里将其推特头像换成了一张拥有蓝色毛发、身穿卡其色花呢西装、眼神迷离的猿猴的图片。据媒体报道，该猿猴头像是库里花费 55 个以太币买下的，价值约 18 万美元。名人效应迅速扩大了无聊猿 IP 的大众知名度和话题性，除了篮球明星斯蒂芬·库里、沙奎尔·奥尼尔，足球明星内马尔·达席尔瓦，流行歌手贾斯汀·比伯，说唱巨星埃米纳姆，以及音乐天王周杰伦都持有无聊猿系列数字藏品。

明星效应虽然扩大了无聊猿 IP 的知名度，但也给大众留下了稀缺、昂贵的认知印象。为打破小众圈层进入大众视野，无聊猿团队积极与时尚运动品牌合作，让普通大众在生活中也能真正接触与体验无聊猿 IP 形象，而并非仅在虚拟

元宇宙营销
数字营销新浪潮

世界中复制、粘贴和储存。2022年4月底,中国李宁宣布与无聊猿IP旗下编号为4102的NFT达成合作,并将其作为北京三里屯快闪店"无聊猿潮流运动俱乐部"的主理人,此外还推出印有无聊猿IP形象的棒球帽、T恤等时尚单品,店门口还设立了一座巨型的像素化猿猴雕像。除此之外,其他很多行业的品牌也看上了无聊猿的营销和传播价值。例如,主打智能健康硬件的倍轻松买下了编号1365的NFT,计划推出"无聊猿健康俱乐部";中国房地产企业绿地集团也买下一个NFT无聊猿,表明自己将打通虚拟与现实,实施数字化战略。

无聊猿IP的崛起,让我们看到了NFT数字商品的无限可能性。在元宇宙营销策略中,关注NFT的升值空间或许会成为品牌成功的关键。因此,了解NFT数字商品的基本概念、特点与发展态势,能够帮助我们更好地进入元宇宙世界。

4.1　多样的元宇宙数字商品

数字商品(Digital Goods)是完全以信息化、数字化的形态呈现的产品和服务。互联网2.0,即信息互联网时代为数字商品提供了技术基础。而在元宇宙中,互联网3.0将通过价值互联,并附加可编程、可组合等属性,为数字商品增加更为丰富的内涵。

依据数字商品的性质与用途,可将其划分为三种类型:内容性产品、交换工具、数字过程和服务。内容性产品指的是表达一定内容的数字商品,如新闻、电影等;交换工具指的是代表某种契约的数字商品,如数字化预定、数字藏品等;数字过程和服务主要是指数字化的交互行为,如远程教育课程等。

此外,数字商品通常还可以分为形象商品、社交商品以及功能商品,具体情况如表4.1所示。

表 4.1 数字商品的类别

分类	解释	实例
形象商品	能够改变虚拟角色或数字分身形象的商品	虚拟时装、特殊形象等,如 ZARA 推出的元宇宙服装系列"Lime Glam"是专门为 Zepeto 平台上的个人数字形象所设计的
社交商品	人或数字分身之间进行社交互过程中交换信息的商品	数字艺术品、虚拟产品等,如古驰与美国设计师潮玩产品开发商 Superplastic 合作推出的超级古驰系列虚拟玩偶
功能商品	增强虚拟角色或数字分身各种属性的商品	虚拟游戏武器、道具等,如 The Sandbox 中创作者可以用代币购买地块及道具,地块持有者能够完全控制自己创建的内容环境与应用

元宇宙的数字资产中,最有代表性的是 NFT 数字藏品,它不仅具有精神价值、历史价值和审美价值,还具有独一无二且不可代替的资产特性,因此 NFT 逐渐被广泛应用于艺术领域。自 2019 年以来,基于 NFT 的交易成为艺术市场的一大热门。在国外,2021 年 12 月,数字艺术家 Murat Pak 发售了一款总成交金额超过 9 180 万美元的数字藏品"Merge"。在国内,链盒(iBox)也一直致力于打造高品质的一站式数字藏品与数字 IP 资产管理平台。

除最有代表性的数字藏品外,元宇宙的数字商品形式还有很多。在数字资产方面,除了数字藏品,还包括虚拟地产。元宇宙公司 Republic Realm 曾以 91.3 万美元的高价收购了 Decentraland 平台上的虚拟土地,希望将其改造成一个以日本时尚圣地原宿为原型、名为"Metajuku"的虚拟购物区,这也是用户持有的数字资产。

数字商品中还包括虚拟服装和虚拟配饰等。2022 年 7 月 13 日,博柏利与全球知名线上平台罗布乐思的设计师合作推出了五款虚拟手袋,罗布乐思平台上的成员可以购买并使用这些手袋。在元宇宙世界中,用户的创造力能够得到

极致的发挥——可以自己创建新的内容,如歌曲、艺术设计图版或在线课程等,而与此同时,元宇宙用户创造出的内容也是可以进行交易的。因此,未来将会有更多的数字商品形式和更丰富的数字商品内容。

尽管元宇宙的数字商品形式多样,但它们的共同之处是能让用户得到最大限度的虚拟重现,也就是让用户能在不同形式的虚拟场景中重新表达自我。用户通过个性化的数字分身在元宇宙的商铺里换上新眼镜、体验新服装、尝试新发型的过程,也是通过差异化的符号标识个人虚拟身份的过程。与现实生活中一样,元宇宙中数字分身所用的物品、所塑造的外形都会影响其他数字分身对其虚拟形象甚至现实中的本人的看法,购买和使用这些数字商品对用户虚拟自我的构建和认同具有重要意义。

4.1.1 元宇宙中数字商品的特点

4.1.1.1 突破限制

元宇宙产品的首要特点是突破了时间和空间的限制。突破时间限制既指产品的售卖全天进行,也指产品的生命周期在某种程度上消失了。例如,在元宇宙世界中,用户可以在任意一个时间段去购买衣服,不受营业时间的限制,也可以购买一年前、十年前,甚至一百年前的衣服,因为虚拟服装通过数据保存在中心数据库中,是可以随时产出的。突破空间限制是指在元宇宙世界中,数字分身可以自由穿梭于不同的区域,购买不同地域的产品。例如,由大唐不夜城与太一集团联合打造的基于唐朝历史文化的元宇宙项目"大唐·开元",通过复原唐朝长安城的风貌,构建一个虚拟数字世界,无论用户身在何处,都可以通过端口登入。由此,元宇宙产品突破了时间和空间的限制。

与传统消费不同,元宇宙消费兼具实体店消费和互联网消费的优点,巧妙地避开了它们的缺点。与线上购物的封闭场景不同,元宇宙的消费场景是开放的,是可以与商品互动的;与实体店消费展示有限的商品数量不同,元宇宙中展示的商品数量是无限的,它突破了展示商品数量的限制,具体情况如表 4.2 所示。

表 4.2 实体店消费、互联网消费和元宇宙消费的不同

	消费场景	营业时间	便利性	消费体验	产品数量	产品展示方式
实体店消费	开放	有限	低	物理世界消费体验	部分产品	实体展示
互联网消费	封闭	无限	高	网络平台消费体验	全线产品	平面信息展示
元宇宙消费	开放	无限	高	虚实结合消费体验	全线产品	三维空间成像

4.1.1.2 虚拟性

数字商品由于缺乏实体物质形式,无法真正地出现在现实物理世界中,因此虚拟性是数字商品的本质特征。但是数字商品可以通过实体形式在现实空间展出,或在虚拟空间展出让用户以数字分身参观。2021 年,苏富比拍卖场举办了一次实体 NFT 展览,买家被邀请到苏富比在伦敦或香港的办公室进行参观,NFT 艺术品使用三星的 4K 投影仪进行展示,这种方式为数字虚拟艺术作品提供了物理表现形式,让它们能够在传统的画廊场所中进行展出。

4.1.1.3 多技术性

数字商品的诞生依托于尖端技术的使用,如人工智能、NFT、区块链、混合现实等,随着人工智能、物联网及互联网 3.0 等技术的发展,学者和从业人员还将不断探索新技术对数字商品的赋能及应用,以优化数字商品的内涵和外延,为用户提供更优质的体验。例如,古驰在 2020 年上线的虚拟运动鞋定制工具(Gucci Sneaker Garage),允许用户在原有的鞋款模型基础上自由定制打造出独

一无二的运动鞋。用户还能在罗布乐思或 VRChat 等虚拟平台上穿着这款运动鞋,同时也可以通过增强现实技术试穿定制的古驰运动鞋。这是品牌对用户数字商品消费的多种技术的综合应用。

4.1.1.4 反差设计

数字商品善于运用反差设计来吸引用户。比如,虚拟现实聊天软件中用户可以塑造自己的虚拟形象,既可以是房子一样大的猫,也可以是一个会说话的球;又如,《梦幻新诛仙》手游中的虚拟偶像鬼先生·漓通过性格与形象的反差吸引了一大批粉丝。反差设计是数字商品的一大特点,原因如下:

从认知角度来看,反差设计更能吸引人们的注意。一般信息是通过输入,对比无误后,形成认知;而反差信息的输入,在信息对比这一环节更为丰富,它可能会打破人们原有的认知预期。固有的思维模式难以引起情绪波动,只有当"不合理"的情况出现时,人们才会运用特殊的逻辑判断,这段比常规思维下多出的思考过程,导致了人们对反差设计的偏向性。

从消费心理来看,反差设计符合人们的消费趋势。在传统的用户心理中,人们更倾向于购买能够给自己带来实际用处的、符合规范的、性价比高的产品。但在当下的社会中,追求个性化和与众不同也成了重要的消费趋势,产品的反差设计恰好能满足用户对新奇、刺激的追求。

案例 4.1

地平线世界

2021 年 12 月,Meta 推出了虚拟现实社交平台"地平线世界"(Horizon Worlds)。在进入平台前,用户需要创建一个没有双腿的虚拟形象,自定义身体、面部、头发和服饰,"没有双腿"的游戏形象与现实中的人形成明显的"反差"。在这个虚拟空间中,用户可以构建自定义的世界和游戏,例如,像素速降

（Pixel Plummet）是一款以蒸汽波为主题的复古街机风格的大逃杀游戏；在魔杖与扫帚（Wand & Broom）中玩家可以乘坐魔法扫帚在城市上空翱翔，独自探索或与好友结伴而行等。2022年2月，Meta首席产品官克里斯·考克斯（Chris Cox）在一次虚拟会议中宣布，"地平线世界"的月活跃用户数首次达到30万，在三个月内增长了十倍。其极具个性的游戏设计吸引了大量年轻用户的眼光，"地平线世界"的反差设计也满足了用户对新奇的追求。

资料来源：改编自《Meta开放虚拟世界Horizon Worlds，一起冥想、乘船、大逃杀》，https://finance.sina.com.cn/tech/2021-12-11/doc-ikyamrmy8134073.shtml，2023年9月4日访问。

4.1.1.5 可信任性

由于数字商品采用了多种尖端技术，其本身也具备技术附加的优质属性。如区块链技术的使用让数字商品的转让更加安全，相关机构也将作为产品、服务、交易的担保人。此外，互联网3.0技术的使用能够保证交易的真实性和购买物品的可信度。技术发展带来的信息透明度、去中心化、反篡改性和可追溯性等都让数字商品对于用户来说具备高信任度，产品具有唯一、不可仿冒的可信任性。一些艺术家已经开始自行创建NFT并通过进驻佳士得或苏富比等传统艺术机构、拍卖场获得合法性和验证。

在虚拟世界里，区块链游戏还为用户数字商品的所有权提供保障。比如，Cryptovoxel平台为线上虚拟土地资产拍卖提供了较为完善的配套设施。在一款使用Cocos引擎制作的区块链飞机游戏 *CocosShooting* 中，游戏中的道具可以直接在现实生活中，甚至其他游戏里交易。全球超人气竞技网游《堡垒之夜》里的玩家，甚至可以通过拍卖自己游戏里的皮肤获利。一定程度上，个人玩家的权利被提升了，再也不用一味充值或忍受游戏中五花八门的广告了。

除了游戏玩家,艺术家也会成为元宇宙初期最为活跃的一批用户。得益于区块链的去中心化,线上交易最大限度地保证了艺术家的权益。例如,艺术平台 SuperRare 允许艺术家销售代币化的数字艺术融资,还允许他们永久收取二级市场特许权使用费。这样的经营模式既保证了数字商品的稀缺性,对艺术创作者来说也受益匪浅。目前的现实模式很难做到全方位保护艺术产权,而区块链技术很好地解决了人们对于知识产权的担忧,加强了对艺术创作者的尊重,最大限度地保护了知识产权。

4.1.2 元宇宙中数字商品的重构

在元宇宙世界中,货的重构体现在产品的体验与功能上,首先是体验的重构。元宇宙正在通过增强现实和虚拟现实重新定义用户的体验。通过这两种技术,用户可以更好地了解品牌提供的商品和服务。

其次是功能的重构。一方面,商品不仅需要经历研发和生产过程,还需要经过数字化和智能化的重构,来获得感知、连接、交互甚至自动化的功能。另一方面,品牌需要考虑更加智能化甚至完全虚拟化的产品,重构产品的研发、设计和生产,使产品具备稀缺性、可确权性、可操作性以及可跨平台使用和继承等特点。

4.1.2.1 体验的重构

虚拟世界和现实世界之间的界限不断被打破。虚拟现实、增强现实以及混合现实正在为用户提供新的体验,既为品牌的产品研发、设计提供了验证机会,也提供了新的展示方式。

虚拟现实技术可以生成立体的图像、空间声场,为用户提供沉浸式的感官体验,让用户仿佛置身于现实之中。例如,沃尔沃汽车通过"沃尔沃驾道-安全智能体验营"活动,引入虚拟现实技术,让用户在虚拟 3D 世界里试驾其 XC 系列车型。英国制作视觉特效的公司 Framestore 和万豪酒店联合推出虚拟旅游体验设施 Teleporter，让用户能体验从高塔到海边的虚拟现实旅行。

增强现实技术将虚拟内容添加到现实的环境中，让用户了解和试用产品。例如，欧莱雅开发了一款增强现实应用——千妆魔镜，让用户通过手机前置摄像头试用其美妆产品，并实时查看效果。再如，传统的汽车车主手册通常都非常厚重，而且对车主来说，通过阅读密集的信息来了解一辆车的性能是非常痛苦的。梅赛德斯-奔驰汽车公司就曾推出一款增强现实应用和人工智能虚拟助手"Ask Mercedes"来帮助用户熟悉车辆，用户将智能手机的摄像头对准实体车的各个部件，就可以在手机上点击这些部件并了解它们的详细信息。

混合现实技术则是虚拟现实和增强现实的结合，让虚拟世界和现实世界的交互更加自然。例如，ABB 公司使用统一游戏引擎（Unity）和全息眼镜 2 代（HoloLens 2）开发了自己的 ABB 功能（ABB Ability）系统。多年来，ABB 的工程师需要经过长期的培训才能帮助用户在现场进行设备的检测和维修。而这个新的系统允许 ABB 工程师借助混合现实眼镜准确了解现场情况，并根据设备上的操作引导和提示进行现场作业。

4.1.2.2 功能的重构

未来的产品将经历数智化和虚拟化的功能重构。数智化让产品具备可感知和可交互等属性，以提升产品的价值及用户的个性化体验。虚拟化让产品具备元宇宙属性，以满足数字分身在元宇宙世界里衣食住行的需求。

产品的数智化重构正发生在多个行业中。以汽车行业为例，汽车已经从原来的代步工具发展成为集通勤、工作、娱乐等功能于一体的移动空间。随着自动驾驶和物联网技术的逐渐成熟，汽车数据也将接入元宇宙中，车主的驾驶习惯、改装偏好等可以在现实世界和虚拟世界之间共享。

虚拟世界不仅能延伸用户的感官，还能放大用户表达自我的欲望。而奢侈品品牌会专门为数字分身研发元宇宙原生（Metaverse Native）产品。这就能解

释为什么奢侈品品牌在元宇宙世界里如此活跃和受用户欢迎。这些原生的、虚拟化的产品不仅具备时尚感,还具备稀缺性、可确权、可互操作、可跨平台使用和继承等特点。比如,杜嘉班纳曾通过数字艺术品平台 UNXD 拍卖虚拟礼服,每个款式只发行一套。其拥有者在线下店铺会获得同款实物服装,并且自动获得参加品牌活动的权益。杜嘉班纳的虚拟服装不仅可以用来收藏,还可以被其拥有者的数字分身穿在身上。杜嘉班纳虚拟服装的拥有者在两年内可以自由选择平台,由杜嘉班纳对虚拟服装进行相应的改造,做成适用于该平台的可穿戴服装。

对产品的功能进行虚拟化重构,也会为品牌开拓更大的元宇宙商业市场。以奢侈品行业为例,根据摩根士丹利的统计数据,到 2030 年,通过元宇宙的 NFT 和社交、游戏等应用,奢侈品巨头企业的总潜在市场规模将会增加 10% 以上,整个行业的息税前利润将会增加大约 25%。[①]

4.1.3 数字商品产生的影响

4.1.3.1 对用户的影响

1. 消费体验感增强

相较于实体产品,数字商品在用户体验上的沉浸感更强。在虚拟空间、虚拟世界的环境营造和技术加持下,数字商品的展现形式更具创造力和幻想性。用户的体验并不局限于视觉、听觉及触觉,而是全方位的沉浸式感官体验,能够通过强烈的情感形成身临其境的沉浸感,让用户忘记虚拟中介设备的存在。这样的沉浸式产品体验相较于实体产品以及现有线上商城产品传统展示而言更受用户喜爱,能够极大地增强用户的消费体验,带给他们新奇的互动体验感,充分满足新兴消费群体对体验消费、个性消费、高端消费的需求。2021 年,奢侈品

---

① 《元宇宙时代将对营销产生哪些影响?虚拟空间如何助力线上营销?》,https://nft.aiju.com/news/66429.html,2023 年 9 月 4 日访问。

品牌宝格丽首次推出大规模应用人工智能与 NFT 技术的项目——Serpenti Metamorphosis，该作品由土耳其艺术家兼导演雷菲克·安纳多尔（Refik Anadol）创作，为参观者提供一种多媒体应用、多感官刺激、幻觉般的完全沉浸式的体验，后来该作品成为拍卖会中上千件 NFT 虚拟商品之一。更进一步地，品牌将技术运用至消费购物场景中已成为普遍现象，古驰在 2021 年推出了首款虚拟运动鞋——Virtual 25，它能够在增强现实场景下进行"穿着"，该场景丰富了用户对品牌产品的认识，形成更直接、更具体、更强烈的消费体验。

2. 消费信任度上升

数字商品的可追溯性、反篡改性、透明性等安全属性能有效保障交易真实、产品可信。用户在数字商品中能够轻松获取认证信息，同时，区块链等技术的使用也能够极大地提升用户对产品的信任度。AURA 是摩根大通开发的专注于保护数据隐私的区块链，为 LVMH（酩悦·轩尼诗·路易威登）集团等奢侈品品牌提供区块链解决方案。LVMH 集团认为有区块链技术提供的安全保障，集团能通过产品与用户建立更持久的联系，品牌的用户可以放心购买到值得信赖的独特商品。而开云集团则选择自己开发应用程序与软件，让用户在商店内获得无缝衔接的流畅体验，并能够放心地购买不会被仿冒的数字商品。

3. 消费便利性提高

虚拟世界中的购物消费有快速、简单、直观、友好的特点，因此品牌应致力于提供顺畅、无阻碍的用户体验。对于用户来说，消费的便利程度在虚拟世界中获得了更大程度的提高。许多奢侈品品牌都将虚拟顾问作为用户与品牌互动的第一个接触点，通过对品牌人工智能机器人进行机器学习和算法训练，让品牌收集到实时的用户数据并向每个用户提供高度个性化的推荐建议，从而极大地提升消费交易的效率和问题反馈及处理的速度，以及消费的便利性。

4.1.3.2 对品牌的影响

1. 品牌资产建设

数字商品的消费能够帮助品牌在虚拟世界,甚至现实世界中进一步重塑自身形象,通过数字商品及营销活动的设计实现品牌延伸。这为品牌资产建设提供了更广泛、更有效的新形式。2021年,古驰在其百年庆典上推出了第一个有关NFT的视频作品——《Aria-咏叹调》,寓意着在"冬天的阴影过去之后,渴望绽放与生长",将该品牌的百年历史与故事融入NFT数字商品之中,通过数字商品的售卖或赠送强化了用户心目中的品牌形象,进一步提升了品牌的知名度,增强了品牌与用户之间的联系,进而提升了用户的品牌忠诚度。

2. 需求精准预测

由于元宇宙世界的去中心化,用户与品牌通过虚拟世界中的数字分身、虚拟数字人等方式可以直接进行全方位全时的互动,品牌可以直接通过分析用户的互动频率、互动内容等方面的相关数据,了解最新市场动态与目标用户群体的需求痛点,以此对提供的数字商品甚至现实中的实物产品设计做出调整。此外,品牌通过数字商品的消费数据可以对产品受欢迎程度与需求进行评估,可以对现实世界的用户进行需求预测,从而相应地确定具体的产品生产数量。蒙牛旗下现代牧业三只小牛在2022年4月与ODin Meta元宇宙平台合作发售了首款NFT数字藏品"睡眠自由BOX",获超百万人关注。该藏品限量2 000份开售,10分钟内就被抢售一空,大受"元宇宙居民"的追捧。此次成功的元宇宙营销也让蒙牛看到了数字藏品创新方式解决用户痛点的更多可能性,于是蒙牛在2023年春节档推出了与美国职业篮球联赛联名的数字藏品"要强主场"系列。虚拟世界与现实消费场景的功能互补能够带动消费,实现元宇宙数字虚拟经济和实体经济的广泛连接及沟通。

3. 技术成本增加

由于数字商品的研发与创建需要使用到的尖端技术会形成较大的创建成本,如区块链技术需要使用大量的能源,带来的费用较为高昂,此外,由于区块链技术具有安全属性,采用区块链技术的平台需要承担更高的认证成本,以维持向用户承诺交易真实、商品可信的保证,因此,品牌平台的技术支撑及运行往往需要较高的成本,品牌对新技术的开发及购买成本也是一笔庞大的开支,对于品牌来说,数字商品消费涉及技术方面的相关成本也会导致更高的成本支出。例如,LVMH集团等对区块链技术的投资、开云集团自己研发品牌应用程序与软件等都能体现出品牌对元宇宙世界数字商品消费场景塑造的重视,其背后也体现出品牌对元宇宙技术投入成本的增加。

4.2 元宇宙产品设计的新面孔

4.2.1 产品规划:个性化定制与幻想品发展

元宇宙受到人们关注的原因之一就是在元宇宙世界中,人们可以做现实中做不到的事,甚至可以实现超现实的幻想,因此幻想品的发展会是元宇宙产品设计未来的趋势,以满足人们的这种需要。例如,杭州市富阳区文化和广电旅游体育局联合马蜂窝旅游平台打造的"富春山居实景游"线上沉浸式体验互动馆上线,用户可以超越时空和物理媒介,畅游原本仅存在于画中的场景。通常,用户会考虑产品的以下层面:可靠性和实现性、安全和隐私、信息质量和内容、网页设计、图形风格和美学等。而在虚拟世界中,除了以上层面,用户还会非常注重个性化定制内容,因为在元宇宙中,每个个体都得到了前所未有的关注,再加上现在人们的"求异"心理,个性化的需求会越来越强烈,元宇宙中产品设计的规划也应该朝着满足其个性化定制需求的方向发展。

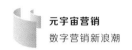

4.2.2 产品形态:打通虚拟世界和现实世界的壁垒

元宇宙不仅存在于线上,也存在于线下,未来它将打通虚拟世界和现实世界的壁垒,实现线上线下一体化发展,元宇宙的产品形态也会有跨维度的转化。在文旅元宇宙中,用户可以身临其境地游览线上景观,进行娱乐消费,这就是虚拟的产品形态,而用户在元宇宙中的参与同样会给线下的文旅产业带来流量,带动线下实体商品的消费,形成虚拟世界引流、现实世界消费的局面,推动虚拟世界与现实世界同步消费、协同发展。例如,与虚拟世界相结合,相关产业还可以打造特色文旅 IP 以及虚拟旅游衍生产品,甚至可以将文旅与乡村振兴相结合,打造智慧化乡村,用虚拟现实技术打造原生态的乡村形象,让用户可以通过数字分身穿梭其中,切实体验乡村风光和农产品生产过程,从而增强用户的消费信心,让他们可以在元宇宙虚拟世界中下单农产品,再通过线下平台将农产品直送到家,如此打通虚拟世界和现实世界的壁垒,实现共同发展。

4.3 探寻数字藏品的奥秘

4.3.1 数字藏品的特点

数字藏品主要有 5 个特点,即数字性、可确权性、稀缺性、原真性、可转让性。

4.3.1.1 数字性

数字藏品指的是真实藏品的虚拟数字代码,由于其不可触、不受时空约束,也不会受到物理伤害,还可以随时观赏,因此数字性是其首要特点。如奥利奥于 2023 年年初推出了全新限量版口味"Most OREO OREO",其特点是在奶油中混合了奥利奥粉,同时为了庆祝新产品的推出,奥利奥开发了元宇宙体验"奥利奥宇宙"(OREOVERSE),并发布在 Meta Quest 2 和 Meta Quest Pro 两款终端上。

4.3.1.2 可确权性

可确权性指的是区块链技术能为数字藏品提供独一无二的标识编码,代表了数字藏品的所有权凭证,因此可以充分保护其版权。例如,麦当劳在2022年为纪念"麦麦咔滋脆鸡腿堡"的诞生而推出了一款数字藏品,用户从7月13日10点30分起,通过麦当劳App(应用程序)、微信小程序、支付宝小程序,使用"到店取餐"功能购买麦麦咔滋脆鸡腿堡,就有机会领取一份"咔滋脆鸡腿堡诞生纪念数字藏品"。每份数字藏品都有单独的编码,不可分割,并且可以进行社交展示和分享。

4.3.1.3 稀缺性

目前,数字藏品是经过区块链技术认证和加密的数字商品。因为编码是唯一的,所以在技术上不可复制。此外,数字藏品以限量的形式发行,也体现了它们的稀缺性。2022年,美国最大的服装品牌之一——Gap宣布与开源区块链Tezos合作推出其首个数字藏品系列。该系列由卡通神话生物Frank Ape背后的艺术家布兰登·赛恩斯(Brandon Sines)设计,并将在Tezos区块链上限量发售。潮流时尚单品、艺术家独家设计、神话元素加码,都强化了Gap品牌NFT帽衫的稀缺性。

4.3.1.4 原真性

数字藏品都具有独一无二的编码标识,这些编码代表了区块链的数据存储特点,通过它们可以验证藏品的真伪与追溯相关的信息,在很大程度上保证数据的原真性。2022年冬奥会期间,中国安踏联合天猫超级品牌日,以冰雪之名,构建了全民互动的虚拟数字空间——安踏冰雪灵境,并打造了首套中国冰雪国家队数字藏品,以传递冬奥精神。该数字藏品可作为可持续、可收藏、独一无二的个人藏品。

4.3.1.5 可转让性

理论上,数字藏品的所有者可以在所有权确认的基础上转让和交易数字藏品,即完成所有权的变更。但需要注意的是,中国的数字藏品模式与国外不同,它并非完全基于 NFT 技术。相关数字藏品发行平台对二次交易的限制相对严格,大部分只能在平台内进行转让,因此倡导用户关注数字藏品的文化内涵和收藏价值尤为重要。2021 年正式上线的鲸探是基于蚂蚁集团代表性的科技品牌蚂蚁链的数字藏品交易平台。用户在平台上购买数字藏品并持有 180 天后,可以向支付宝好友发起转赠,但受赠方应符合数字藏品的购买条件(年满 14 周岁的中国大陆居民),并通过支付宝实名认证和风控核身流程。为了防止投机,受赠方在收到数字藏品的两年后才可以重新发起转赠。

4.3.2 数字藏品的应用场景

许多品牌现在更倾向于使用基于区块链技术的 NFT 发行方式,将数字藏品定位为新型的数字文化创意衍生品。这种数字化的文创衍生品已成为一种趋势,深受网民欢迎。以文旅行业为例,自 2022 年以来,泰山景区、黄山景区和曲江文旅发行的数字藏品都得到了广泛认可,激活了文创市场。在时尚领域的社交方面,无论是加密朋克、无聊猿、Daffy Panda 等数字藏品,还是国内一大批类似的数字藏品,都不同程度地满足了网络社区个性化头像的需求,年轻网民不再满足于固定或雷同的头像,而是更希望拥有显示个性和自我喜好的头像。特别是在一些网络兴趣社区,许多社区成员希望拥有造型独特的头像,而数字藏品更容易满足这种个性化的需求。

此外,数字藏品对于品牌来说,不仅是一种新的营销手段,而且由于其制造成本相对较低、发行量相对较大,因此品牌可以以更高的效率获得更大范围的传播。数字藏品的前卫理念对年轻消费群体有巨大的吸引力,其对于品牌营销的价值可从拓展营销和品牌价值变现两个方面实现。品牌既可以通过将其产品、权益数字化,开发更具创意的营销方法来扩展营销边界;也可以根据其虚拟形象、标识等设计数字藏品,实现价值变现。可以预见,发行数字藏品将是下一阶段品牌营销的重点方向之一。

对于拥有大量数字资产的图书馆、出版机构和博物馆来说,通过发行数字藏品可以发掘其馆藏数字资产,提升数字资产的共享价值。以图书馆为例,数字藏品可成为内容创新的开端,以打造图书馆元宇宙为空间创新目标,实现数字资产、知识内容和交流空间的关系重塑。同时,基于区块链的数字藏品开发定位于数字资产价值共享,可提升相关资产的数字化管理水平,为相关资产数字内容的上链查证提供新的契机。

案例 4.2

江小白数字藏品大获成功

2022 年 2 月,江小白与天猫合作,以"限量买赠"的形式推出数字藏品——"蓝彪彪"和"红蹦蹦"。当天 0 点正式上线的江小白数据藏品,在 3 分钟内即宣布售罄,店铺单日访客量激增,销售转化率、销售额、支付用户数都成倍增长。

早在 2017 年,江小白就创造了自己的同名人物 IP。从漫画到动画,两季原创网络动画作品《我是江小白》的 B 站评分都在 9 分上下,成绩不俗。IP 角色能够承载更多的情绪表达和故事发展,也为元宇宙打下了基础。比如,此次大获成功的数字藏品"蓝彪彪"和"红蹦蹦",便是以江小白原有 IP 形象为蓝本创作的"情绪武装战士玩偶",主题为"告别抑郁"。作为江小白 IP 的延伸,相较于从零打造虚拟数字人,成本较低,同时,数字藏品也相当于用新的形式来展现原有故事的文化积淀,对内容变现形式进行了创新。

此次大获成功的数字藏品在很大程度上表明,江小白更加接近了实体品牌进驻元宇宙的实质——促进商品流通和消费。可以理解为,江小白进驻元宇宙

仍然是为了销售,只是卖给用户的不仅有常规的商品,还有江小白这个IP背后的文化,以促进用户消费和形成文化认同。

资料来源:改编自《失去年轻人,江小白想靠元宇宙扳回一局》,https://www.mad-men.com/articldetails/29780,2023年9月4日访问。

4.4 NFT——品牌新型营销密钥

NFT作为区块链上的加密资产,具有独特的识别码和元数据,彼此之间可以进行区分。随着互联网3.0技术的发展,对于品牌来说,NFT被看作品牌元素的代表,如产品设计、标识、IP形象,等等。例如,一个品牌的NFT可以作为其现实产品的数字孪生体、品牌标识在数字环境中的图形表现,或者是一场音乐会的门票。未来,NFT的潜力巨大,它既可以作为独立的品牌资产,又可以在很大程度上促进品牌资源的整合,能够极大地拓展品牌营销推广的路径。

第一,NFT可以成为品牌独立的组成部分,在整个营销漏斗中发挥重要作用。品牌推出NFT产品可以提高其知名度,并且触达新的受众。例如美国酿酒公司安海斯-布希(Anheuesr-Busch)就成功推出了几个NFT系列产品,并联合去中心化组织Nonus DAO推出相应的活动和赠品。用户也可以经由NFT的宣传去购买相应的实体产品,从而提升品牌产品的销量。例如,耐克和阿迪达斯此类运动时尚品牌,近年来纷纷推出了实体运动鞋的NFT产品。对于品牌来说,还可以利用NFT改造品牌元素,如品牌标识等,创造更有吸引力的品牌形象来提高用户的品牌忠诚度。

第二,NFT还可以帮助品牌建立品牌社区。随着社交媒体的发展,品牌与用户的双向沟通渠道被创造出来,NFT通过利用在线品牌社区的力量成为品牌推广的助推器。品牌可以利用平台,通过有创意的内容在NFT社区鼓励用户参与,从而提高品牌知名度。例如,《时代》杂志就利用其高度活跃的服务器戴斯科德(Discord),通过日常游戏和趣味挑战来吸引用户。此外,品牌可以将NFT所有权与线下产品相融合,增加用户的购买意向。这可以通过奖励NFT持有者获得独家商品、享受优先的会员服务来实现。最后,品牌还可以通过围绕自身定位来设计有创意的故事情节,从而扩大品牌影响力,与用户建立更深度的连接。

在元宇宙中,NFT数字商品会分别在预购阶段、购买阶段以及购后评价阶段对品牌元素与品牌社区产生不同的影响,因此,品牌在应对不同的营销阶段时,利用好NFT产品的独特性质是至关重要的。NFT产品营销漏斗如图4.1所示。

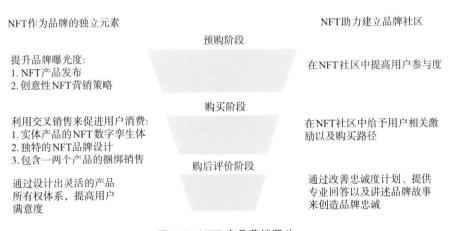

图 4.1　NFT 产品营销漏斗

4.4.1　预购阶段

品牌可以利用 NFT 产品的发布来提高知名度。与具有一定热度的 NFT 系列品牌合作推出新产品是一种有效的战略,NFT 产品的发布可以提高品牌的曝光度。例如,阿迪达斯与元宇宙游戏平台 The Sandbox 进行合作,耐克收购数字时尚品牌 RTKFT,以及 NFT 市场 Nifty Gateways 与三星合作开发智能电视 NFT

平台。这些合作对品牌双方都有益,由于接触到了新的受众,NFT 系列产品本身也获得了曝光度。此外,NFT 产品的推出使得品牌在营销方面更具有创新性,因为 NFT 产品的特殊性,其要求对特定受众提供更加个性化的营销策略。品牌还可以将实体产品的发布与 NFT 系列产品的发布结合起来,让更多的传统用户进入 NFT 领域。

另外,品牌可以通过组织日常活动,创造有吸引力的内容,或者邀请用户参加线上活动来获得更高的知名度。通过这种方式,NFT 社区可以作为品牌营销效果的放大器。例如,《时代》杂志在其高度活跃的戴斯科德服务器中为 NFT 持有者举办日常游戏、挑战活动,甚至创办用户互动的私人房间。由此,品牌甚至可能将他们的 NFT 社区作为接触用户的主要渠道,这可能会改变社会媒体营销和用户参与战略的格局。

4.4.2 购买阶段

在 NFT 产品购买阶段,产品设计尤为重要。品牌可以决定是否为其实体产品创造出一个 NFT 版本的数字孪生体、设计出一个独立的 NFT 产品系列,甚至生产出一个包含实体产品和 NFT 的捆绑产品。此外,品牌还可以通过娱乐化的体验来创造更大的价值。例如,塔可钟(Taco Bell)为用户提供游戏代币兑换实体产品的折扣服务,25 个塔可代币可以兑换一张 500 美元的电子礼品卡。此举大获成功,该项虚拟体验服务在半小时之内就售罄了。NFT 还可以作为品牌会员计划的一部分,通过将产品与 NFT 捆绑销售的方案为会员提供额外的福利。同样地,品牌可以利用 NFT 社区来连接用户的线上和线下品牌体验。例如,著名街头服饰品牌 The Hundreds 建立了一个 NFT 项目"Adam Bomb Squad",该项目包括多种福利,让用户有机会接触到品牌的创始人和参与新产品发布活动等。

4.4.3 购后评价阶段

在购后评价阶段,品牌可以利用NFT灵活的产品所有权结构来创造更强的品牌黏性。例如,无聊猿游艇俱乐部中的NFT持有者可以将他们所持有的NFT印在数字时装、书籍甚至虚拟角色身上。通过使用这种权利,用户会对品牌产生更强的感知所有权。此外,品牌还可以利用NFT社区,围绕自身身份创造创意故事。这种方式的关键在于建立与品牌相关的故事、理念和IP形象,并且让用户能够与之产生连接。同样地,用户也可以利用NFT产品与实体产品的连接关系进行积分的转移。例如,奢侈品品牌路易威登、普拉达、卡地亚等,通过使用NFT和虚拟代币为其俱乐部成员提供升值服务。

4.5 虚实融合的产品线设计路径

元宇宙未来的产品线可能是虚实结合的,即元宇宙虚拟+现实融合的模式。该模式有两条重要路径:由实向虚与由虚向实。由实向虚指根据实物开发相应的数字商品,这种方式适合目前具有知名度的实体生产企业。例如,巴黎世家与《堡垒之夜》合作,为游戏中的部分角色设计了数款虚拟服装并且推出了游戏服装道具。通过在虚拟世界中推出周边与映射产品,品牌有效扩大了影响力。由虚向实指先开发数字商品,再推出实际产品。这种方式既适合传统实体产品企业,其可以先推出数字商品,再开发实体产品;也适合创新企业,它可以完全聚焦数字商品的开发设计。例如,巴黎世界还选择在游戏中开设虚拟商店,同步售卖游戏角色同款的实体服饰。用户与游戏中的虚拟角色穿着同款服饰,能增强用户与品牌之间的互动黏性,为线下销售造势,由此进一步促进虚实结合。

4.5.1 由实向虚

成熟实体企业尝试将现实产品带入虚拟世界创造数字商品,为品牌提供了新的产品售卖方式。例如,购买三只小牛与全息魔盒元宇宙平台合作开发的 NFT 数字藏品"睡眠自由盒子"的用户不仅可以获得一箱价值 98 元的实体牛奶、品牌永久会员,还可以获得全息魔盒《三国元开放世界》游戏的补血道具。三只小牛为现实牛奶产品添加虚拟功能,为用户打造了一种实体牛奶+NFT 数字藏品+私域引流闭环的创新模式。

4.5.2 由虚向实

数字商品不仅存在于虚拟空间,在现实中也应该有所体现。例如,耐克推出了一双拥有独立身份、既能在现实中穿戴也能在虚拟世界中穿戴的元宇宙实体鞋——Cryptokicks iRL。这是耐克第一双植根于元宇宙的实体鞋,不仅自带酷炫灯光,其鞋身还内置了无线近场通信(WMNFC)芯片,用户通过应用软件和手机进行配对,即可使用自动系鞋带、无线充电等多种功能。与此同时,它也是一款 NFT 产品,该产品的实体版有 4 种固定配色,但当用户将其绑定并进入元宇宙中时,就可以为它更换配色打造个性化"战靴",感受换装的乐趣。

> 综合案例

路易威登:联动元宇宙,吸引年轻群体

路易威登作为经典奢侈品品牌,在中国市场的消费群体却非常年轻,加之路易威登一直喜欢超前的内容和创意,所以选择与元宇宙这一新概念进行联动,既能吸引年轻用户的注意力,又能提升自身的品牌形象。路易威登的超

前性是远远大于市场热度的,早在2013年,它就为"初音未来"设计过演出服,2019年9月,路易威登宣布与网游开发商拳头公司(Rior Games)合作,为英雄联盟设计总决赛奖标旅行箱,10月,其与英雄联盟的游戏联名款皮肤上线。

路易威登在元宇宙上的布局很广泛,不仅与大量的虚拟品牌大使合作,还在海外发行数字商品,并参与各种虚拟空间的秀场活动。其中最引人注目的就是路易威登在其创始人诞辰200周年纪念日发布 *LOUIS THE GAME* 这款游戏,并与数字藏品做了紧密结合:玩家将扮演路易威登的经典玩偶Vivienne的角色,在一个独立的宇宙中进行各种探索。游戏以巴黎、纽约、伦敦等世界各大时尚之都为灵感,引导玩家前往由这些城市幻化而成的光明城、冒险王国、字母小岛、阳光都会以及生日庆典场景,通过收集游戏中带有路易威登老花图案的蜡烛来闯关,并且每收集到一根蜡烛就可获得一张路易威登明信片。明信片中记载着路易威登的艺术设计、时尚秀、工艺技术等品牌小知识,传递着品牌理念。游戏内还隐藏着30个NFT藏品供玩家收藏,其中有10个出自加密数字艺术家Beeple之手。路易威登通过互动式的体验促进了品牌文化的传播,吸引了大量年轻群体关注,并利用数字藏品制造出的稀缺感,进一步提升了品牌价值。

资料来源:改编自《体验路易威登基于NFT的游戏应用程序Louis The Game》,https://zhuanlan.zhihu.com/p/397021148,2023年9月4日访问。

第 5 章
元宇宙中体验的全面升级

Decentraland 这个创立于 2017 年 9 月的去中心化虚拟现实平台，身上有着"元宇宙的先行者""市值百亿美元""地价超过曼哈顿""下一个拉斯维加斯"等神秘光环及头衔。作为去中心化金融世界里第一批采用去中心化自治组织（Decentralized Autonomous Organization，DAO）模式进行社区治理的项目，用户能够通过集体投票成为其真正的主人和治理者。Decentraland 被称为第一个完全去中心化、由用户所拥有的虚拟世界。

用户可以通过虚拟形象体验 Decentraland 的元宇宙，通过虚拟形象探索其不断发展的数字地图。Decentraland 地图上有许多有趣且独特的地点可供参观，比如用户可以在 Crypto Valley 艺术展上购买数字藏品、在 Sugarclub 欣赏现场表演，以及在 Voltaire Road 进行购物和社交等。一旦用户购买了一块土地，就可以用它来创建一个完全虚拟的空间。Decentraland 的土地资产功能支持管理多块土地，具有相似主题的土地团块可以被合并为地区，这允许有共同兴趣的用户组成社区。Decentraland 甚至还有专门的去中心化投票平台和投票系统，这能够帮助用户更好地控制他们所在地区的发展。

2021 年 4 月，在 NFT 大受欢迎期间，数字土地的售价一度涨至 6 000～100 000 美元。2021 年年末和 2022 年年初，许多主要品牌，包括三星、阿迪达斯和 Miler Lite 等出现在 Decentraland 上或在其中"置业"，国际知名拍卖行苏富比也在平台上开设了虚拟画廊。2022年3月，Decentraland更是举办了首届元宇宙时装周（Metaverse Fashion Week，MVFW），杜嘉班纳、汤米·希尔费格、艾莉·萨博等高端时尚品牌纷纷加入。此前，包括Deadmau5和3LAV在内的80多位音乐家在该平台上举行了元宇宙首个多日音乐会。

Decentraland是互联网3.0时代的一款现象级产品，虽然还有很大的提升空间，但用户可以在其中获得较为完整的虚拟数字人生体验，可以说Decentraland的体验设计别具一格，甚至足以成为元宇宙交互平台中的典范。

5.1 虚拟体验的新可能性

用户在元宇宙中之所以重视体验，是因为其中的气氛、感觉、服务、联系、情感参与是物理世界中出于各种原因无法达成的。关于零售和用户行为的文献指出，消费者购买商品和服务并进行消费有两个基本原因：一是完成性的情感满足，二是工具性的、功利性的原因。由此来看，元宇宙中的虚拟体验可以分为享乐型体验和功能型体验。

享乐型体验主要表现为用户的参与体验，如体验虚拟演唱会和元宇宙乐园等。国内首家元宇宙乐园深圳冒险小王子元宇宙主题乐园将落地深圳光明小镇。该项目由亲子度假酒店、主题乐园及其周边产业组成，集休闲娱乐、度假、聚会、拓展、购物等多种功能于一体。享乐型产品中，用户更侧重于产品本身的体验，因此元宇宙视角下的艺术、电影等行业将迎来新的发展机遇。

功能型体验更侧重于给用户带来实质性的影响，比如虚拟在线教育等。心理学家亚伯拉罕·马斯洛（Abraham Maslow）曾提出，人最高层级的需求之一就是求知，因此"元宇宙+教育"是有潜力的发展方向。Virbela是第一个专为解决

远程协作挑战而构建的虚拟世界平台,用户可以在该平台上创建身份,在身临其境的三维世界中召开会议、举办活动、参与课程等。在 Virbela 的虚拟校园中,教师可以展示文档、播放视频、浏览网页或重新装饰学习空间,学生可以探索校园的学习区、会议室或参加活动。在此类功能型产品中,用户更加注重其实用性,期望其能给自己带来某种程度上的提升。

当元宇宙相关技术发展到成熟阶段时,企业将会越来越重视发掘元宇宙中的虚拟体验,比如医疗救护培训等。在元宇宙中进行医疗救护培训能够有效降低成本,并且相对于现实培训,其可能带来的损害会更小。时装展、美术馆、演唱会、博物馆和电影院等也会越来越多地探索在元宇宙中的商业活动。

5.2 虚拟体验的诱人之处

5.2.1 强体验性

1975 年,心理学家米哈里·契克森米哈赖(Mihaly Csikszentmihalyi)提出的"心流"(Flow)概念是"沉浸式体验"最早的解释。在他看来,沉浸式体验是指人完全参与一项活动,甚至忘记了时间的流逝。在技术的发展下,沉浸式体验发展出许多新形态,如沉浸式展览、沉浸式娱乐、沉浸式影视、沉浸式遗产保护等。元宇宙的出现将会使沉浸式体验的发展更上一个台阶。

元宇宙产品的核心特点是体验性强。元宇宙是一个三维的互联网世界,是广泛、共享、交互式、始终在线的虚拟世界。在元宇宙中,用户可以通过虚拟现实、扩展现实、混合现实等技术进入虚拟世界,将虚拟世界与现实世界结合起来。而元宇宙产品现阶段强势的竞争力,就是其能为用户带来的前所未有的沉浸式体验,包括场景的虚拟化、物品的立体展现、群体的人际交互、情感的互动、叙述性空间创造等。比如,迪士尼数字业务前执行副总裁蒂拉克·曼达迪

(Tilak Mandadi)就表示,搭建"主题公园元宇宙"将成为迪士尼下一步的发展规划,这就是实现场景虚拟化的表现。

5.2.2 感官消费

元宇宙产品的感官消费是其一大特点。例如,索尼推出的虚拟现实头戴式显示器 Play Station VR 中的《超歌舞伎 VR:花街词合镜》游戏可使用户穿越时空,置身于江户时代的花街,与虚拟歌姬初音未来一同领略地方特色。

视觉是用户最为敏感的感官因素。因此,在虚拟空间中,需要注重色彩心理学、民族文化与产品的融合、光线设计以及建筑在产品中的应用。虚拟空间的设计需要充分利用色彩心理学,以增加用户的沉浸感。同时,我们还需要思考如何将中华民族的优秀文化传统、审美、情趣等以自然的形式融入虚拟空间的设计中。

在元宇宙中,光线设计也很重要,因为光影是影响画面整体氛围的主要因素。此外,建筑在虚拟空间产品中的应用也是至关重要的。虚拟空间的场景与建筑是用户体验的基础,必须与功能相匹配并且符合设计需求,让用户感觉一切活动都是合理的。设计者需要根据产品设计目的设定大致框架,为用户呈现出合理、真实、富有想象力的场景。

5.2.3 游戏化营销

游戏化是指,将游戏思维和机制运用到非游戏的环境中去,主要分为三个方面:游戏元素、游戏设计技术、非游戏情境。早在 1984 年,查尔斯·库然特(Charles Coonradt)就出版了《不一样的工作力》(*The Game of Work*),用于研究游戏元素对工作实践的影响,即让枯燥的事情变得像游戏一样有趣。随后,盖布·兹彻曼(Gabe Zichermann)创建了游戏化公司(Gamication Co),专门致力于

研究互动科学和富有意义的体验设计,游戏化开始兴起并进入公众视野。2010年,TED大会①上简·麦戈尼格尔(Jane McGonigal)在题为"游戏让世界变得更好"(Gaming Can Make a Better World)的演讲中也提出了相关概念。2011年,全球游戏开发者大会(Game Developer's Conference,GDC)上"游戏化"概念被大家所接受,并逐步成为体验经济时代的重要媒介,辐射到了各个学科与产业。游戏化设计是提升用户参与度的强大工具,可以将产品从以功能为中心的设计转变为以人为中心的设计。例如,教育中的游戏化可以显著提高学习者的参与度和知识留存率,并帮助学习者完成烦琐的任务或培训。游戏化也被纳入一些营销策略中,以吸引用户并激发其忠诚度。

游戏化虽然带有与游戏本身类似的特点和属性,但并不同于游戏。虽然游戏化通常被认为是一种数字工具,但这一概念并不局限于数字游戏技术,需要与其区分开来。在数字游戏技术中,整个活动被设计成一个完整的游戏,而游戏化只选择应用部分游戏元素。游戏化可以包含全部的游戏元素成为一个完整的游戏,也可以由部分游戏元素、游戏设计原则和方法组成。营销实践者将游戏元素融入市场营销活动之中,能让用户产生类游戏体验,从而鼓励他们参与、增强用户黏性、强化品牌体验,低成本地达成营销目标。这种游戏化的营销手段被称为"游戏化营销"。它是一种激励方式,通过使用不同游戏设计元素吸引和激励用户主动参与,让他们感知到更大的权利并获得多重体验。游戏化营销并非对游戏产品或服务进行营销,也并非传统的营销概念,如积分制管理、用户忠诚计划、趣味营销、体验营销和娱乐营销等。相反,游戏化营销是考虑如何将游戏化元素应用于非游戏背景或场景、创造类游戏体验的营销手段。它将游戏设计的方法应用到非游戏场景之中,利用游戏思维和游戏机制去解决问题,增强与用户的互动。

---

① 由私有非营利机构TED组织的大会,该会议的宗旨是"传播一切值得传播的创意"。

许多元宇宙的体验性产品使用的都是游戏化营销的方法,游戏里的设计元素在产品中都有体现,比如用户通过某种行为可以获得等级提升,用户达成某一目标可以获得徽章,用户完成某一项任务可以得到奖励等。2020年12月,巴黎世家就以虚拟现实的形式小范围发布了2021年夏季时装系列。收到设备的用户戴上头盔,新一季成衣走秀就出现在眼前。而2021年秋季时装系列的发布,则是在一款《后世:明日世界》(*Afterworld : The Age of Tomorrow*)的游戏环境中完成的。玩家可以通过游戏任务解锁新一季成衣,每套造型都可以通过鼠标拖拽变换角度。

5.3 沉浸式体验打造

5.3.1 服务体验升级

世界经济分为三个阶段,首先是产品经济,然后是服务经济,最后再从服务经济过渡到体验经济。如上文所说,强沉浸式体验是元宇宙产品现阶段最强的竞争力,因此加强沉浸式体验仍然是元宇宙产品的未来发展趋势之一。在文旅产业中,已经形成了"数字化+文化+旅游"的新业态,有形的物质商品和无形的服务都被转化为"文化体验",如文山壮族苗族自治州以文山当地神话传说《七都酒》为故事背景,依托声、光、电、增强现实和虚拟现实技术打造出元宇宙旅游项目——"荷风夜拾光"。该项目通过光影塑造东方玄幻的体验场景,集观赏、互动、体验、演艺、游乐、文化传播于一体,叠加盲盒文创新玩法和剧本杀体验,给游客带来全沉浸式的文化盛宴。除此之外,还可以从加强交互设计、嵌入游戏因素、加强社区建设几个方面来创新沉浸式体验的方式。

5.3.1.1 加强交互设计

用户体验的质量很大程度上取决于其感知到的情感服务质量,尤其是在体验型产品中,情感连接是影响人们消费行为的重要因素。人们对于情感互动的需求越来越高,"情感消费品"这一新的产品分类也随之产生,其中既包括硬性的物质型产品,也包括软性的无形服务。提高情感服务质量最直接的方法是加强与用户的交互设计,可以从用户与产品的交互、用户与虚拟场景的交互、用户与虚拟客服的交互等方面入手。例如,"颐和园数字文物增强现实"应用软件运用增强现实技术,呈现出在真实环境中叠加精品文物的3D模型,从而实现三维交互体验。当观众持有卡片并将其对准相机时,他们就可以将文物"放"在自己的手掌中,以产生把玩文物的真实体验。

5.3.1.2 嵌入游戏元素

游戏作为天然具备虚拟空间、力求给予玩家沉浸式体验的娱乐性产品,与元宇宙概念高度契合。游戏的元素不一定只在游戏产业中出现,也可以实现跨界融合,如"游戏+文旅"的发展。西山居是国内知名的游戏公司,它希望能打造一个永远不关门的游乐园,这个"游乐园"既包含线上的游戏世界,也包含线下的文旅项目。2021年,西山居与西安欢乐谷跨界合作的《剑网3》主题园区,既有从大众文旅娱乐需求出发、追求沉浸式体验和互动的项目,也针对游戏玩家所喜欢的一些游玩方式,将游戏内容融合进来,通过智能设备等方式识别玩家,实现个性化、定制化体验。此外,西山居合作的每一个文旅项目,都将在游戏中创建独立地图,还原线下的文旅项目。由此可见,在文旅元宇宙产品开发中,可以有意识地将游戏元素融入进去,如以游戏的形式设置文化探索区,满足用户的新鲜感、好奇感、探索感,从而加强他们的沉浸式体验。

5.3.1.3 加强社区建设

英国社会学家霍华德·瑞格尔德(Howard Rheingold)在1993年率先提出了"虚拟社群"的概念,意指由"一群主要借由计算机网络彼此沟通的人们,他们彼此有某种程度的认识、分享某种程度的知识和信息、在很大程度上如同对待朋友般彼此关怀,从而形成的团体"。人是一种群居动物,有社会认同和自我展示的需求,社区的建设能够同时满足这两种需求。而元宇宙,除了是一个虚拟世界,还是一个大型的社交网络。元宇宙是新兴的社交平台,它提供了用户之间建立更亲密关系的可能。在元宇宙产品设计中,可以加强社区建设,比如:文旅产业可以通过虚拟旅游分享等内容来建设社区,从而主动创造需求;游戏产业可以通过发布游戏讨论主题等内容来建设社区,从而保持用户的高活跃度;教育产业可以通过回收用户反馈来建设社区,从而提高用户黏性和忠诚度。

5.3.2 模拟消费环境

随着网络时代的发展,传统的营销模式逐渐由 AIDMA 模式,即注意力(Attention)、兴趣(Interest)、渴望(Desire)、记忆(Memory)、行动(Action)转变为 AISAS 模式,即注意力(Attention)、兴趣(Interest)、搜索(Search)、行动(Action)、分享(Share)。也就是说,用户购买行为的产生由内生的渴望逐渐转变为外生分享的刺激。因此,除了用户需求导向的产品设计,还存在营销导向的产品设计,以营销来刺激需求的产生,以营销来拉动需求。在元宇宙世界中,可以通过模拟消费环境的营销方式,如播放虚拟广告、塑造特殊场景、设置主题活动等方式,让用户实现场景消费。具体来说,在文旅产业中,可以打造"文旅消费季"的概念,通过环境的刺激,激发用户需求,使用户产生参与的动机,最后促成消费。

2016 年,京东推出了一款名为"VR 购物星系"的虚拟现实购物应用,用户可以戴上虚拟现实头显,体验线下购物的真实感,使用设备控制器进行商品选择和多视角查看,了解产品内部结构、功能特性等。此外,用户还可以通过多种形式完成支付,体验完整的购物过程。京东还将增强现实技术应用到网购中,尤其是家装领域。京东联合第三方推出了增强现实家装产品,用户可以在真实

环境中"看到"虚拟物品,例如沙发的摆放位置、墙纸的颜色等,并可以通过语音远程与设计师进行实时对话,讨论室内布局。

5.4 趣味性元宇宙营销——游戏化体验

5.4.1 游戏化元素

游戏化元素是游戏化概念的核心组成部分之一。游戏化元素可以使用户产生外在和/或内在动机,鼓励相应的用户行为,并创造体验价值和收获用户忠诚度。游戏化元素可以分为三类:游戏组件元素、游戏动力元素和游戏机制元素。游戏组件元素被视为一种外部刺激,包括头像、徽章、虚拟物品、点数、排行榜、成就、团队、赠与、等级、反馈、战斗、内容、解锁和奖励等。游戏动力元素(约束、情感、叙事、渐进和关系)则直接与用户的心理状态相关,进而影响用户的下一步行动。游戏机制元素包含游戏的整体流程和规则,与游戏的目标以及如何达成目标有关。

企业的营销活动中也存在积分、徽章和排行榜等众多游戏化元素。如旅游体验中最常使用的元素包括挑战(任务和测验)、奖励/奖赏(积分、奖品、徽章)、反馈和排行榜。营销中游戏化的设计能够带给用户积极的情绪并激发其欲望,他们能体会到很高的享乐购物价值。用户参与产品游戏化的过程,其实也是用户实现和产品价值共创的过程。一个好的游戏化营销,不仅能让用户即刻体验或购买自己的产品,还应该能塑造自己的品牌价值、提升用户的品牌忠诚度,从而保持对用户的持续刺激,最终形成高度的用户黏性。

5.4.2 游戏设计技术

游戏设计技术即游戏化设计能力,游戏化设计能否引起人们的共鸣、使用哪些游戏元素、元素用在哪些地方等问题都是游戏设计技术要解决的。游戏化设计要遵循一定的设计原则,这些原则来自游戏本身的相关机制,它们可以保证游戏化设计的合理性。

目标。游戏必须有明确的大局目标。拥有清晰明确的目标可以让用户更轻松地完成他们的体验旅程。目标可以作为(阶段性)指导,告诉用户如果想在最后获得奖励,下一步要采取什么行动,这些行动全部达成以后,最终会获得什么奖励。当然,要设定与任务难度相当的奖励,以鼓励用户追求为他们设定的未来目标。

规则。没有一款游戏是无规则的,游戏化设计必须有规则,即希望用户重复和持续执行的小循环操作,是达成阶段性目标的核心方式。游戏规则应根据产品所提供的内容进行设计,最有效的规则通常是易于理解和执行的,只需要用户花费少量时间学习,甚至不需要特别学习就能掌握。从用户体验的角度考虑,规则将决定用户在旅程中的各个触点。

反馈。反馈是每个互动系统的基础。用户希望在他们"表现的如何"的问题上得到反馈,以及知晓他们可以如何改进。信息反馈可以为用户提供其自主性和自我报告的内在动机,给用户带来意想不到的惊喜。定期提醒用户他们离目标有多近,将激励他们继续前进。通过在每一步提供反馈,并在用户完成任务时给予奖励,用户会获得进步感及成就感。而反馈可以以进度条、新等级、鼓励信息、每级问候语或动画的形式显示。更重要的是,用户会根据相应的标准调整自己的行为。

奖励。奖励通过对用户行为的积极强化促成他们养成习惯。在游戏化设计中,用户已经按照游戏规则投入了时间和精力,此时他们为获取奖励而重复游戏操作的可能性很大。因此让用户产生重复操作的正向循环是游戏化设计获得成功的重要因素。与此同时,提供多种奖励类型可以更轻松地长期维持驱

动用户的外在动机。奖励可以是虚拟徽章、积分、奖杯、硬币、排行榜、贴纸、头像或现金等。

动机。动机有内在动机和外在动机两种类型。内在动机来自好奇心、自豪感或成就感。外在动机来自我们想要获得的有形的东西,比如金钱、好成绩或表扬。只有兼具内在动机和外在动机驱动的游戏化设计,才能让用户的参与真正有效,且体验感达到最佳状态。仅有内在动机驱动,很难让用户持久坚持,而仅有外在动机驱动,用户形成的很可能是病态的上瘾,而非积极的、正向的经验获取。在鼓励用户参与的移动应用程序中,内在动机要强烈得多。在赢得某些东西之后,用户体验到的爽感被认为是最终极的内在动力。

创造。创造、创新,即允许用户创建自己的内容。允许创建的范围可能在定义的参数范围内,也可能不受限制。当用户自愿参与并遵守规则以达成他们的目标时,系统/产品对他们来说很有趣。但当他们被迫这样做的时候,其中的乐趣就会大打折扣。

案例 5.1

星巴克进军互联网 3.0 时代

2022 年,星巴克正式进军元宇宙,这家咖啡巨头宣布正式推出"星巴克奥德赛"(Starbucks Odyssey)互联网 3.0 平台,该平台致力于打造用户忠诚度计划,并允许其海外星享会员以及合作伙伴赚取和购买数字资产,从而解锁新的奖励;此外,会员还可以通过完成互动活动来获得"旅行邮票"徽章。用户可以根据其收集的星巴克数字徽章的稀有程度获得相应的积分值,从而以区块链的方式进行交易,进而解锁如虚拟咖啡制作课程等福利,甚至还能够得到独家商品、参与烘焙工坊等活动。

"星巴克奥德赛"中的 NFT 将以"邮票"的形式出现,通过引入"收集邮票"

等一系列新的活动,会员不仅会与品牌产生连接,会员之间也会产生大量互动。这次由互联网3.0技术加持的数字第三空间,品牌、会员和合作伙伴因为对咖啡的热爱聚集在一起,并且通过独特的游戏化体验产生联系,从而真正地形成一个社区。如今,互联网3.0领域不断有新的企业与品牌涌入,新奇的品牌NFT不断形成,用户也不断经历着元宇宙行业领袖的诞生。带来"星巴克奥德赛"的星巴克也是如此,只有不断拥抱新的技术与变化,才能够在快速发展的时代中成长起来。

资料来源:改编自《星巴克推出"奥德赛"Web3计划》,https://t.cj.sina.com.cn/articles/view/2057551062/7aa3bcd6001014wqi,2023年9月4日访问。

5.4.3　非游戏情境

游戏化的实践可以分为内部游戏化、外部游戏化和行为改变游戏化。内部游戏化,也称为企业游戏化,是企业利用游戏化来提高生产力、促进创新、增强员工间的友谊,从而激励员工实现更多积极的业务成果的一种方式。外部游戏化则主要是利用游戏化来提升营销效果,改善企业与用户的关系,增强用户对企业或产品的认同感和忠诚度,进而提高企业的利润。行为改变游戏化旨在帮助人们养成良好的习惯,例如选择更健康的饮食或享受学习过程中的乐趣。针对不同情境,这三类游戏化实践可以有针对性地设计游戏元素,从而实现最终的游戏化效果。

5.4.4　游戏化中的虚拟体验

随着3D建模、虚拟现实、增强现实等科技发展,元宇宙可为观众营造置身"现实"的真实感。人机交互和纳米技术的发展使得虚拟现实技术得以发展和

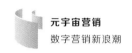

普及,虚拟体验越发流行,如虚拟现实旅游、虚拟展览等。然而,由于体验内容和体验设备的限制,用户可能会产生各种负面的体验,如虚拟现实晕动症、感到无聊和孤独等。在许多情况下,游戏化是改善体验的有效方法。因为游戏化元素作为一种新的环境刺激可以促进心流体验和觉醒增强,促进额外的多巴胺释放,增加神经活力,以激活交感神经系统。如2021年,完美世界文创就尝试了游戏化的方法,以无锡拈花湾唐风宋韵的实景为依托,结合线上增强现实技术和基于位置的服务,让景区升级为一个同时存在于虚拟世界与现实世界的超大沉浸式空间。游客从进入景区开始,就以全新的身份处在一场轻松休闲、奇趣欢乐的游戏体验之中。利用线上技术、线下实景真人非玩家角色等元素来形成多重互动形式,打破虚拟与现实的壁垒,增加游戏乐趣。而在2022年首届虚拟潮玩艺术周上,泡泡玛特以3D沉浸式逛展和游戏化互动作为突破点,打造了兼具科技感和趣味性的独特体验。在这个虚拟潮玩世界中,用户可以线上观展,欣赏自己喜爱的IP,用户之间还可以自由互动,完成交互任务,体验隐藏玩法彩蛋,解锁限量单品等。

综合案例

博柏利与《我的世界》跨界联名:带给用户全方位沉浸式体验

随着年轻一代消费水平的不断提高,各大时尚品牌不再一味以秀场作为产品的宣传方式,而是开始关注年轻人中的流行元素,不断进行跨界合作,吸引他们的视线。博柏利一直是极具探索、冒险精神的时尚品牌之一,它在数字科技领域的尝试颇多,2022年参与了多个虚拟世界合作项目。如与抖音平台的专属虚拟形象"抖音仔仔"的合作,让用户可以通过"捏脸"、穿着打扮来创造自己的虚拟形象,这不仅是一次特别的未来创意,也是对年轻一代全新生活方式的探索。2022年6月,博柏利还和洛杉矶游戏公司Mythical Games旗下开放世界游戏 Blankos Block Party 展开了进一步的合作。之后，博柏利携手风靡全球的电子游戏《我的世界》跨界推出联名活动，以别有新意的方式为用户呈现博柏利品牌故事。此次合作将推出全新共创游戏《博柏利：无尽探索》、联名胶囊系列精品及特别活动，让用户尽情徜徉于博柏利与《我的世界》的虚拟空间中。

《我的世界》是一款沙盒建造游戏，于 2009 年 5 月 13 日试运营，如今仍然拥有一大批忠实的游戏玩家。《我的世界》没有华丽的场景，也没有酷炫的视觉效果，它如此备受追捧、生生不息的原因在于它不仅提供了一种消遣娱乐方式，更突破了游戏的边界，打造出可以社交、自由创作的平台，让人们能从中发现一个丰富多元、充满可能、冒险探索的新世纪。而这种先驱精神正是《我的世界》与博柏利相契合的部分，博柏利与《我的世界》在探索冒险、先锋创意和自我表达方面拥有高度契合的价值观，此次合作亦标志着博柏利首次携手游戏产品，在线上世界打造全方位沉浸式品牌体验的一次尝试。联名消息一经发布，便引起网友热议，网友们纷纷表示："梦幻联动，期待！"……显示出了极大的兴趣。博柏利与《我的世界》的这次联名打破了虚实壁垒，既吸引游戏玩家了解博柏利的品牌故事，也推出了富有创意设计的实体商品供用户购买，在营销宣传方面利用联名表情包、红包封面等多种方式在社交平台上进行宣传，获得了大众的一致好评。

1. 虚拟空间

作为博柏利首次携手游戏公司推出的产品，这次的跨界可谓十分用心。二者在全球范围内推出全新共创游戏《博柏利：无尽探索》。整个游戏以大自然为背景，玩家需要完成各种户外挑战。游戏以博柏利创始人托马斯·博柏利（Thomas Burberry）的开拓精神为灵感，融入时尚、梦幻和冒险元素，从品牌发源地出发，创意呈现伦敦街景与多元自然场景。玩家可以探索四大元素地域，包括地球家园、云端奇境、海底世界、赤炎之域，邂逅徽标骑士与动物精灵等神秘角色，完成谜题与挑战，获取"托马斯·博柏利之钥"，解救博柏利骑士与动物，完成挑战，感受沉浸式的探险旅程。

游戏中的地图、支线任务、人物皮肤等都经过单独的设计，处处都有品牌埋下的小彩蛋。一进入游戏，玩家就来到了一个充满伦敦元素的基地。作为一个极具代表性的英伦品牌，这番用意让玩家领悟到了博柏利的人文底蕴。从基地出发，四大元素地域的每一座城都融入了博柏利的标志性元素，例如格纹、"TB"标识等。不同城市中也都各有一只来自博柏利"动物王国"的动物，它们也会带领玩家完成寻找碎片的任务。随着游戏的进行，玩家也能对品牌有更深入的了解。

2. 虚实结合

博柏利与《我的世界》联名胶囊系列精品，融合了双方的标志性元素，合作产品包括实体时装和虚拟产品两部分，分别涵盖将品牌图标与游戏图案融合的连帽衫与围巾，以及基于时尚、幻想和冒险的可下载皮肤等产品。

在博柏利与《我的世界》的游戏中，有15款联名皮肤可以免费下载。游戏为玩家提供了多套博柏利的经典造型作为角色皮肤，例如标志性的风衣、格纹都在其中有所呈现，玩家可以在游戏中穿着博柏利的经典单品，畅游在《我的世界》和博柏利的共创世界中，沉浸式地了解博柏利的品牌文化。线下，博柏利也推出了《我的世界》游戏系列的服饰，将经典的标志性元素与《我的世界》像素图案融合起来，使原本经典摩登的单品一下子就变得活泼了起来，简约有质感的同时又不失创意，产生经典与流行的碰撞，吸引年轻用户购买，与时俱进地体现了博柏利的品牌理念。为配合此次特别合作，发售胶囊系列的每家精品店和限时精品店都将被打造成沉浸式空间，橱窗展示、店内电子屏幕和地板都将以《博柏利:无尽探索》为灵感焕新亮相。

3. 社交平台流量转化

不仅有游戏与联名商品，博柏利还趁此机会推出了特别的衍生合作项目，比如 INS 滤镜、哔哩哔哩表情包、微信红包封面等，以宣传此次联名，完全不同的领域，却都是当下年轻人最喜欢的事物，体现出一个老牌时装品牌的活力和新意。每个项目的内容都同时融入了博柏利与《我的世界》的元素，具有很好的宣传效果。

资料来源：改编自《Burberry x〈我的世界〉》，https://cn.burberry.com/c/collaborations/minecraft-burberry-partnership/? brbref=hp_collaborations_minecraft_burberry_partnership，2023 年 9 月 4 日访问。

第6章
场景营销的"元"革命

韩国互联网巨头 Naver（社交软件 LINE 的母公司）旗下元宇宙社交平台 Zepeto 于 2018 年 8 月推出，其是一款可以自由打造个人数字形象的虚拟时尚社交平台。截至 2022 年 9 月，Zepeto 在全球拥有超过 3.2 亿用户，月活跃用户约 2 000 万，是全球最大的虚拟时尚社交平台之一。注册 Zepeto 后，用户既可以按照自己的喜好先"捏脸"，然后用平台奖励的金币购买服饰装扮自己的虚拟形象；也可以购买解锁不同的姿势、动作，选择不同的背景跟朋友合照或合拍视频；同时，用户还可以自制内容，赚取收益。

Zepeto 还跟时尚、娱乐、消费品界紧密合作，邀请著名品牌在平台上发布虚拟服饰、数码新品，还邀请艺人发布虚拟形象音乐短片等。2022 年 2 月，古驰在 Zepeto 上发布了模仿意大利总部的虚拟"古驰别墅"，并推出 NFT 时尚单品。用户可以用虚拟形象试穿或购买古驰的虚拟服饰，还可漫游打卡"古驰别墅"。此外，迪奥、耐克、星巴克等著名品牌也已入驻该平台。全球流行的韩国知名组合粉墨（Blackpink）也在 Zepeto 上举办过虚拟粉丝见面会。

从 Zepeto 的风靡中我们不难看出，在元宇宙平台中"场景"是很重要的。Zepeto 作为社交平台，吸引众多知名品牌入驻，并打造具有品牌特色的专属空间。利用场景特色，用户能够通过视觉感受唤起对品牌的记忆，加之平台上各类丰富的虚拟活动为入驻品牌造势，Zepeto 的元宇宙场景营销值得我们借鉴。

第 6 章
场景营销的"元"革命

6.1 元场景的数字化特性

元宇宙是互联网时代的一种全新呈现方式,它基于数字技术的整合生成现实世界的场景,同时它也是一个新的交互平台,其中包括区块链技术搭建的经济体系。随着数字技术的快速发展,人们对虚拟世界和元宇宙的研究及探索也越来越深入。元宇宙是一个虚拟的现实空间,它不仅能够模拟现实世界,还拥有更广阔的想象空间,能搭建各种奇幻、超自然的场景。在元宇宙中,数字化特征的作用尤为重要,下面我们将详细探讨元宇宙场景的几个数字化特征。

第一,实时互动性。在元宇宙中,用户可以实时地与其他用户进行互动,例如聊天、做游戏、参加活动等。这种实时互动性能够带来更真实的体验感,使用户可以在虚拟空间中建立更加深入的人际关系。

第二,高度自由度。在元宇宙中,用户可以自由地探索虚拟世界,不受时间和空间限制,可以自由地参加各种活动、体验各种场景。这种自由度极大地拓宽了用户的视野,使用户可以接触更多的文化和知识,进而提升自己的认知水平。

第三,高度可定制化。在元宇宙中,用户可以根据自己的需要和喜好,自由地定制自己的虚拟形象、装备等,甚至可以自己创建虚拟场景和游戏。这种高度可定制化的特征可以带来更加个性化的体验,使用户可以在虚拟空间中找到归属感和认同感。

第四,多模态性。在元宇宙中,用户可以通过多种方式,例如视觉、听觉、触觉等来感知虚拟世界。这种多模态性可以增强用户的沉浸感和体验感,使用户可以更加真实地感受到虚拟场景中的各种元素。

第五,高度智能化。在元宇宙中,智能化技术可以帮助用户更加方便地进

行各种操作,例如智能导航、智能语音助手等。这种高度智能化的特征可以极大地提升用户的使用便利性和满意度。

元宇宙场景的这些数字化特征不仅可以为用户带来更加真实、个性化、智能化的体验,也可以为各个行业带来更多创新和机遇。未来,元宇宙将会成为人们探索、交流、娱乐和学习的新空间,为人类创造出更加美好的未来。

6.2 场景营销落地元宇宙

6.2.1 虚实结合场景化营销

在元宇宙中,数字化特征的作用尤为重要,其中,虚实结合场景化营销是一个很好的例子。这种营销策略利用了增强现实和虚拟现实技术,将虚拟世界和现实世界相结合,为用户带来更贴近现实世界的体验。

在产品销售过程中,增强现实技术可以帮助用户更加方便地进行虚拟试用。用户只需通过手机或其他设备扫描产品二维码,即可在自己的手机或其他设备上看到该产品的虚拟形象,并进行试用和评估。这种虚拟试用可以增强用户的购买意愿,降低用户的购买风险和试错成本。虚拟现实技术则可以帮助用户更加深入地了解产品,例如通过虚拟现实展示间展示产品。通过虚拟现实眼镜等设备,用户可以在虚拟世界中体验产品的不同场景和使用效果,例如在家庭场景中试用家电产品、在旅游场景中体验旅游产品等。这种深度的虚拟体验可以极大地提升用户的体验感和情感认同度,从而促进购买。

此外,元宇宙中还可以发布虚拟产品,进行测试和反馈。例如,游戏开发者可以在虚拟世界中发布新游戏,让用户试玩和提供反馈,收集用户的意见和建议,优化游戏品质。如果反响不错,再到现实世界中生产和推广,从而降低试错成本和风险。虚实结合场景化营销不仅可以为用户带来更加真实的体验,还可以为企业带来更多的市场机会和创造更大的商业价值。例如,耐克就利用虚实结合场景化营销的方式,在元宇宙中发布了虚拟鞋款,让用户进行试穿和评估。通过这种方式,耐克不仅提升了用户的购买意愿,还能够从用户的反馈中获得产品改进的灵感和方向。

6.2.2 虚拟现实品牌空间

随着元宇宙技术的不断改进和成熟,许多基础服务商搭建了基础性的元宇宙空间模板,以实现用户价值的深度运营。如常用的元宇宙品牌线上发布会、线上元宇宙直播、虚拟空间展览、虚拟现实品牌空间等营销场景,都可轻松实现。

例如,在易车"云魔方818品牌专属直播"中,易车将扩展现实技术应用于汽车营销领域,以沉浸式的交互方式使汽车品牌及产品以更立体、更富生命力的方式呈现在用户面前。通过真人、真物与虚拟背景的结合,带领用户沉浸式地体验不同品牌汽车的性能和功能。在艺术方面,线下展览面临诸多困难,而品牌利用元宇宙技术,开发线上的虚拟展览变得触手可及。比如,微博艺术就举办了一场集社交、创造、展示、玩乐于一体的虚拟开放空间数字艺术展,用户可以通过这场元宇宙数字艺术展体验艺术的魅力,并进行互动。

随着互联网技术的日渐成熟,从图文、视频再过渡到3D、虚拟现实、增强现实、数字化、虚拟化等,线上的体验和内容表达也逐步丰富起来。元宇宙场景在这种趋势之下,通过构建数字世界探索品牌资产的长期建设,能增强用户黏性,为用户传递更大的价值。元宇宙沉浸式的交互体验、可定制的虚拟身份、全3D的动态场景和交互,给用户带来置身次元世界的真实感,用户还可以在这个数字世界中产生更多有趣和多元化的交互体验,享受新鲜感。

关于元宇宙的话题讨论和热度上升,能够使线上场景获得更广泛的传播,

开发出与传统平台不一样的交互体验,或者通过打卡、社交、游戏等内容模块的嵌入,让用户在平台上拥有更多的独特体验,从而带来裂变传播效果。当下,元宇宙是品牌数字化的切入点,基于元宇宙的营销体系,品牌可以对虚拟空间进行开发、迭代和运营以建立自己的"护城河"。随着数字化规模的不断扩大,虚拟空间将成为完整的品牌宣传阵地,获得品牌热度与话题,提升品牌形象,进而转化为商业利益。

6.2.3 人、货、场的深度结合

在元宇宙营销中,成功的关键在于抓住"人、货、场"这三个要素。其中,"人"指的是虚拟数字人,"货"包括数字藏品、虚拟门票、虚拟货币等,而"场"指的则是虚拟空间。通过这三个要素,用户可以进入虚拟游戏,利用数字分身与品牌进行互动。

品牌可以利用虚拟世界中的商品和虚拟 IP 形象来打造限量款数字藏品,例如 NFT 盲盒、虚拟世界的入场券、虚拟股票等。此外,还可以与运营商联合推出虚拟的寻宝游戏等,以吸引更多用户进入虚拟世界。通过元宇宙营销,品牌可以传递其价值观信息,从而建立品牌形象。将虚拟 IP 的视频广告片、数字藏品、NFT 限量盲盒、虚拟 IP 形象手办等与品牌理念进行绑定,有助于推动大众理解品牌与元宇宙的相关性。

针对用户,可以采用随机、限量推出产品,发售盲盒,以及买赠、预售、抽奖等玩法,激发他们的购买欲。例如,在售卖手办时,在里面随机发放 100~1 000元不等的优惠券,用于抵扣品牌实物商品的售价,从而增加实物商品的销售。

虚拟游戏空间本质上是创造了一个"会员的线上派对",即一个私域空间。虚拟游戏的入场券不直接进行变现,只作为会员抢购权益使用。有门槛、品牌专属且足够稀缺的数字藏品,可以引发社交传播。这些活动不仅可以提高品牌知名度,而且可以提高用户对品牌的认知度和信任度,从而促进实物商

品的销售。

元宇宙营销的成功之处在于通过数字化手段打造出与品牌相关的虚拟世界,通过虚拟 IP 和数字藏品等建立品牌形象,利用虚拟商品带动实体商品销售,同时刺激用户购买。这种营销方式可以创造私域空间,增加与用户之间的互动,提高品牌知名度和用户忠诚度,从而为品牌的长期发展奠定基础。

案例 6.1

茅台"巽风数字世界"

2023 年 1 月 1 日,茅台借助网易的虚拟现实研发技术,推出元宇宙平台"巽风数字世界"应用软件,打造属于茅台和用户的"平行世界"。该软件一上线即登顶应用软件商店免费总榜第一,注册用户数一天内突破 100 万。游戏通过应用互动体验引擎、数字孪生等技术,将茅台的酿造环境、历史文化和工艺工法等重新映射到虚拟世界之中。

用户既可以创建自己的虚拟形象,参加"巽风答人"活动,每天回答限定题目,或参加"每日寻宝"活动、邀请好友同游巽风等获取相应巽值,也可以在巽风集市购买电子礼品卡,充值并获得同等的巽风值。

同时,未来现实中的每一瓶茅台酒都可以通过数字孪生技术出现在巽风世界里。用户可以在巽风世界里寻找各种酿酒材料、工具酿造属于自己的酒类数字藏品,位于排行榜前 10 000 名的用户,能够 100% 拿到癸卯兔年茅台酒的数字藏品,凭借巽值和数字藏品,用户最终有机会获得茅台生肖系列新酒的购买权。通过这种方式,茅台和网易利用虚拟世界的叙事互动,打造出了茅台的 IP 酒文化。

资料来源:改编自《从茅台的"巽风数字世界",看真正的"元宇宙"》,https://zhuanlan.zhihu.com/p/596464245,2023 年 9 月 4 日访问。

6.3 全时互动场景渗透多领域

随着数字技术的不断进步,元宇宙作为一种新型虚拟现实技术的产物,已经开始成为商业营销的热门领域。元宇宙场景不仅是一个虚拟的世界,更是一个让品牌与用户沟通的全新平台。通过元宇宙场景,企业可以构筑起长效沟通的新阵地、与用户连接的新触点,持续累积内容和用户资产。

在元宇宙虚拟世界中,任何用户都可以塑造虚拟数字人角色,进入元宇宙会场,并与品牌进行沉浸式交流互动。这种互动让用户从观看者转变为参与者,获得全新的体验。这种交流方式不仅能够增加用户对品牌的认知度和好感度,还能够让用户对品牌故事和理念产生更加深入的了解。

通过元宇宙场景,企业可以展示自己的品牌形象和理念,与用户建立更为密切的联系。品牌可以通过在元宇宙场景中举办活动、发布产品信息、提供售后服务等方式,与用户进行更加深入的互动和交流。这种互动不仅可以增进用户对品牌的了解和喜爱,还可以帮助企业了解用户的需求和喜好,从而更好地满足他们的需求,提高企业的市场竞争力。

总之,元宇宙场景已经成为企业进行品牌营销的重要渠道之一。通过在元宇宙场景中与用户进行交流和互动,企业可以与用户建立更为紧密的联系,提升品牌的曝光度和影响力,同时,对用户喜好的进一步了解,也为企业的产品研发和营销提供了更加有力的支持。随着元宇宙技术的不断发展,相信元宇宙场景在未来的商业营销中将扮演更加重要的角色。

6.3.1 元宇宙购物场景

随着互联网和数字技术的不断发展,用户的消费方式也发生了巨大的变化。从线下实体店到线上电商平台,再到元宇宙这样的虚拟世界,用户的消费场景不断扩展和升级,获得了更加便捷、丰富、个性化的消费体验。元宇宙作为一种新兴的虚拟现实技术,正在成为线上线下消费联动的重要纽带,推动着新消费时代的变革。

元宇宙诞生的目的是"以虚强实",即通过虚拟现实技术和实体经济的结合,实现虚实共生的消费。这种消费方式不仅可以让用户获得更加丰富、具有个性化的消费体验,也可以帮助企业实现数字化转型和升级。通过元宇宙这样的虚拟世界,用户可以在其中模拟各种线下场景,如购物、旅游、娱乐等,获得与线下实体店相似的购物体验。同时,企业还可以通过元宇宙这样的虚拟世界,展示自己的品牌形象和产品,开展品牌宣传和营销活动,与用户建立更加紧密的联系。

以天猫"双十一"的"未来城"元宇宙购物为例,该活动为用户打造了多种虚拟场景,如商业街、广告屏、3D品牌馆等,用户可以选择自己感兴趣的场景,并在其中360°全方位查看产品细节,与产品进行交互,获得全新的购物体验。在泛二次元元宇宙及创意展销空间COMICOMI中,用户不仅可以直观地感受和体验商品,还可以享受多种个性化定制服务。该平台支持外链访问,使用户能通过游戏般的体验进行消费。这些元宇宙购物体验的出现,不仅提升了用户的购物体验,同时也带动了线上线下消费联动新模式的出现。

元宇宙的出现,不仅是一种技术上的进步,更是对传统商业模式的一种挑战。它提供了更加个性化、场景化、交互式的消费体验,打破了传统实体店和电商平台的界限,实现了线上线下消费的无缝衔接。

6.3.2 数字文旅场景

随着元宇宙的发展和普及,文旅产业也在逐渐融入其中,开创出新的业态

和体验。传统的文旅,往往是在特定的时空背景下,以文化和感官为主导,带领人们去感受和体验。但是在元宇宙的世界里,一切都被打破了。时间和空间的限制被彻底摒弃,人们可以在虚拟世界中穿梭于过去和未来,产生更加真实、有深度的文化和感官体验。这也让文旅产业在元宇宙中得以实现全新的发展。

例如,"山野手记×舟山花鸟岛"就是一种结合元宇宙的文旅体验。该产品以当地实际场景为原型进行设计,在虚拟的沙盘中,用户可以从第一视角出发,探索和进行任务打卡,在交互中熟悉浙江大好河山与各地特色物产。这种方式不仅使用户不必远行就可以了解地方文化和特产,同时也更加真实地模拟了实际场景,让用户更有代入感。类似的文旅体验也在元宇宙中层出不穷。

而冒险小王子元宇宙主题公园,则是将室内游乐和户外探险结合起来,让孩子们在身临其境的真实体验中玩乐、学习和成长。这种方式不仅丰富了游乐项目,同时也更加真实地模拟了室外的环境和场景,让孩子们更加贴近大自然,不断学习探索和培养好奇心。

COMICOMI携手包括天闻角川在内的20多个商家,在安徽合肥尚街步行街受新冠疫情影响客流量显著下降的背景下,将其二次元漫街由线下迁移到线上。在这里,漫展不再是单一的游览过程和人与人之间的简单互动,而是可以让用户参与到烟火庆典、流星许愿等活动之中,并通过多线性、多重叙事的体验,让用户产生强烈的自我代入感,获得更有品质的、更为沉浸的文旅体验。这种体验不仅可以让用户更好地了解漫展的文化内涵和艺术价值,还可以使其更好地融入其中,感受到漫展的魅力和乐趣。

元宇宙的出现,让传统的文旅业焕发出新的生机。传统文旅只能提供一定程度上的游玩和观赏,而元宇宙中的文旅则更注重互动和沉浸式体验。这不仅可以使用户更好地了解文化,还可以使其在参与过程中获得更丰富的情感体验和文化认知,增强用户对文化的情感认同和理解。除此之外,元宇宙的出现也为文旅业带来了新的商业模式和商业机会。传统的文旅业主要依靠门票收入和周边产品销售获利,而在元宇宙中,文旅业可以通过虚拟商品的销售、广告收益等多种方式获得收益。这种商业模式的转变,为文旅业带来了更为多元化和创新的商业前景。

6.3.3 虚拟娱乐新场景

沉浸式娱乐新体验的出现不仅对传统娱乐行业造成了冲击,也为娱乐行业模式的重塑提供了新的思路。相较于传统线下娱乐,元宇宙中的虚拟娱乐更具便捷性、互动性和个性化。用户可以选择更适合自己的内容和场景,随时随地进行沉浸式体验,无须经历排队购票等烦琐流程,同时也可以与全世界各地的用户交流互动。

随着虚拟技术的不断进步,在虚拟世界中,虚拟娱乐逐渐成为主流,吸引了大量用户和资本的关注。虚拟演唱会、虚拟粉丝空间、虚拟主题公园等虚拟娱乐形式正在迅速普及,成为传统线下娱乐的有力竞争对手。比如,2021年11月,B站上线了歌舞剧音乐会《创世之音》,其中的演职人员均为虚拟艺人,吸引了广泛关注。

虚拟娱乐的兴起也为娱乐行业带来了新的商业机遇。虚拟娱乐不仅可以吸引大量用户和流量,也可以通过虚拟商品、虚拟礼物等形式获得更大的商业价值。虚拟娱乐中的虚拟商品和虚拟货币也已经成为独立的商业生态,吸引了众多资本的关注和投入。与此同时,虚拟娱乐也为传统娱乐行业的转型提供了新的思路和方向。传统娱乐行业可以借助虚拟娱乐的平台和技术,打造更具互动性、个性化和体验感的新型娱乐形式,重塑自身的商业模式和经营策略。同时,也可以通过与虚拟娱乐行业的合作和整合,拓展自身的业务领域和市场空间,实现双方的互利共赢。

案例 6.2

三星虚拟游乐园

2022年,三星在罗布乐思平台上推出了一款名为太空大亨(Space Tycoon)的元宇宙游戏,这标志着三星在游戏领域的进一步发展。三星希望通过在游戏领域提供丰富多样的体验和开发机会,吸引更多Z世代的新用户。该游戏由三个区域组成,包括采矿区、实验室和商店。这三个区域都具有特定的功能和用途,让用户可以在虚拟空间中进行探索、挑战和社交互动。

在采矿区,用户可以挖掘资源。这些资源可以用来制造三星产品,也可以用来在商店中购买道具和装备升级。实验室是一个创造和制造三星产品的地方,用户可以亲手制造出各种三星电子产品。这个过程非常具有趣味性和创造性。在商店中,用户可以使用虚拟货币购买各种道具并进行升级。这些道具和升级服务可以让用户的游戏体验更加完整和有趣。

三星在该游戏中所追求的是让用户体验到虚拟空间的无限可能性,让他们以一种前所未有的方式体验三星产品,为现有和未来的用户提供更有意义、更富娱乐性的数字体验。通过这款元宇宙游戏,三星可以更好地与Z世代用户互动和沟通,为他们提供更好的游戏体验和产品服务。在游戏中,用户不仅可以与其他用户进行社交互动,还可以参与创造,与其他用户共同探索和互动。

资料来源:改编自《三星在元宇宙平台 Roblox 上发布 SpaceTycoon》,https://www.yuanyuzhouneican.com/article-147823.html,2023年9月4日访问。

6.3.4 元宇宙品牌发布会

品牌发布会一直是品牌与用户近距离互动的有效途径,而增强现实、虚拟现实等技术的发展，为品牌发布会提供了全新的交互场景，打造了沉浸式交流互动的空间。相较于传统的线下现场，元宇宙环境更有科技感、更加有趣，这样会使发布会自带话题和流量，同时也能辐射更广的在线用户群体。

由百事可乐无糖触发开启的百事首场元宇宙概念虚拟发布会在成都正火艺术中心震撼开场。围绕现实、突破、共生三大概念，百事可乐无糖构筑超现实体验空间，通过全息投影、裸眼3D、动作捕捉等实时虚拟交互技术的使用，辅以听觉、触觉等立体感官体验，汇聚创想共振磁场，突破边界束缚，从全新劲爽视角出发，透视变幻未来。这种突破现实和虚拟限制、跨越时空的未来概念舞台，激发了每一个人的情绪，将整场发布会的氛围推向一个又一个高潮。

6.3.5　元宇宙艺术展

在数字化时代，艺术展览也正在迎来全新的变革。元宇宙沉浸式线上艺术展是一种新兴的展示形式，它将艺术与技术有机结合，为大众带来更加多样化、沉浸式的艺术体验。这种展示形式彻底颠覆了传统的2D平面化展示形式，为观众创造了一种全新的参观方式和体验感。

泡泡玛特举办的虚拟潮玩艺术周是一个非常典型的例子。该活动为用户打造了四个沉浸式展区，每个展区都根据不同的IP进行设计和产品展示，让用户在体验中真正感受到了泡泡玛特这个品牌的文化和氛围。这些展区设置了不同的交互任务和隐藏玩法，用户可以与其他人一起完成任务，解锁限量单品等，提升了用户的参与度和体验感。

COMICOMI携手洛可可创新设计集团打造的《如花在野》元宇宙展厅也是一个很好的例子。该展厅对线下的北京尤伦斯当代艺术中心的《如花在野》展览进行了1∶1的还原，让观众可以在线上享受同样的观感。同时，COMICOMI还为洛可可创新设计集团的多空间线上虚拟世界如花宇宙量身打

造了8个不同风格和功能的元宇宙展厅,让观众可以更加深入地了解和感受这些IP。展厅中还增加了数字藏品、飞镖小游戏等互动玩法,提升观众的参与感和体验感。

相较于传统的线下美术馆和艺术展览,元宇宙沉浸式线上艺术展的优势不言而喻。首先,元宇宙展览可以将空间和时间的限制降至最低,观众无须前往现场就能够观看展览,这大大扩大了观众的范围。其次,元宇宙展览可以为观众带来更加多样化、沉浸式的体验。观众可以在展厅中自由穿梭,与其他观众进行互动,参与各种交互活动,并在参观时真正地沉浸其中,获得更加深入的体验。最后,虚拟平行时空的创造不仅可以扩大受众人群,还可以为品牌、机构和艺术家带来更多的商业机会和更大的收益。在元宇宙中,品牌和机构可以利用虚拟展厅、虚拟商店和虚拟广场等功能,向用户展示新产品、推广品牌文化、促进销售,并与用户进行互动,获取用户反馈,增强用户黏性。

案例6.3

古驰艺术花园

2021年,古驰在罗布乐思平台上开放了古驰花园空间,启动了名为"古驰原典"的虚拟体验活动,为期两周。该平台的用户可以花费1.2~9美元购买和收藏限量版古驰配饰,然后"装扮"自己在平台上的虚拟形象。

此次展览的花园原型位于意大利佛罗伦萨,玩家将以该花园为线索,深入感受不同主题空间的古驰活动。玩家进入展览空间时,将化身为初始化的模特。当玩家四处浏览时,模特的外观会根据体验而变化。在花园虚拟体验活动期间,古驰推出了几款限时购买的单品,平台的玩家可以在一小时内使用平台内的交易货币自行选购,价格约为500罗布币。而随着转售的进行,单品的价值不断上涨,最终出现了超越实体单品价格的交易。例如,狄俄尼索斯(Dionysus)

手袋以超过 4 000 美元的价格成功出售,远远超出其原价。

资料来源:改编自《古驰与 Roblox 联手打造的沉浸式展览已于 17 日开放》,https://www.sohu.com/a/468482674_549351,2023 年 9 月 4 日访问。

6.4 元宇宙全域营销的全面升级

进入后流量时代,品牌的营销重心应从"流量"向"留量"转变。随着元宇宙、NFT、数字藏品、全域营销、数智化营销等概念的爆火,品牌营销迎来了新的机遇和挑战。在元宇宙的大趋势下,全域营销出现了创新打法,与之前的线上至线下(O2O)全域营销存在本质差异。

6.4.1 全域营销的来源

2016 年,阿里巴巴提出了以消费者运营为核心,以数据为能源,实现全链路、全媒体、全数据、全渠道的数智化营销方法论——"全域营销"(Uni Marketing)理念,在营销界掀起了一股数智化浪潮。阿里的全域营销,是基于其体系内所有平台的数据和营销通道全线打通的全触点用户触达。但将全域营销从某一体系中剥离(比如一家企业的营销既有阿里体系的也有腾讯、京东、抖音等体系的),再结合各行各业的解读,"全域营销"可以理解为站在公域和私域全方位视角下,企业能够以用户为核心,构建全渠道数据体系,实现人货场多维度的用户洞察,全触点接触用户,并形成全链路闭环的营销。

最初的全域营销,是阿里巴巴针对新零售体系提出的创新营销方法论。发展到今天,已经逐渐成为覆盖汽车、服装等多行业的数智化升级解决方案。对很多互联网科技企业来说,全渠道、全触点、数据中台等相关理念并不是很新的内容,因为它们本身就是通过一个总的技术中台统一处理所有信息。但对于其他行业,尤其是传统行业来说,则不一样——它们的数据是割裂的,并且普遍存在不同部门、不同产品线、不同服务体系的数据不在同一个系统且也未作统一处理等问题。所以,企业需要一个既能帮助它们汇总所有平台/系统数据、集中处理,又能辅助后期营销的平台。于是,像盈客云这样的一体化智能营销平台就诞生了。

案例 6.4

盈客云全渠道智能平台

在信息爆炸时代,企业需要在不同的场景模块铺设营销活动以实现全线触达客户。盈客云的企业客户关系管理解决方案(SCRM)将销售名片与活动集成,深度挖掘客户价值,展现销售价值,实现企业价值。此外,盈客云特有的虚拟代表平台——人工智能回复虚拟代表系统,能够为销售提供智能话术,协助销售远程拜访,完成企业的线索清洗与验证,对客户进行标记,实现客户的持续转化,最终实现增长。盈客云通过销售与活动的紧密合作,帮助企业实现其营销的核心价值。

全场景营销模式能够使企业将营销信息更广泛地传递给客户,但要将企业数据资产变现、增值,更重要的是聚合数据。盈客云智能客户数据中台能够帮助企业(比如弗戈工业媒体)跨平台聚合官网、微博、公众号、B 站等全渠道数据,将以上各大场景模块贯穿客户生命历程的数据全线打通整合,快速生成单个客户的 360°专属画像,实现客户标签化管理和洞察分群,助力企业内容个性化推荐,指导企业数据化、智能化运营客户以及制定营销决策,实现客户全生命周期管理。

资料来源:改编自《"盈"产品:如何通过新用户旅程营销管理平台,实现用户转化加速?》,https://www.sohu.com/a/530192335_121342279,2023 年 9 月 4 日访问。

6.4.2 元宇宙推动全域营销发展

随着元宇宙及其相关概念的爆火,各大品牌、各大机构纷纷加快进军元宇宙的步伐:2020年,欧洲足球锦标赛发行了超过20 000张NFT门票;中国国际数码互动娱乐展览(ChinaJoy)在2020年发行了120万张NFT门票;2021年11月,张家界成为全国首个设立元宇宙研究中心的景区,同时,西安大唐不夜城宣布着手打造首个元宇宙项目——大唐·开元;2022年4月,中国李宁宣布购入无聊猿系列NFT,并在北京三里屯快闪店开展联名营销活动;同月,国内童装龙头巴拉巴拉宣布启用虚拟数字人"谷雨"作为品牌代言人。

用户永远在追随新鲜事物,他们的选择是丰富的。事实上,随着营销场景的碎片化、多元化、分散化,用户的注意力分散,在单一品牌上的活跃度降低,再加上品牌老化,用户对品牌传统的曝光方式开始感觉疲惫,于是品牌的曝光率降低,种种因素之下,品牌传统意义上的"全域营销"已经渐渐失去一开始的高效。但是元宇宙不一样,基于其虚拟化、游戏化、社交化、强交互、可沉浸、用户创造等特点,元宇宙在营销领域,对品牌营销的用户触达、产品服务的互动体验构建、企业用户运营管理和产品零售革新等方面提供了更高的灵活度、巨大的可操作空间和可拓展的想象空间。

根据佳韵达(Gartner)的预测,到2026年,全球预计会有至少四分之一的人在元宇宙中工作、购物和社交,且停留时间至少为一个小时。同时,全球会有超过30%的企业在元宇宙中提供产品、服务并创造营收。也就是说,在用户关注度上,元宇宙能够为用户提供更刺激、新颖、好玩、有趣的"玩法";在营销发展趋势上,元宇宙拓展了全域营销的深度和广度,是社会发展的大势所趋。想要利用元宇宙激活全域营销活力,企业需要在数字艺术这条路上先行一步,将元宇宙数字艺术与营销结合到一起,为品牌提供元宇宙趋势下更先进、新颖、适合Z

时代人群的营销打法,激活品牌的年轻力,全域塑造品牌的元宇宙生态。全域营销的模式也将从线上至线下的全域形态迈向线上线下全域元宇宙(Online Offline Metaverse,OOM)的全面升级。

6.4.3 全域营销下的OOM渠道升级

在本章中,我们创造性地提出关于元宇宙渠道的设想,即OOM。未来,元宇宙营销完整落地,各项技术支持将成为其后盾,由智能科技推动用户体验线上与线下的无缝转换。有线上元宇宙平台与线下元宇宙全息投影技术作为支撑,营销渠道将迎来全新升级,具体的渠道流通场景可能包括以下几类:

第一,虚拟产品线上至线下的服务转换。其实现在已经有不少涉猎元宇宙技术的品牌与企业实现了该渠道的落实,具体实现方式就是,如果用户在元宇宙平台举办的线上活动中获得了NFT数字产品的所属权,那么就可以凭借其所拥有的区块链数字编码到线下实体商店来兑换对应的实体商品;此外,如果用户是某品牌在元宇宙平台上的会员,那么凭借其会员身份,同样能够在线下的实体商品消费中获得相应的折扣,从而实现用户体验的升级。

第二,线下至线上的元宇宙体验完善。该流通方向的渠道应用最早出现在游戏领域,玩家可以在实体店购买游戏点卡,凭借游戏点卡中的兑换码用游戏平台上的虚拟代币进行充值,从而实现数字商品,如服饰、房产、出行工具等的购买。而在元宇宙技术的加持之下,线下至线上的"元"玩法将远不止于此。未来,元宇宙平台利用增强现实/虚拟现实技术,让用户能够通过移动智能设备来扫描现实中的街区、广场、马路等实体景象,当扫描到品牌预先在元宇宙平台上安排好的隐藏设置时,奖励就能在智能设备端口出现,从而成为用户元宇宙平台上的记录。比如,游戏《宝可梦GO》中就使用了真实的地点来鼓励玩家在现实世界中广泛地寻找宝可梦。游戏让玩家在探索周围环境的同时,可以发现和捕捉到超过200种宝可梦。

线上线下交融共生的全域渠道拓展。在理想的情况下,元宇宙将实现线上线下渠道全域触点的连接,用户置身于线下,却随时随地可见元宇宙虚拟现实的身影,比如,在线下商店逛街时能够看见盲盒、玩具、周边等静态商品的动态全息投影,又如,在线下能够见到品牌虚拟数字人,并能够与其互动,增进对品牌的了解,等等。而当用户沉浸于虚拟世界中时,也能够在虚拟广告牌上看见实体商店的推广、获得实体商品的兑换机会等。虚拟与现实的产品和服务之间的边界将被模糊,虚拟与现实两个世界得以交融共生,用户将迎来一种全新的生活方式。

综合案例

欧莱雅首个元宇宙品牌路演

在未来的元宇宙中,每个人都能够拥有自己的数字分身,通过这个数字分身在元宇宙中进行购物、娱乐、工作和社交。品牌也会常驻,通过建立自己的商店和展厅来吸引更多人参与其中。一些用户社区属性很强的品牌已经在虚拟场景中打造出各种体验空间,以满足不同的消费需求。其中,欧莱雅就是一个在元宇宙中非常活跃的品牌,它通过数字技术打造了一个美妆科技元宇宙路演——BIG BANG EXPO@METAVERSE。这一届路演的展厅由3个大场景和5个独立展馆组成,为参展方和举办方搭建了一个现实和虚拟世界交互的美妆科技空间。

参展访客进入云展厅页面后,首先看到的是展示区,这个展示区展示了欧莱雅近年来的成果和进展情况。展厅两侧则是欧莱雅馆和东方美谷馆。在欧莱雅馆中,参观者可以了解欧莱雅在华二十余年的发展历程,而在东方美谷馆中则可以了解其在产业定位、区位优势及未来规划等方面的信息。接下来,参

展访客可以通过传送门进入虚拟演播厅,参加该路演启动仪式的远程直播。此外,参展访客还可以进行实时的文字交流、语音留言、动作展示、即时视频会议等互动社交行为,获得身临其境的沉浸感和"零距离"的对接体验。

最后,展会的重头戏是"三大赛道厅",这个厅分为"玩美新体验""引领新运营"和"预见新产研"三个区域。参展访客可以通过多种媒体途径全方位地了解近70家参展企业的产品实力和创新服务能力。这个展览创造了一个集产品展示、互动社交和业务发展于一体的3D虚拟空间,品牌利用数字技术对品牌信息进行全方位的展示,用户可以操控其数字分身自由走动、社交,沉浸式体验展览。这个展览为品牌和参展访客提供了一个全新的体验方式,让人们可以在元宇宙中亲身感受到品牌的文化和理念,与品牌进行更加深入的互动和沟通。在这个数字化的世界里,品牌可以借助虚拟展览的方式,将产品和服务通过更加生动、形象、互动的形式呈现给用户。

这样的数字展览也为参展访客提供了更加便利和自由的参观体验,让人们可以随时随地进入元宇宙世界,参观不同品牌的展厅和商店,了解产品和服务,与其他参展访客进行互动和交流,甚至可以在虚拟场景中进行购物和消费,实现线上线下的无缝对接。

资料来源:改编自《东方美谷携手欧莱雅中国!首个美妆科技元宇宙路演正式启动》,https://sghexport.shobserver.com/html/baijiahao/2022/06/25/780872.html,2023年9月4日访问。

第 7 章

品牌的"元"管理

近年来,不断有品牌高调宣布开辟品牌专属元宇宙空间。当然,众多企业试水元宇宙,更多的还只是在"浅水区"探索,仅仅套用元宇宙的概念,最终采用的还是传统营销那一套。随着品牌营销逐渐转向以"人+体验"为核心,如何利用元宇宙概念或相关技术,基于新一轮数字场景营销革命进行深层次营销创新,是品牌必须思考的问题。就在 2023 年跨年夜,一场由 Heineken Soundscape 喜力®星电音特约赞助的全国首档沉浸式元宇宙跨年晚会——RetaLand 元宇宙虚拟跨年演唱会成功开演,该晚会通过元宇宙场景有效地将数字原住民与年轻用户关联起来,真正实现了营销新增长。该晚会结合跨年的特殊时间点、温暖的主题歌单、创意的元宇宙玩法,收获全网平台近 1 000 万直播观看的优秀战绩,在营销界引起轰动。虚拟与现实的"跨界"联动,在年轻用户圈层中收获了良好的效果。

随着品牌营销进入 4.0 时代,如何与目标用户积极互动,尊重用户作为"主体"的价值观,成为品牌营销绕不开的必答题。而新技术爆发所引领的元宇宙营销开拓了新需求、新场景、新趋势,在元宇宙驱动下,品牌营销转向是大势所趋,但如何用好元宇宙,避免其成为技术的副产品,即只有花哨的概念和外表,却无实质的内涵,则需要品牌方有所为。而这场 RetaLand 元宇宙虚拟跨年演唱会算得上是一个成功案例,它以元宇宙为切入口,以年轻人喜欢的电音和虚拟

角色为引子,基于元宇宙空间实现虚拟与现实的融合,助力品牌营销更加聚焦"人"的价值,让用户体验身心感知的多重升级。

其中的品牌管理创新理念值得行业学习,应充分利用新型数字技术优势,让元宇宙空间成为优质内容载体,首先应强化元宇宙的可玩性、可体验性,将品牌营销的形象与元宇宙趣味玩法软性结合,让每一次品牌曝光都更具观赏性与精神触动性。RetaLand元宇宙虚拟跨年演唱会为元宇宙品牌营销打造了优质蓝本。

7.1 元宇宙成为品牌新空间

7.1.1 用户端的变化

在互联网时代,用户端呈现出"泛娱乐化"趋势,用户有着更为广泛的精神需求,追求更加丰富多样的精神产品及服务。步入元宇宙时代,用户对于精神消费、虚拟数字消费以及体验消费将会有更大的购买意愿,以满足自身的需求。元宇宙的新世界中,用户端的需求变化影响着市场的发展趋势,同时也影响着品牌对用户的有效触达及私域转化,品牌资产的管理变得尤为关键。

7.1.1.1 精神消费

根据马斯洛需求层次理论,在现实世界中物质产品更多的是满足个人生理需求与安全需求,那么步入元宇宙时代,引进虚拟世界的概念及布局,用户的心理需求层次便更多地介于尊重需求以及自我实现需求之间,更加注重个体的差异展现及自我意识的表达。

7.1.1.2 虚拟数字消费

元宇宙虚拟世界与现实世界的交织相生改变了市场上的产品形式,在传统的物质产品之外,还有虚拟数字产品。虚拟数字产品的加入让产品涉及的领域更加广泛、展现的形式更为有趣、体验的过程更为真实便捷,与用户强调个体感受且"千人千面"的精神需求更为适配。因此,对于市场上的产品,未来用户将会把关注的重点从产品本身的属性及质量上转移到产品能给自身带来的精神满足及其创造的价值上。

7.1.1.3 体验消费

元宇宙为用户提供了沉浸式的全新体验,新体验的产生让用户不断追求更加真实、更为自然、更贴近其心理预期的产品及服务体验。根据卡诺模型,产品功能主要分为兴奋型、期望型以及基本型。元宇宙中的体验功能会随着用户更高要求和更高期望的提出,从兴奋型渐渐向期望型以及基本型转变,用户会越来越期待自然、流畅、无障碍、具有高预期性并产生联系形成相关性的体验。

7.1.2 元宇宙是品牌未来的发展趋势

元宇宙时代标志着互联网 3.0 时代的到来,技术的持续发展及应用将推动市场上的品牌发生根本性的变革。在竞争日益激烈但边际效益不断削减的市场上,为维持或提升自身的竞争优势,各大品牌意图开辟新的赛道,把营销方向放在高度数字化所赋能的元宇宙世界中。未来的元宇宙将会成为占据人们生活或工作的较大板块并成为人们花费较多时间的重要场景,也就是品牌营销的主要场景。由此,品牌更需要抢占先发优势,尽早布局元宇宙,考虑元宇宙环境下品牌资产的有效管理。

7.2 贴近元宇宙的品牌创建过程

2021 年 9 月 5 日,宝马在德国慕尼黑举行的"2021 德国国际汽车及智慧出

行博览会"开始前两天推出了自己独一无二的虚拟世界——JOYTOPIA。JOYTOPIA 中一共有三个涉及宝马未来核心主题的虚拟世界,重构思(Re:THINK),重想象(Re:IMAGINE)和重生(Re:BIRTH),其中包括循环经济、电动交通、城市交通和可持续发展主题的内容。

在进入 JOYTOPIA 时,用户将由一只虚拟狐狸引导,而这只"狐狸"的真身也成了议论的焦点——因为该角色正是由奥斯卡获奖演员克里斯托弗·瓦尔兹(Christoph Waltz)配音的。在发布当天,宝马还邀请了著名英国乐队酷玩乐队(Coldplay)在 JOYTOPIA 举办了一场虚拟音乐会。在观赏酷玩乐队的现场表演时,用户还可以通过虚拟形象积极参与到活动中。他们通过自己创造的虚拟形象随着音乐起舞,靠近舞台并从各个角度观赏乐队的表演,增添游戏的娱乐性。

对于该平台的推出,宝马集团品牌传播和品牌体验副总裁斯蒂芬·庞尼卡(Stefan Ponikva)表示:通过 JOYTOPIA,我们创造了自己的元宇宙。这让我们回应了用户对数字空间个性化体验的需求,同时,我们希望与用户展开新的对话,将现状从品牌解读转变为用户解读。JOYTOPIA 是数字世界的一次巨大飞跃,它使我们能够将品牌传播提升到一个新的水平,它也是数字世界的一种新的营销工具。

通过宝马虚拟空间的搭建我们可以看出:品牌与用户沟通的方式正在改变,在元宇宙营销过程中,品牌一直致力于拉近与用户之间的距离,这让我们更加清晰地认识到,品牌沟通与营销的新时代正在到来。

7.2.1 品牌回归符号化

7.2.1.1 品牌的两个角色

根据美国市场营销协会(American Marketing Association,AMA)的定义,品

牌是一个"名称、专有名词标记、符号或设计,或是上述元素的组合,用于识别一个销售商或销售商群体的商品与服务,并且使它们与其竞争者的商品与服务区分开来"。品牌管理领域的权威学者凯文·莱恩·凯勒(Kevin Lane Keller)在其 *Strategic Brand Management*(《战略品牌管理》)中称上述定义中的品牌为"brand",而与此对应的"Brand"就是除了识别和区分功能,还具有知名度、美誉度和显著度并被赋予内涵的品牌。如今,从事实际营销工作的个人与企业更愿意采纳品牌为"Brand"的定义。

由品牌的定义我们可以看到,营销理论中最初的"brand"与更贴近营销实践的"Brand"概念之间存在的差异。总的来说,品牌扮演着两个重要角色:第一个角色是为产品价值背书,提升用户对产品的信任,对用户而言品牌是信誉、质量和信念的保证;第二个角色是充当用户自我表达的载体或文化符号,或者说品牌向用户售卖希望和答案,并代表他们理想化的生活。第一个角色更倾向于"Brand"这个定义;而第二个角色,则更倾向于"brand"这个定义。

7.2.1.2 元宇宙下品牌角色的变化

首先,随着互联网的不断发展,人们获取信息更加轻易简便。因此,用户可以用更全面的信息来评估产品的质量,而不再需要依靠品牌对产品质量的背书来做出购买决策。由于用户降低了对品牌信息的需求,受到品牌的引导和影响所造成的冲动消费情况会减少,因此他们能够做出更加理性的消费决策。

其次,在元宇宙中,用户可以试穿及试用品牌提供的产品和服务,产品本身所包含的稀缺性价值、创造力和想象力将成为影响用户购买决策的最重要因素,品牌的知名度和美誉度将不足以让品牌获得竞争优势和溢价空间。此外,任何品牌提供的数字商品在质量上都不会有太大的差异,品牌的表达载体功能和符号价值将获得提升。

更重要的是,元宇宙的去中心化特征会大大削弱互联网 2.0 时代品牌中心

化所具有的效用。

7.2.1.3 品牌体验化加深

根据上文总结的元宇宙中品牌角色的变化,我们不难发现,削弱品牌扮演第一个角色的作用将成为元宇宙营销的趋势,品牌影响用户购买决策的力量在慢慢减弱,元宇宙时代下的品牌将会逐渐回归其原本符号价值的定义。元宇宙中品牌的竞争力不再依赖品牌在供应链、研发制造以及销售渠道上的规模优势和管理能力,而是依赖品牌的虚拟创新能力和价值创造能力。由此,品牌将会在为用户提供的产品及服务上加大投入力度,着重提升品牌体验,以获取更为广泛的客源并留存现有用户。在元宇宙中,品牌对体验的注重对于品牌知名度、忠诚度及联想度的提升具有关键作用,这也将会成为未来元宇宙品牌的发展趋势。

7.2.2 品牌趋于拟人化

数字化背景下,互联网平台的引入为市场供需双方搭建了整合信息的渠道,供需双方通过平台的智能匹配实现价值交换,这帮助品牌方从传统零售价值链中解放出来,绕开传统中介,与用户直接建立联系。但随着平台的不断发展,为持续获取用户的广泛流量关注,平台会依靠其优势地位要求品牌方让出部分利益给用户,形成再中介化现象。再中介化现象的出现大大减少了品牌之间的差异性,往往会通过在平台上展现价格优势来吸引用户以达成更多的交易并满足用户需求,品牌之间的竞争由于差异性带来的溢出效应的减弱而更多地转换为价格竞争,这让各品牌被迫陷入价格竞争的困境之中。

元宇宙能帮助品牌摆脱现有的营销困境。品牌在元宇宙世界中以具象化、拟人化的形象出现在用户面前,有助于打破平台再中介现状,不同品牌可以根据自身的品牌调性打造具有个性的虚拟身份形象,这提升了品牌之间的差异化程度,品牌溢价空间也会扩大,用户的关注重点由价格转向品牌,品牌的注意力也由价格竞争转向品牌竞争。

7.2.3 品牌互动亲密化

在数字营销时代,技术的发展使品牌可以通过互联网与用户建立联系,用户也可以通过平台或官网等渠道与品牌进行沟通,但两者的交流仍存在一定的阻隔,导致品牌与用户之间的互动并不总是顺利流畅的,品牌与用户之间仍有较长的一段距离,这样会让品牌难以把握用户的真实需求,甚至做出有偏差的预估,这对品牌来说是十分危险的。

在元宇宙时代的变革发展下,品牌与元宇宙中的用户可以直接、紧密、持续地交流互动,通过在虚拟世界中的交互帮助品牌直接触达现实用户,削减中间流程及环节,直截了当地通过虚拟身份传递品牌信息,同时在交互中获取用户真实需求的信息。

7.3 元宇宙品牌管理全过程

一般的品牌管理流程包括识别与确定品牌定位和价值、规划与执行品牌营销活动、评估与诠释品牌绩效,以及提升与维系品牌资产,下面我们将分别从这四个流程展开对元宇宙营销中品牌管理具体流程的详述。

7.3.1 识别与确定:品牌定位和价值

品牌定位是指设计企业的产品、服务以及形象,从而在目标用户的印象中占据独特的价值地位。而品牌价值是品牌管理要素中最为核心的部分,也是品牌区别于其他竞争品牌的重要标志,是品牌核心竞争力的重要体现。

7.3.1.1 打造品牌虚拟数字人

在元宇宙中,企业以人格化的方式来定位和经营自己的品牌将会是一个更优的选择。去中心化的元宇宙不仅是创造价值的互联网,也是个性和创意的进化社区。在以往的营销中,为了人格化自己的品牌,企业会采取真人偶像映射的方法。如1984年耐克签下了篮球运动员迈克尔·乔丹作为品牌代言人,这也是历史上最成功的体育营销之一。但在品牌与明星的合作中,品牌需要承担明星不可控的风险,当明星的形象崩塌时,可能会导致品牌受牵连,遭到抵制。相比之下,元宇宙时代的虚拟数字人的可控性、可塑性更强。

品牌虚拟数字人,即以虚拟替身形象出现的品牌画像,是品牌在元宇宙世界的虚拟映射,其造型以及"人设"均为品牌的理想化设计,代表着品牌意图向用户直接传达的第一印象。这就要求品牌虚拟数字人不仅需要具有高颜值和智慧,还需要拥有与其他品牌的差异化因素,即品牌虚拟数字人的个性。品牌个性是品牌具备的人类和组织特征,这些特征影响着用户对品牌产品、形象、使命和价值观的看法及印象,良好的品牌个性有利于提升用户的忠诚度、参与积极性及其购买意愿。而品牌虚拟数字人帮助品牌具象化品牌个性,让用户直观体验和感受品牌个性,强化对品牌的认知,从而建立品牌与用户之间的情感联系。品牌在打造自身虚拟数字人个性的过程中可以根据品牌服务定位、使命与价值观来进行,也可以从品牌个性框架入手,搭配不同的个性特点来进行完善。现有较为出名的品牌虚拟数字人有:东方彩妆品牌花西子打造的具有中国妆容和东方美的同名虚拟数字人"花西子"、欧莱雅集团全球首个品牌虚拟代言人——极具中国风的"M姐",以及肯德基打造的真人虚拟形象"桑德斯上校"等,它们均为品牌根据自身形象定位与个性打造的虚拟数字人。

7.3.1.2 与虚拟数字偶像合作

除了元宇宙世界中的品牌自有虚拟数字人,品牌想要深化自身在用户心目中的形象定位,也可以通过与外部虚拟数字偶像进行合作,经由虚拟数字偶像自有的庞大粉丝群体触达目标用户群体。这就需要品牌对元宇宙世界中热门的虚拟数字偶像进行筛选,选择与品牌定位更为相符且粉丝群体与品牌目标用户群体相匹配的虚拟数字代言人。例如时尚达人 AYAYI,是有着符合当代年轻人审美的外貌和酷飒穿搭风格与"人设"的超写实虚拟数字人,其在小红书上已有超过 10 万粉丝,在微博有超过 90 万粉丝。AYAYI 自亮相以来已与多个品牌如路易威登、安慕希、海尔、博柏利等达成合作,更是入职阿里,成为天猫超级品牌日的数字主理人。品牌以虚拟数字偶像形象与用户建立联系,将物化的品牌本身通过代言人人格化,让用户直接感知到品牌个性以及品牌定位,形成名牌效应,提升品牌知名度、用户忠诚度,深化品牌在目标用户群体心目中的形象感知,精准俘获目标用户心智。

7.3.1.3 设计品牌元宇宙专区

品牌建立的元宇宙专区是品牌通过沉浸式方式展现品牌定位、品牌调性的重要场景。在元宇宙世界中,用户强调沉浸式体验,因此用户体验及感官的丰富及真实性变得尤为重要,品牌元宇宙专区将极有可能成为用户对品牌的第一印象,品牌对于元宇宙专区的精心设计及独特打造也就在相当大程度上影响到用户对品牌定位的识别和确定。古驰在 The Sandbox 平台上购买虚拟土地并建造品牌与用户沟通的永久性元宇宙专区"古驰藏宝阁天地"(GUCCI Vault Land)就是一个很好的例子,古驰也因此成为第一个在 The Sandbox 虚拟世界中拥有专门用于互联网 3.0 产品布局的主流时尚品牌,意图通过新玩法、新形式实现古驰及其设计师与用户的交流互动。

7.3.2 规划与执行:品牌营销活动

7.3.2.1 品牌营销活动现存缺点

即使在元宇宙时代,品牌营销活动仍是品牌与用户互动的主要方式。品牌

营销活动是围绕品牌形象、信息传递和产品推广而设计和实施的一整套全渠道的用户触达和用户参与活动,通过广告、公关、赞助、合作、联名等整合营销的方式进行。

然而,由于品牌内容打磨策划的准备周期长、广告和媒体的投放需要时间、预算需要精心计划,因此品牌营销活动很难做到连续开展,时间上难以连续,空间上也无法全覆盖,同时,为了保证营销活动的精确开展,品牌往往将活动周期人为地划分为多个阶段,各阶段的营销目标及任务内容不同,这使品牌的营销活动存在非连续且不持续的缺点。

品牌营销活动的另外一个缺点是侵入性强。随着品牌对大数据分析工具的大量使用,平台会把品牌活动的广告和宣传限定在目标受众范围之内,只向感兴趣的人群推送品牌广告,这有可能会造成用户对频繁向他们推送内容价值不大的广告的品牌产生不耐烦甚至厌恶的感觉,无论是信息流广告还是贴片广告,都是对用户体验的侵入甚至阻断。

7.3.2.2 建立与用户的全时互动

为了改变品牌营销活动的不持续和侵入性强两大缺点,品牌正在改变与用户的互动方式,希望建立起与用户的实时互动。实时互动包含实时与互动两个因素,前者是在时间上即时同步数据,后者是实现双向的价值交换。全链路营销满足了前者,而品牌与用户的价值交换只依赖碎片化的营销活动是很难达成的。基于营销自动化的私域营销是对全链路营销的补充,可以弥补全链路营销在互动上的短板,帮助品牌搭建实时互动模式的营销框架。品牌会利用品牌账号以及用户管理平台把用户吸引到品牌私域场景中,然后通过营销自动化实现与用户的实时互动。

由实时互动到全时互动转换是指,在元宇宙时代,用户掌握了自己数据的主导权,由于品牌的非中心地位,获取用户数据变得尤为困难,品牌要想策划准确瞄准目标用户的营销活动、实现更为精准的营销,则需要使用更新的、可持续的方式来触达用户并与之建立有效的互动,也就是与用户进行全时互动。在全时互动场景下,用户可以实时地获得品牌的互动与服务,而品牌通过全时互动也同样能够实时地获取用户信息与需求,实现双向的价值交换。

7.3.2.3 做好用户体验管理

当用户开始了解元宇宙中可以提供的大量体验并且这些体验能越来越多地融入现实世界时,作为参与打造新体验的品牌,将有机会找到新的用户触点。品牌将不仅仅是被动地运用一种媒体形式或一种媒介,而是主动地参与并和用户一起创造新的体验。

在数字营销时代,很多企业已经通过使用数字技术工具长期实时监测用户在活动过程中的体验数据,包括很多投诉和评价数据,通过智能分析和可视化技术梳理每天产生的大量数据,能够帮助企业不断优化其用户体验管理,包括流程梳理、指标建设、数字化场景化的问卷触发、智能分析、智慧行动,帮助企业搭建完善的用户体验管理体系,形成体验数据与经营数据之间的闭环,提升企业的用户活跃度、产品复购率和品牌忠诚度。而在以沉浸式体验为主要特征的元宇宙营销中,对于用户的体验管理变得更为重要,同时,在品牌与用户共创新体验的过程中,了解用户的体验感受将成为改进优化新体验活动的关键前期工作,做好用户体验管理将成为品牌找到新消费触点、打造新体验的重要流程,是品牌在元宇宙营销竞争中获取优势的核心竞争力之一。

7.3.2.4 寻找创新营销节点

从传统营销到数字营销,再到元宇宙营销,营销的各个环节都有了升级和迭代。针对这一变化,我们要找准可升级的营销节点进行创新营销。虚拟数字人营销、体验营销、游戏化营销和价值营销是元宇宙技术之下,未来可见范围内可以大有创新的营销节点,如表 7.1 所示。

表 7.1 不同营销时代的营销特点

营销时代	互动主体	互动场景	互动形式	营销特点	营销方式
传统营销	现实中的人	线下渠道触点	以大众媒体的广告形式为主,用户被动接受品牌信息	• 触达范围受限 • 频率低 • 无法精准面向目标用户群体 • 投入产出比极低	• 饥饿营销 • 大批量投放广告 • 直接推销
数字营销	虚拟账号	多个数据孤岛化的网络平台生态	全链路软广+硬广的内容营销,用户作为品牌信息扩散及生产的节点	• 触达范围较广 • 频率较高 • 通过数据能精准面向目标及潜在用户群体 • 投入产出比较高	• 事件营销 • IP营销 • 节日营销 • 内容营销
元宇宙营销	数字分身、虚拟数字人、人工智能	虚拟与现实交融的统一开放空间——元宇宙世界	用户同样作为品牌内容生产者,参与品牌内容的生产和设计	• 触达范围极广,全域营销 • 全时互动 • 目标用户主动与品牌沟通互动 • 投入产出比极高	• 虚拟数字人营销 • 体验营销 • 游戏化营销 • 价值营销

7.3.3 评估与诠释:品牌绩效

美国市场营销协会对营销的定义是:通过创造、沟通与交换产品,为顾客、客户、合作伙伴以及社会带来经济价值的活动、过程和体系。这明确了营销的目标:创造并交换价值。

如今品牌衡量一场营销活动是否成功,重点看的是用户的参与程度和分享倾向,具体通过点赞、评论和转发的数据进行衡量。有些企业认为营销目标就是用户增长和销售转化,并且强调品牌营销和实效营销的不同作用,但是品牌应该认识到销售目标并不等同于营销目标,销售目标的达成是成功营销和社交货币累积的自然结果,用销售目标来作为营销目标会让品牌在营销工作中误入歧途,偏离营销最初的价值核心。在传统营销和数字营销时代,营销目标被局限在业务增长和销量提升这两个原本属于销售的目标上,而丢掉了最重要的价值交换因素,脱离价值交换的品牌营销是不可持续的,脱离用户的品牌营销并不是行之有效的。

在元宇宙营销中,营销将重新找回被丢掉的角色和目标。元宇宙之所以被称为有价值的互联网,主要原因有三:一是元宇宙中的一切生产要素和资产要素都是价值的载体;二是元宇宙中生产要素和资产要素的价值可量化、可确权;三是元宇宙要素的价值在元宇宙中互认互通。元宇宙是承载价值并以价值交换为基础的互联网,能够在品牌与用户之间搭建价值交换的桥梁。在元宇宙时代,品牌绩效不应再仅仅以品牌溢价额、市场占有率、品牌知名度、美誉度、联想度及忠诚度等作为评估指标,而应当将关键的价值交换因素也纳入考虑。

7.3.4 提升与维系:品牌资产

随着品牌在商业战略中发挥重要的作用,学者们随后引入品牌资产的概念,将其作为一种理解品牌如何比通常获得的产品或服务本身更多地增加利润和忠诚度的形式。凯文·莱恩·凯勒进一步提出了基于顾客的品牌资产(Customer-Based Brand Equity)的概念,即品牌资产是顾客心智中关于品牌的所有知识。

7.3.4.1 品牌资产源于价值创造

在元宇宙世界中,品牌资产的形成源于品牌的价值创造。品牌营销需要为用户创造什么价值? 除了 NFT,企业还可以在营销中创造用户的参与价值、互动价值与交易价值。企业需要考虑这些价值将如何进行转化,并且打通用户在现实世界中的权益。在元宇宙中,品牌的成功从传递意义和创造价值开始。品牌需要利用丰富和身临其境的体验,探索新的商业模式,同用户和社区共同创

造和分享价值,共建品牌价值资产。

7.3.4.2 价值创造的去中心化

价值创造的去中心化意味着品牌需要为其目标用户量身定制虚拟体验和数字商品,引起用户共鸣,以提高用户参与度。在价值创造过程中,品牌要逐渐学会放弃绝对的控制权和主导权,把用户和社区融入价值创造过程中。价值创造的多样性和深度的用户参与,是元宇宙价值创造去中心化的核心和基础。品牌需要以开放和包容的心态去构建自身的价值体系,通过虚拟社区与用户开展紧密协作,这样才能与用户共享社区的繁荣与长久的价值。

案例 7.1

XLAND METAVERSE 的用户共创

XLAND METAVERSE 是一家专攻互联网 3.0 的区块链科技企业,自成立以来,已提出诸多有关数字身份、隐私安全、资产所有权、去中心化应用和可组合性区块链技术的创新理念,积极推动元宇宙和 NFT 领域向前发展。

为了达到"创造价值"这一目的,该企业推出了其元宇宙产品——XRUN,即以运动为入口,将现实行为转化为数字内容,进而形成成熟的"云"上运动社区。通过不断创造新内容的社区,丰富整个应用程序内容的同时,赋予相应价值的 NFT 应用道具。该企业已经发展出一个具备输出内容—创造内容—升级内容良性循环的虚拟空间。用户可以在这个"云"上运动社区中找到同好,也可以在创造内容时获得价值,打造、丰富属于自己的数字世界。在不断地交互、内容创造与玩法升级中,用户在这个虚拟世界里,通过与现实世界相似的生活和娱乐体验,将享受到等同于甚至高于现实世界的精神满足感。

XRUN 通过各类激励玩法,鼓励用户走出家门,记录运动轨迹,并将这些信息上传至元宇宙空间,它们将成为用户从现实世界进入虚拟世界的"第一块砖"。同时，上传与创造的内容也成为虚拟世界网络的组成部分，社区应运而生。未来，XRUN将以社区为起点，打造"NFT运动鞋"经济，围绕用户的现实生活习惯，用各类激励玩法，鼓励他们参与到内容与价值创造中来。

资料来源：改编自《"建造"元宇宙世界，用户创造价值是关键》，https://www.163.com/dy/article/HLIPL2D00552B8I5.html，2023年9月4日访问。

7.4 元宇宙品牌社群大不同

7.4.1 品牌社群的内涵

品牌社群是一种不受地域限制的由用户、企业营销人员、品牌和产品等组成的社会关系网络。根据社群内成员交流方式的不同，可以将其分为实体品牌社群和虚拟品牌社群。实体品牌社群成员之间通过在现实场景中开展品牌活动、召集聚会等方式进行面对面交流；而虚拟品牌社群是基于虚拟网络环境形成的品牌社群，成员之间的交流可以在虚拟空间中得到实现。

随着数字技术的不断发展，品牌社群在不同的时代背景下有着较明显的差异，表7.2是品牌社群在传统营销时代、数字营销时代以及元宇宙时代的多方面的对比。

表7.2 不同营销时代下品牌社群多方面的差异对比

对比项	传统品牌社群	数字品牌社群	元宇宙品牌社群
社群规模	小	大	更大
社群成员交互方式	面对面交流	突破交互的跨地域限制，实现在虚拟网络上的数字交互，以文字、表情、图像、视频为主	虚实交融，360°全方位多感官的沉浸式交互

（续表）

对比项	传统品牌社群	数字品牌社群	元宇宙品牌社群
社群成员交互度	低	高	极高
价值创造模式	品牌向用户单向的价值输出模式	打破品牌与社群在价值创造环节中彼此独立的状态，逐渐形成双向价值提供，向价值共创推进	为品牌与社群价值共创提供了极大的便利，充分营造了价值共创的环境氛围
社群用户体验感	一般	高	极高
技术使用程度	低	中	高
应用范围	仅限于少数高端品牌	普适于不同层次的品牌	普遍存在于不同层次的品牌

7.4.2 品牌社群的成因

根据品牌社群影响用户品牌忠诚模型，其是对元宇宙中的品牌社群的组织形成机理和全过程以及社群成员的演变趋势进行阐明，并通过品牌案例进一步帮助说明其在这个过程中对用户品牌忠诚的影响作用，其中主要包括用户个体-品牌星簇聚合、社会资本对品牌忠诚的影响、社群体验对品牌忠诚的影响以及工具性忠诚向终极性忠诚的转换这四个部分。

7.4.2.1 个体用户的互动网络

品牌星簇，指在品牌社群的大群体中，部分社群成员因相似性、关系的亲近和价值观的一致等而形成的亚小群体。如果品牌社群是一个价值星系，那么其中的亚小群体就是不同的品牌星簇，这就构成了围绕品牌的社会关系网络。对于独立的用户个体来说，他们会自然而然地因为共同的兴趣爱好、共同的价值观念、共同的品牌偏好等而互相认识、熟悉，从而形成品牌星簇，这体现了用户个体对品牌社群文化、精神的认同,反过来,品牌星簇的形成和其中的互动也会影响用户个体的态度和行为。

案例 7.2

Nikeland 的个性化用户体验

2021年,耐克与罗布乐思平台开展合作,在元宇宙虚拟世界推出 Nike-Land——用户与品牌进行交流的场所。用户既可以在 Nikeland 中玩游戏并为自己的虚拟化身配备虚拟耐克产品,也可以在其中定制自己的数字藏品空间。用户在 Nikeland 打造的虚拟形象并不局限于这个平台,其还可以在罗布乐思游戏世界中出现。

耐克在元宇宙世界中搭建自己的品牌区域,独立的游戏用户会因为对耐克的共同偏好、对罗布乐思游戏的共同喜好、对元宇宙价值观的认同等而相聚在其中,形成品牌星簇。虚拟化身之间以及其与品牌之间的互动会影响到现实用户的消费行为、态度。元宇宙中的新玩法吸引着更多社群成员加入与自身匹配的亚小群体,形成社群内关系网络。

资料来源:改编自《万物皆可元宇宙?耐克和戴森也来"蹭热点"》,https://baijiahao.baidu.com/s?id=1716828987407762608&wfr=spider&for=pc,2023年9月4日访问。

7.4.2.2 社会资本促进成员信任

用户个体逐渐聚合成品牌星簇的同时,社会资本得以形成。从品牌社群社会资本的结构层次来说,品牌星簇内部会因用户个体对品牌热爱程度等方面的差异而形成不同的等级结构,由此形成品牌社群网络结构。它决定了社群成员彼此互动以及相互作用的方式。品牌社群社会资本的关系层次则表现在社群成员之间建立的社会关系和由此形成的关系法则上,社群成员会在长期互动中

形成友谊,这是社会关系的建立,而由此逐渐形成的关系法则会深刻影响社群成员的态度和行为意愿。社群成员基于彼此之间的信任,共同创造了内部交流语言并形成与外群体区分的符号标识,这构成了品牌社群社会资本的认知层次。上述三个层次会给社群成员带来信息以及情感支持方面的价值,这使成员愿意持续参与品牌社群的互动及活动,同时产生对品牌社群运行及发展的支持与承诺,进一步地,由于经济利益和社会利益,用户会产生对品牌的工具性忠诚。

案例 7.3

泡泡玛特虚拟潮玩周

2022年,泡泡玛特举办了为期5日的虚拟潮玩艺术周,潮玩爱好者们相聚在泡泡玛特打造的虚拟世界中,看展品、做任务、购买喜欢的产品。在虚拟潮玩艺术周里,有四个各具特色的展区,展出了多个限量作品,包括星际莫莉(SPACE MOLLY)珍藏系列等稀缺展品。用户可以通过在虚拟世界中打卡做任务获得能量值,兑换宝箱,获得相应的赠品。活动期间,在线用户每天都会获得官方发放的福利。

在泡泡玛特虚拟潮玩艺术周中,参与活动的潮玩爱好者大多为泡泡玛特品牌社群成员,他们相互之间有着社会信任,具有社会资本。在品牌社群中,成员能够获得品牌产品信息(如泡泡玛特系列稀缺展品、活动举办信息、泡泡玛特生日活动等)以及社群成员的情感支持(如打卡做任务的乐趣、对成员看法和观点的赞成等),这些价值让成员愿意留在品牌社群之中,形成对品牌的工具性忠诚。

资料来源:改编自《泡泡玛特首次举办虚拟潮玩艺术周,沉浸式潮玩展引领行业风潮》,https://new.qq.com/rain/a/20221217A052BC00,2023年9月4日访问。

7.4.2.3 社群体验激发品牌忠诚

品牌社群体验可划分为娱乐体验、传教体验、沉浸体验、审美体验和超然体验五个方面,这五个方面对用户影响的强度和持久性各不相同,其中超然体验的作用最为显著,具有深刻性和持久性,指的是用户获得的沉浸和巅峰体验,如与世俗分离及与外界产生"天人合一"等感觉。品牌社群中的消费体验能够增强社群成员与产品、活动、品牌、其他用户和社群的关系,促使成员对产品、品牌等产生情感上的依恋,由此激发其终极性品牌忠诚。

案例 7.4

彪马的沉浸式社区体验

社群体验中特别提到的超然体验与元宇宙中为用户营造的沉浸式体验颇为契合,元宇宙能为用户打造虚实交融的沉浸式效果,形成强烈的情感共鸣,为用户带来深刻持久的愉悦体验。以运动品牌彪马为例,其与 Wonder Works 工作室联合在罗布乐思游戏平台上推出沉浸式运动体验程序"PUMA and the Land of Games"(彪马和游戏王国),在该程序中,丰富的趣味体育游戏和互动训练体验能够激发用户内心对于运动的热爱,身临其境地感受到成为一名彪马签约运动员的乐趣,在活动参与过程中将愉悦感转移到彪马品牌上,形成对品牌的情感依恋,逐渐激发出对品牌的终极性忠诚。

资料来源:改编自《"彪马和游戏王国":彪马粉丝可在 Roblox 上的新虚拟之地进行交流和竞赛》,https://www.businesswire.com/news/home/20220523005618/zh-CN/,2023 年 9 月 4 日访问。

7.4.2.4 社群成员趋向核心发展

品牌社群中成员的品牌忠诚从工具性忠诚到终极性忠诚的转换具有一个

过程,表现为成员从新成员向老成员的发展过程,从社群外围向核心进入的过程。最初新成员在社群外围,受到其他社群成员行为和态度的影响,在社群活动参与以及品牌产品体验过程中,进一步了解到品牌历史、品牌文化、品牌故事等,从而加深了对社群的认知,更加积极地参与到社群活动之中,逐渐由外围向核心发展。新成员向老成员发展,最开始因工具性而产生的品牌忠诚也因为社群认同的产生以及产品消费体验的获得而向终极性忠诚转变。

案例 7.5

L.O.L. 联合罗布乐思打造惊喜派对

罗布乐思自称元宇宙的领军者,类似于沙盒,不仅允许用户参与游戏,还能让他们开发自己的游戏。全球已经有超过两百万人加入了罗布乐思的开发者社区,共同创造了数以百万计的场景和体验,供玩家与朋友一同探索、聊天和互动。据称,美国16岁以下的儿童中有一半以上都玩过罗布乐思的游戏。

罗布乐思曾与玩具品牌L.O.L.合作,为其创作了一款体验式游戏,即L.O.L.联名罗布乐思的惊喜派对。在这款游戏中,用户可以与游戏中的角色成为朋友,而不仅仅是简单地玩玩具。粉丝们通过参与L.O.L.的惊喜派对,深入了解了玩具的特性,更好地享受了该品牌带来的乐趣。同时,用户还能够参与L.O.L的元宇宙社群中,分享自己的使用体验。根据罗布乐思提供的数据,每位玩家在L.O.L.的官方惊喜派对中的平均游戏时长为15分钟,为品牌带来了很大的曝光度和显著的推广效果。

资料来源:改编自《深度|元宇宙第一个Roblox的历程、模式与未来》,https://baijiahao.baidu.com/s?id=1744412972003142907&wfr=spider&for=pc,2023年9月4日访问。

7.4.3 品牌社群管理

品牌社群是品牌了解用户的重要渠道之一，同时也是品牌提高用户忠诚度的重要阵地，由此，品牌需要重视社群的建设。同时，不同于以上通过社群组织内部的研究探讨对品牌忠诚的影响，本小节希望通过将社群视为一个整体环境，展开其对品牌忠诚影响的另一个角度的分析，主要关注社群氛围可以通过品牌社群认同对品牌忠诚产生作用和影响，为品牌在社群建设中提供新的管理启示。

7.4.3.1 品牌社群氛围

氛围是个体对所在环境特质要素的感知，涉及个体对周围环境和一般社会情感状态的感受。由此将品牌社群氛围定义为品牌社群成员通过参与社群事件、活动和程序形成对这些社群环境特质要素的感知。而虚拟品牌社群氛围即在品牌社群氛围基础上加入了虚拟环境这个元素，其概念同样适用于元宇宙环境。虚拟品牌社群氛围可以划分为奖励、共享、支持和创新，而在这几个层次中，奖励和共享的社群氛围能够通过品牌社群认知认同正向影响品牌忠诚，支持和创新的社群氛围则通过品牌社群情感认同正向影响品牌忠诚，社群氛围的具体表现及其在元宇宙中的举例在后文中有较为详细和清晰的展示。

7.4.3.2 品牌社群认同

品牌社群认同属于品牌社群关系之中的重要板块，指的是用户将自己视为品牌社群的一部分，社群成员认可社群的传统、规范、习惯和目标。可以将品牌社群认同划分为品牌社群认知认同和品牌社群情感认同。对于品牌社群认同的形成，有学者从实例中将其提炼为四个方面：身份认知、社群情感、积极评价和用户行为，并将其影响因素归纳为九类：产品评价、民族意识、社群领袖、社区氛围、品牌认同、消费体验、用户改变、消费过程、售后服务以及品牌传播，以帮助我们更好地理解品牌社群认同。

7.4.4 打造品牌社区

7.4.4.1 注重品牌社群氛围的建设

企业关注品牌社群氛围的建设有利于用户形成社群认同,从而进一步形成对品牌的忠诚。因此,企业应当尽可能地在品牌社群中营造出奖励、共享、支持、创新的社群氛围。元宇宙中的品牌案例具体如表7.3所示。

表7.3 元宇宙中品牌建设社群氛围的具体案例

社群氛围	主要表现	品牌案例
奖励	物质和精神上的回报	《行尸走肉》游戏举办了让参与者从头开始创建游戏的游戏研发马拉松(Game Jam)活动,游戏的粉丝参与活动能获得 The Sandbox 的加密货币以及房地产 NFT
共享	信息获取和信息贡献	美国街头品牌 Vans(万斯)通过 Vans World(万斯元宇宙世界)与目标受众建立联系,Vans World 是罗布乐思上的一个滑板公园,玩家在那里可以学到滑板的新技巧
支持	其他成员对自己境遇的关心和帮助的意愿及行为	基础技术支撑用户的实时互动,百度希壤打造万人级别的真实声效还原,用户能够享受到10万人会场内身临其境的沉浸式音视觉效果并进行交互
创新	产品和服务的创新激发社群成员的积极投入	罗布乐思平台允许用户创造自己的体验,用户可以通过平台进行游戏开发,创作出自己的游戏作品,为平台提供高质量内容,并为平台用户持续提供新的游戏体验

7.4.4.2 重视培育用户的社群认同

社群认同能够直接影响用户的品牌忠诚。企业应当重视对用户社群认同的培育,主要可以从认知和情感两方面进行,让用户认识到自己是社群中的一员,同时促使其形成对品牌社群积极、正面的情感,由此形成对品牌的忠诚。

7.4.4.3 打造更高层次的体验

价值即体验,用户不仅满足于产品或服务中的功能性价值,还对社会价值和享乐价值等高附加的虚拟价值有着更高的追求。品牌应着力在用户价值体验上下功夫，尤其在以营造强沉浸感体验为特点的元宇宙中，品牌需结合平台的特点和优势为用户提供更高层次的体验。

腾讯音乐旗下首个虚拟音乐社交平台 TMELAND 联合百事可乐等，打造了一场"潮音梦境音乐派对——百事可乐沉浸式虚拟音乐演出"，这场音乐派对给予用户们充满科技感的视听体验。在这场合作中，百事得到有效的宣发，吸引了更多年轻用户，进一步壮大并巩固品牌社群，结合腾讯虚拟音乐嘉年华视听优势打造的能够产生更高层次体验的活动充分满足了用户高附加值的虚拟价值需求。

7.4.5 品牌社群中的价值共创

品牌社群价值共创是品牌与用户进行互动，共同优化产品或服务体验的过程。不同于传统营销时代下品牌向社群的单向价值输出模式，现今及未来的品牌价值创造模式会朝向品牌与用户价值共创且品牌创造体验的环节发展。在元宇宙世界中，技术的发展直接拉近了用户与品牌之间的距离，交互近乎还原面对面交流的场景，这为二者共同创造价值提供了技术便利。由此，价值共创将广泛存在于品牌与用户的交互之中，品牌仅仅需要为用户提供创作环境、辅助用户实现自主创作，价值共创变成了低成本、可轻易实现的价值创造方式，品牌可以从中获得用户的想法，从而不断优化产品与服务体验。

在品牌社群中，数字平台、意见领袖和追随者是关键的行动者，他们共同创造了价值。数字平台是提供资源和制度基础的主体，包括数字中台、互动工具、供应链、激励机制、品类战略和文化底蕴。意见领袖通过整合、开发和界定数字平台的资源，将其转化为精神体验，并体现在个性化服务、人格魅力、专业素养、经验分享和风险保障等方面。追随者是忠实用户，信任和崇拜意见领袖，起到

营造氛围、传播口碑和分享经验的作用。数字平台、意见领袖和追随者分别通过提供价值、界定价值和升华价值，参与到用户的体验创造中，共同创造价值。他们在热情慷慨、口碑传播、营造氛围和经验分享等方面发挥主要作用，扩大了品牌社群的影响范围并提升了其价值。

综合案例

品牌元宇宙展会新助手：积木易搭 3D 云展

当前，国内部分线上 3D 云展会的技术服务商的技术已经能够满足元宇宙时代的品牌营销需求。以国内领先的 3D 数字化解决方案提供商积木易搭为例，积木易搭结合元宇宙时代的品牌营销特征，为企业打造全场景智能线上触点的沉浸式线上展厅，满足企业构建自有品牌的需求，抢占元宇宙时代的品牌营销先机。目前，积木易搭累计已为超过 25 000 家企业提供 3D 数字化服务，平台 3D 数字展厅案例库浏览量已超 3 300 万。

拆解积木易搭对于企业 3D 云展会的技术实现方式，其关键在于为企业提供了一套标准化的 3D 云上展会系统——3D 云展。积木易搭 3D 云展通过"3D 云展厅+3D 云展会软件即服务（SaaS）系统"结合的方式，提供批量级展厅及服务，让企业拥有一个独立、统一、可控制的云上展会管理平台，自行掌握展会运行节奏，用最低的成本、最大化地满足企业线上展会需求。

积木易搭 3D 云展提供了"一个系统、两个平台"的 3D 云展会软件即服务系统。这套软件即服务系统包括展商展陈管理前端操作平台以及企业运营管理后台，使企业具备账号管理、展厅资源管理、展厅模板管理、营销素材管理、数据统计等功能，在线上展厅内能够独立对其展销活动的主题、标识、展示内容等进行无限次创意设计，对自身常规展会展销活动进行有效管理，提高办展效率，实现品牌线上营销展示自主化、生产运营自助化。企业通过积木易搭提供的

3D云展会软件即服务系统搭建一个线上品牌展厅,就相当于拥有了一个3D版的"微官网"。

具体而言,利用积木易搭的3D云展会软件即服务系统搭建的企业3D云上展厅具有沉浸式、多连接、品牌化、低成本、高效率等特性,能够充分满足企业在元宇宙时代创建自有品牌的需求。

资料来源:根据积木易搭官网资料改编。

第 8 章
元宇宙引领品牌沟通

在这个充满幻想并急速迭代的数字孪生时代,中国首个未来化、国际化、时尚化、高品位、社会型的元宇宙城市——元邦,于 2022 年 11 月正式上线。元邦是由 Meta Media 超媒体控股和百度希壤与 Baidu.Venture 百度风投合资打造的元宇宙城市虚拟现实交互的平台。这是一个真正将艺术、文化、设计、时尚与科技深度融合的超现实虚拟城市,是一个集理想主义、未来主义和浪漫主义于一体的沉浸式数字桃花源,同时它也将落地实体空间,实现虚拟与现实交互的元宇宙终极体验。

元邦创始人、Meta Media 超媒体控股创始人暨董事会主席、首席执行官邵忠开创了以科技为经纬、以创意与内容生产为版图的元宇宙商业模式,汇聚国内外一线创意工作者与顶级品牌资源,力图将元邦打造成超一流的全域创意数字协作平台。元邦的远景目标是建设成为元宇宙的智慧创意虚拟城市,一个"马赛克社会"和"社区自治联盟"的乌托邦式的创意和生活方式平台,实现从创意经济到创意社会的转变,打造一块创意阶层的新梦想之地。

百度副总裁马杰领导的百度希壤开发团队肩负着元邦的程序开发与大世界建设的重任,并将为元邦未来的发展提供持续的技术保障。百度于 2021 年正式发布首个国产元宇宙产品——希壤,基于百度大脑在智能视觉、智能语音、自然语义理解、知识图谱的领先能力和百度智能云的强大算力,百度希壤旨在为行业提供云智一体的元宇宙基础设施平台,各行各业都可以基于百度希壤独立元宇宙能力底座(MetaStack)的一站式基础能力,快速构建自己独立的元宇宙应用软件。而基于百度希壤元宇宙世界莫比乌斯环的独特几何结构,未来,元邦与百度希壤首座创造者城市(Creator City)之间将设有联通的轨道,用户可在两座城市中自由穿梭。

当前,百度希壤向我们展示了元宇宙品牌沟通的范例,元宇宙作为品牌与企业同用户沟通的新媒介,智能技术的支持、沉浸感的互动体验,以及用户在虚拟空间里新身份的打造与自由创造的空间都是不可缺少的。

8.1 品牌沟通的元创新

品牌想要在元宇宙中实现与用户的沟通,离不开元宇宙技术。但除此之外,想要依托技术实现创新,品牌还需要打造出专属的 NFT 产品、营造与用户共创的氛围,并构建身临其境的虚拟场景。

8.1.1 品牌沟通中的元宇宙技术

针对数字分身的特殊性,现代营销方式与手段始终以品牌为中心、以产品为驱动,这可能并不适用于元宇宙世界中品牌与用户的数字分身建立信任感与情感连接。对此,品牌沟通应当主动适配元宇宙的世界观与价值观,品牌不应仅仅是元宇宙的赞助商和广告主,也应该是元宇宙的参与者和建设者。品牌可以通过虚拟数字人来完成触达用户内心、参与和用户的互动、建设品牌社区等任务。最主要的是,品牌可以通过虚拟数字人实现与用户自然真实的沟通,这是品牌与用户之间建立信任和情感纽带的有效方式。品牌理想的虚拟数字人还应当具备强大、智能的情感沟通能力,对不同的用户能有差异地进行沟通,实现个性化及人性化交流,满足用户交互心理。

元宇宙世界是搭建在虚拟现实和增强现实技术基础之上的。虚拟现实和增强现实技术是人们获取沉浸式全新体验的关键,由此,以技术为基础、以体验为驱动很好地展现出元宇宙营销不同于数字营销的特点,未来的虚拟现实及增强现实技术还将持续为品牌营销赋能。在品牌沟通方面,虚拟现实和增强现实技术营造的沉浸式交互场景为品牌提供直接触达目标用户并开展自然且充分沟通的机会,价值交换的方式也变得有效可见,品牌通过技术为用户优化产品及服务体验,用户向品牌提供新的创意,极大地提升了品牌的沟通能力和效果。

8.1.2 拥有数字货币的虚拟身份

8.1.2.1 虚拟身份

用户的数字分身是用户在虚拟世界的化身,虽然是虚拟的身份,但其行为及表现是现实用户的自我表达,也就是说,其本身既是用户实际画像的虚拟映射,也是用户理想形象的虚拟化表达。

在数字营销时代,品牌往往通过挖掘和收集用户数据以获取用户特征及行为画像来对其进行更精准的营销,但随着隐私保护相关法律的持续完善以及各大平台"数据孤岛"现象的形成,前链路数据日益封闭,后链路数据复杂难测,这为品牌意图获取可靠的用户数据以绘制用户画像带来巨大的挑战。对此,品牌在公域将目标群体引流至私域,以搭建社群、社区的方式了解用户的需求,或促进品牌平台化,以多样化的交互触达用户群体,而不用通过其他平台,这样收集到的用户数据多样且可靠。但这种解决方案仍不成熟,效果也不理想,触及的目标用户群体也较局限、不够全面,且由于用户存在真实身份外露的顾忌,其表达必然有所保留,有效的数据量远远不足。

而在元宇宙时代,数字分身的出现则为品牌接近用户、了解用户提供了直接的通道。品牌通过用户数字分身的交互行为及形象特征便可总结分析出其背后的用户画像,而数字分身由于元宇宙的去中心化以及较高的隐私保护性能很好地帮助用户展现最真实的自我。品牌获取数字分身的画像等信息能让品牌营销更有效地击中目标用户群体的内心想法、产生共鸣;但不可忽视的是,数字分身与现实用户之间存在一定的差距,数字分身是用户在虚拟世界理想化或者极端化的表达,如果品牌仅仅获取数字分身的画像,并将其运用到精准营销中必定会造成较大的预测失误,这就需要品牌采取措施,透过数字分身来分辨目标用户群体的真正画像。

8.1.2.2 数字货币

在价值交换过程中,NFT 的产生为价值交换赋能。作为元宇宙虚拟商品的主要形式,NFT 是品牌与用户价值交换的主要载体,由于其唯一性、稀缺性,以及创意价值和品牌价值,NFT 存在较高的使用价值和交换价值。品牌通过创意设计提升 NFT 的创意价值以及通过注入品牌元素提升 NFT 的品牌价值这两种方式,有助于打造其核心竞争力,获取元宇宙用户的广泛关注以及青睐,产生更强的与品牌进行价值交换的意愿,品牌由此而获益。2021 年,博柏利宣布与总部位于洛杉矶的游戏公司 Mythical Games 合作,在其游戏 *Blankos Block Party* 中推出限量版的 NFT 虚拟公仔,并在洛杉矶举行的 2021 电子娱乐展(Electronic Entertainment Expo)上亮相。该款 NFT 虚拟公仔是一个名为 Sharky B(小鲨鱼 B)的鲨鱼角色。这款虚拟形象身着"TB"专属标识的全新服饰,以动物王国系列为设计灵感。Sharky B 还能接受训练,掌握各项能力,包括提升速度与敏捷度。它同时也是一款 NFT 产品,可以在 *Blankos Block Party* 游戏的市场上购买、升级和出售。另外,博柏利还推出了自有品牌的游戏 NFT 配件,包括喷射背包、臂章与泳池鞋,玩家可将这些配件装备在自己的角色身上。

8.1.3 用户想象力发挥共创作用

8.1.3.1 品牌交互有更多想象

元宇宙世界以虚拟世界为主,由此增加了品牌互动的可能性以及活动设计的丰富性,较少受到现实因素的限制,具有极为广阔的想象空间,这也为品牌设计元宇宙营销的互动过程提供了创新工具。必须注意的是,起源于游戏的元宇宙天生带有游戏娱乐性质,由此品牌的游戏化体验也将是其互动的重要形式。品牌通过游戏化方式能更好地与用户进行自然的沟通互动,从用户频繁的行为中深入了解其心理。

8.1.3.2 品牌用户价值创造

在数字营销时代,品牌早早地关注到用户的创造能力,通过数字化技术品牌能够实现大规模定制的生产模式以满足用户的个性化需求,但这仅仅停留在产品的部分个性化层面,且产品生产仍由品牌所掌控,这种创造是有限制的,而元宇宙中提供的虚拟商品才是真正满足用户个性化需求的解决方案。元宇宙世界的核心是价值共创,这是元宇宙存在的意义及可持续发展的动力。用户在元宇宙中可以自行创造符合自己需求的产品,而品牌需要为此提供应有的场景以及设计工具,最大限度地为用户进行价值创造提供便利。

与如今的品牌营销方式不同的是,元宇宙中去中心化后的品牌不再处于价值流传递的中心主导地位,不再是由品牌向用户群体的单向价值输出(或者仅存在用户反哺于品牌的少量价值输入),而是品牌与用户之间双向的价值传递,相反,品牌元宇宙营销还需要更多地依赖用户的共创价值,实现体验最佳和价值最大化。

品牌必须充分发挥用户的主观能动性,重视用户的众创作用,与用户群体紧密联系在一起,为增强用户体验、赋能价值交换做出共同努力,搭建出一个共创共生的元宇宙品牌生态,促进自身健康持续地发展。

8.1.4 打造可持续实时互动的场景

8.1.4.1 品牌可持续实时互动

实时互动是指品牌基于对用户的理解提供具有相关性和个性化的信息,以促进用户和品牌之间产生更深层次的联系的过程,即品牌在合适的时间把合适的内容和价值,通过合适的渠道,传递给合适的人。全时互动是指品牌持续性的实时互动。实时互动和全时互动更侧重建立品牌与用户的可持续互动,是通过渠道的相关性、内容的个性化以及互动的有效性来实现的。

在元宇宙世界,用户掌握了自己数据的主导权,品牌难以通过元宇宙世界的搭建方来获取用户数据,因此品牌需要采用更新的、可持续的方式来触达用户并与之建立有效的互动,也就是与用户进行全时互动,以此获取目标用户的相关特征和主要信息。全时互动具有以下两个主要特征:一是用户主导,在元宇宙这一用户主导的场景下,与现在营销中普遍存在的品牌主动去联系用户的情况不同的是,用户会希望自己主动去访问品牌官方渠道,并且第一时间得到个性化服务,获得一次顺利且愉快的购物体验;二是预测性反馈,品牌需要转变获得用户反馈的方式,不应再以用户的历史数据作为依据对其进行消费决策诱导或"杀熟",而应通过预测性推荐,让用户自己选择和匹配符合自身需求的产品。

8.1.4.2 品牌互动场景

进入元宇宙后,品牌需要在游戏、社交、购物和活动场景中找到适合自己的互动场景。

对于游戏场景,元宇宙游戏被称为元宇宙的雏形,这是因为游戏世界突破了现实的奇妙幻想,用户天马行空的创意、创造均与元宇宙的世界观和价值观

颇为契合,元宇宙世界中更为宏大的想象在元宇宙游戏中最先得以实现。在元宇宙的游戏场景下,品牌可以利用游戏化营销方式与用户进行全时互动。

对于社交场景,用户通过数字分身在元宇宙中可以获得沉浸式的活动体验,这也会把其愉悦体验传达给现实用户,用户甚至能与现实好友在元宇宙发展"社交第二空间",真正意义上打破时间、空间的距离。结合游戏与社交,社交不再局限于聊天和逛街的传统模式,游戏化社交平台带来了社交新模式:在具有建设性的互动中获得快乐和满足。

对于购物场景,强体验的场景化购物正在改变线上和线下的商业形态,品牌主要用户群体在虚拟世界中购物的习惯正在形成,元宇宙为品牌的商业模式创新和品牌价值创造提供了新的可能性。将游戏化融入购物场景中,品牌能在元宇宙中打造与用户和社区互动的新方式——游戏购物平台。

品牌在元宇宙中想要与用户建立联系,就应当探索如何在元宇宙中构建能与用户全时互动的永久性品牌专区。元宇宙世界中,活动场景进一步拓展,每个元宇宙世界都可以是营销场景,品牌应挖掘符合其调性的、适合进入的实时互动场景。可以学习的现有案例是,各大知名品牌,如耐克、三星、沃尔玛等陆续入驻罗布乐思平台,通过打造虚拟数字乐园创新游戏玩法体验、建造用户社交区域、丰富购买场景等多种形式与用户进行全时互动。

品牌还可以尝试由被动转向主动,提供自由布景等多样化的功能或工具,为用户提出新想法、自主打造新活动提供创作工具、成长资源与孵化计划等,搭建起品牌私有化的元宇宙互动场景。当然,品牌元宇宙专区以及互动场景的建造与设计离不开用户的参与。

8.1.5 构建沉浸式交互体验

用户从进入元宇宙起就能通过数字分身在虚拟世界开启沉浸式体验,品牌为用户专门打造的互动场景可以让用户沉浸在品牌世界中,时刻接收到品牌传递的知识与信息,而增强现实与虚拟现实技术的应用更是大大强化了用户的沉浸式体验感,使虚拟世界中数字分身获得的全新体验传递到现实用户身上,实现数字分身与现实用户共体同感,品牌沟通也更为直接真实。

8.2 元宇宙品牌也要有人格

2021年,彩妆品牌花西子正式对外公布了品牌虚拟形象——"花西子"。她是花西子在百年品牌愿景下推出的一个关键性人物,也是花西子品牌人格化道路上的一个重要的里程碑。

花西子虚拟数字人,是在二维原画形象设定的基础上创作的三维超写实人物。其制作团队的阵容堪称豪华,由中外数字技术团队通力协作,采用影视级制作方式,共同合作打造出这个超写实虚拟数字人。与打造普通的虚拟数字人相比,打造超写实虚拟数字人投入的资金更多,耗费的时间更长。从皮肤的纹路、表情、毛孔到发丝,"花西子"都无限趋近真人,而这些超写实特征,让"花西子"得以呈现多变与精致的中国妆容效果。据介绍,"花西子"的策划和制作几经斟酌与优化。其实早在2020年6月,花西子在推出品牌同名曲时,就已经开始策划并制作虚拟数字人。历时一年多,花西子虚拟数字人才正式上线。

此外,既然"花西子"是花西子的品牌人格化展现,那么她必然是一个"养成系"的人物。未来,"花西子"将会被动态地赋予更丰富的人格、思想、行为和价值观,成为花西子与用户情感沟通的重要桥梁。在虚拟数字人身上,潜藏着每一个用户最理想的自我。花西子会不断地与用户共创,和他们一起来探讨"花西子"的人物形象和人物设定,迭代升级,不断塑造更符合用户心目中的"花西子"人设。

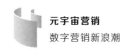

由此可见,品牌人格化营销从某种意义上来说超越了品牌符号,引申到品牌影响力传播的宏观层面上来说即传播品牌的价值与文化,与用户建立更深层次的沟通关系。

8.2.1 人格化营销的意义

对用户来说,当面临复杂的情境(比如购买决策)时,他们会努力寻找那些容易理解的选择。人格化恰好可以帮助用户更好地理解品牌、了解购物环境,引导用户的品牌或产品选择,也能在交流过程中满足用户的基本社交需求。针对拟人化平面广告的研究表明,"拟人化"的护肤品或首饰所创造的人格形象不仅能给用户留下更深刻的广告印象,而且能够缓解其感知风险,提升用户对品牌的好感。同时,拟人化沟通也可以使用户产生原本只存在于现实世界中的人际交流快感,使其在沟通过程中产生人际信任及愉悦体验。

对品牌来说,将品牌人格化能够促进产品常态化使用,增强用户黏性。传统的品牌营销是"产品→受众",产品的使用起于即时需求,品牌与用户关系的保质期有限。这会导致品牌与用户之间缺乏持续的黏性,带来的结果是潜在用户流失。通过品牌人格化,能够有效地使品牌实现差异化,增加用户对品牌的好感。而在虚拟世界中,最令人为之振奋的,或许不是扮演另一个自己,而是去结识"虚拟的新朋友",开启自己憧憬的新生活。今天,在这个现实与虚拟世界即将模糊的前夜,越来越多的成功品牌已然在布局这一未来,一个同样以"人"的身份与用户成为朋友的时代即将到来。

放眼今天,品牌正在以另一种更为传统的"拟人化"商业运营模式打通现实与虚拟世界,试图通过成为用户心目中的"密友"而产生高额的商业回报。近几年,在国潮、国风文创,以及潮玩与盲盒经济的热潮中我们不难发现,"IP 化"在市场舞台上所扮演的角色越来越重要。IP 化了的品牌或者其麾下的"IP 代言人"越来越成为品牌最有利的用户沟通与商业变现利器。

路易威登作为世界顶级奢侈品品牌,推出了以品牌经典老花为设计灵感的IP形象——Vivienne,并且其一经面世便备受粉丝追捧。2021年8月,为了庆祝其创始人诞辰200周年纪念日,路易威登推出了一款游戏——*LOUIS THE GAME*,其主角正是品牌IP——Vivienne,这款游戏再度引发热潮。

为何路易威登的品牌IP能够如此成功?原因在于,其背后的品牌积淀所形成的广泛的品牌文化认同,给予这一IP形象丰富而鲜活的"人格"底蕴,再加上其形象来源于已经成为品牌非拟人化IP的老花图案,更让她获得了超高人气。一般而言,要形成如路易威登般深厚的文化底蕴,就需要进行长久的积淀,将自身变为一种"文化母体",在受众心目中产生广泛的认同和共鸣。只有如此,才能赋予品牌IP天生的"人格魅力"并形成超高的商业价值。

8.2.2 如何进行人格化营销

认准品牌定位。品牌人格化,一定要明确品牌在与目标用户群体对话时要扮演怎样的角色,要与目标用户群体建立何种关系。在人格化过程中,作为企业,应当和自己所宣扬的价值文化挂钩,产品和服务都只是暂时的,品牌才是长久的,是企业真正留下的财富。在碎片化的移动媒体环境下,品牌要想赢得用户的注意力,必须结合其品牌定位,在用户心目中形成记忆点。这也使得许多品牌开启人格化之路,并将这种拟人化的手法应用到品牌视频、用户沟通等各个方面。解决任何问题都需要从根本出发,品牌价值观和定位的重要性不言而喻,它们是企业的根,是产品的魂。打造品牌人格化,需要找到一个方向,在这个基础上持续地坚持,不断地重复,这样才能让品牌成为真正的"时间的朋友"。

孵化自己的人格化形象,并且持续与用户进行沟通交流。管理大师彼得·德鲁克认为,检验一家企业是否真正理解品牌、是否成功地建设品牌,就是

看其所树立的品牌形象是否具有人格化特征,能否得到用户的接受和认可。品牌的个性化和人格化建设就是把品牌塑造成一个有血有肉、有感情、有个性的"人",赋予品牌鲜活的生命和真实的情感,注重品牌与人的情感联系和精神共鸣。人格化的最终目的是让用户感知到品牌的温度,同时了解并认可品牌的文化和价值观。塑造有温度的品牌才能让用户产生代入感,激发品牌生命力,收获更多的喜爱与认可。

围绕人格形象搭建内容体系,叙述品牌故事。人格化形象孵化完成后,下一步就要以用户价值为出发点,结合人格形象讲述品牌故事,让用户更好地理解和接受品牌。随着互联网社交媒体的飞速发展,人们渐渐发现,凭借走心的内容打造有温度的品牌,往往比简单粗暴的"烧钱"福利更能获得持久的品牌影响力。从对机构品牌的不信任到对人格化品牌的追逐,人们对人的兴趣远远超过对物品的兴趣,也真正进入了人格化品牌的时代。在人格化营销中,能否抓住用户真正的需求,给予用户切身的关怀,是品牌温度的体现。

8.2.3 元宇宙中的品牌人格化营销

随着元宇宙的爆发,这个与现实世界平行的虚拟世界已经开始进入人们的生活,从营销的角度来看,只要是用户活跃的地方就注定将成为营销的主阵地。因此,元宇宙也必然会成为品牌建设与营销的战略要地。在这样的背景和趋势下,品牌营销该如何利用元宇宙的相关技术和产品,从传统的现实世界走向元宇宙尤为重要。值得关注的是,全新的虚拟世界专注于更极致的个人娱乐体验,致力于提高个人效率和社会效率。元宇宙发展的底层逻辑是满足人们的社交和娱乐需求。

对用户而言,元宇宙为他们创造了更丰富的消费体验。品牌在虚拟世界中能为用户提供的不仅仅是产品,还有产品背后的文化、体验和共鸣。元宇宙让品牌可以将其形象多维度地融入用户的生活中,虚拟现实/增强现实等技术带来的产品和平台,让在线社交、娱乐和消费变得更具互动性和沉浸感。元宇宙赋能品牌人格化营销可以从以下三个方面入手。

8.2.3.1 实现品牌真正人格化

传统意义上的品牌人格化,多表现为一些卡通图像,呈现出静态、扁平化的特征,难以真正实现与用户之间的互动,拉近与用户之间的距离。而在元宇宙时代,品牌完全可以打造属于自己的虚拟代言人,其形象与真人无异,与用户之间可以进行近距离的交流,用户甚至可以看到虚拟代言人表情的变化。品牌虚拟代言人在元宇宙世界中,拥有自己的"人设"和身份,可以在线上助力品牌举行虚拟发布会、演唱会、品牌秀等,建立与用户之间的类人际关系,丰富用户对品牌的感知。除此之外,虚拟代言人从"出生"起即完美迎合品牌和企业的审美标准,品牌和创造者也可以完全控制他们的行为和"人设",这大大降低了合作过程中可能出现的代言人风险。

8.2.3.2 打造沉浸式品牌体验

元宇宙的出发点不是一个平台,而是一个可以独立、多维度吸引用户参与体验并创作内容的地方。虚拟代言人是随元宇宙而生长的产物,人们虽然可以用眼睛感知到其在平面上的存在,但在体验上仍然存在"抽离感"。而利用虚拟现实、增强现实技术打造的虚拟空间给了用户感知元宇宙的另一种可能。元宇宙热潮的高涨,让品牌在沉浸式体验的打造上有了更迭。在元宇宙时代的品牌营销体验过程中,真实世界与虚拟世界的界限在不断消弭,线上与线下的营销场景在不断融合。

2021年"双十一",天猫在其超级品牌日打造了一场"双十一元宇宙交响",特邀"数字贝多芬"——借助全息投影的现代黑科技打造的音乐大师贝多芬的数字分身,为天猫用户呈现了一场殿堂级数字交响乐表演。表演中,"数字贝多

芬"以全息的方式隔空指挥,和靳海音管弦乐团一起,破次元壁地重现了贝多芬《第九交响曲》片段中的《欢乐颂》。不仅贝多芬是通过数字虚拟技术呈现的,靳海音管弦乐团的乐手们使用的也是数字虚拟乐器,而这十款乐器的设计也都饱含深意,灵感分别来源于彩妆口红、可乐饮料、篮球鞋、家具台灯、护肤品、汽车等,每款乐器都有品牌标识。天猫超级品牌日为这十款数字虚拟乐器在区块链上进行编码,将它们打造为独一无二的数字藏品,用户参与抽签发售即有机会收藏。其中可口可乐"感官漫游者·定音鼓"的抽签用户人数突破4万,由此可见大家对数字藏品的兴趣。

8.2.3.3 拓展特色化身份标识

2021年除了被称为元宇宙元年,更是被称为NFT元年。在数字世界里,如果数字财产被映射到区块链上,就会形成非同质化通证,即NFT。NFT可以是元宇宙中的房子、汽车或绘画作品。元宇宙中的资产可以自由交易和流通。同时,NFT产品可以是任何数字格式的:图片、动图、3D动画、虚拟现实等。品牌不再局限于提供实体产品或服务,还可以提供虚拟产品,并将其与品牌的特征和价值相结合,这样不仅可以让品牌与用户建立全新的联系,让用户进入品牌的"元宇宙",还可以从精神层面、体验层面向更深层传达品牌价值。

NFT的产权归属、交易流转都会被详细记录且不可篡改,因其具有不可拆分和唯一属性,这也使得在元宇宙中,NFT将成为赋能万物的价值机器,也是连接现实世界资产和数字世界资产的桥梁。对于品牌营销而言,NFT能给予某一品牌产品独特的定义,成为其具有唯一性的专属凭证,这拓展了品牌的特色化身份标识。

元宇宙能为品牌带来新的归属感和品牌文化,能够助力品牌营销,让品牌讲出"更具体、更深入"的故事,带来内容和场景上的更新,并增强用户的体验感和交互感。元宇宙能为品牌营销深度赋能。当下,元宇宙已经成为一个不可逆转的大趋势，品牌建设者只有顺应这个趋势才能够持续赢得市场和发展机会。不断尝试，不断探索，勇于面对具有无限潜力的数字未来，是品牌在元宇宙时代继续长盛不衰的制胜法宝。

8.3 智能技术赋能品牌沟通

8.3.1 智能广告投放降低营销成本

在智媒时代，传统广告面临严峻的危机，而智能广告也渐渐展现出其优势。在碎片化的消费时代，用户被越来越多的渠道所吸引和分散，其购物已不再局限于线下商场或专卖店。电商平台、直播销售和微信小程序等渠道都成为品牌争夺用户的战场。品牌不能再仅仅依靠单一的线下渠道与用户联系，而必须在多个渠道展开布局。流量获取的成本不断攀升，用户却仍在不断流失。与此同时，产品同质化的趋势日益严重，品牌很难通过产品来产生差异化印象。如何准确捕捉用户的立体化需求，成为品牌在优化产品、绑定场景和细分人群方面的新机遇，但也面临传统调研方法无法满足用户变化速度的新挑战。

在这个阶段，许多企业开始对人工智能这项新技术进行观望。人工智能利用大数据和用户画像，运用广告投放技术对品牌潜在目标用户画像与平台用户画像进行匹配，然后对这些潜在用户进行精准圈选，并将其分成不同的圈层。例如，化妆品品牌会推出不同规格和价位的产品，以吸引不同的受众，这些策略也可以通过精细化的科学判断来优化，以节省营销费用，提高投资回报率，进而提升营销效率，推动业务增长。

随着广告投放次数的增加，人工智能可以通过自我学习不断总结经验和规律，优化投放效率，降低投放成本。广告投放是一种营销手段，其背后的载体是内容，其投放方式可以根据不同的受众进行个性化调整。目标是将更加精准的

内容,在合适的场景下投放给适当的目标用户,让用户在看到广告时产生兴趣,进而提升购买意愿。

8.3.2 自动化技术加速用户决策

营销自动化技术和工具已经被广泛应用于营销领域。目前,国外的一些工具例如营销优化平台 Marketo、Eloqua 和营销云平台 Salesforce Marketing Cloud 等已经成为许多企业进行营销自动化的首选。然而,随着人工智能技术的快速发展,营销自动化技术的应用将更深入,特别是在个性化营销方面。品牌可以通过分析历史用户标签、购买行为等多种数据来推断出人工智能驱动的用户决策算法模型,预测哪些类型的用户更有可能购买产品及其购买的价值大小。然后,品牌可以根据这些预测对用户进行分类,并采用不同的营销推广方式,从而实现更加精准的营销。这种营销自动化技术是基于算法模型的判定结果实施的,从而可以提高营销运营效率和加速用户决策。

需要注意的是,自动化技术不仅仅是利用同一种话术和沟通框架,将品牌信息传达给所有或部分用户,真正的自动化技术还必须是由数据和人工智能技术驱动的,必须正确应用用户数据,并将数据模型置于正确的商业场景中。只有这样,才能真正加速用户决策,赋能增长。营销自动化技术的应用需要持续优化和改进,以适应不断变化的市场环境和用户需求。通过使用营销自动化技术,品牌可以更好地了解用户,提升用户体验,增加品牌忠诚度,进而实现业务增长。

案例 8.1

增强现实技术打破员工培训僵局

为了使员工保持和不断地提升工作能力,企业常常会花费很大的人力、物力进行持续的员工培训。那么,面对复杂的技能知识,如何衡量员工掌握和理解的程度,如何客观评估培训是否有效,在源头提升质量控制能力和交付能力是个难题。罗克韦尔自动化的综合性数字化转型软件套件 FactoryTalk InnovationSuite 的增强现实功能找到了解决方案。

其开发团队首先在增强现实平台 Vuforia Studio 系统平台上构建了测试场景,并引入了培训测试所需的相关文件,以便创建映射不同产品布局和接线示意的布线图。在 Vuforia Studio 系统平台上,受训人员利用便携的平板电脑、手机或增强现实眼镜即可接受高度拟真的互动演示、培训。他们可以借助平台解决一些基本问题来证明他们确实理解了接线图,比如应该用什么颜色、什么尺寸、什么材质的线来完成接线图所要求的线路连接。系统可以提示多种可能的方式来帮助培训人员理解和完成测试。

通过这个系统,受训人员可随时随地进行测试,并且系统会记录下整个过程来帮助管理者分析、精确定位知识差距并通过进一步的培训来弥合这些差距,提升员工能力。借助增强现实技术,罗克韦尔自动化套件最终使培训时间减少了5%,并将相同的培训方法扩展应用到了其他生产线上。

资料来源:作者根据公开资料整理。

8.3.3 数字化技术提升用户体验

在商业领域,智能客服已经成了解决实际问题的重要工具,例如解答发货时间、产品具体参数、产品性能等基本疑问。然而,智能客服还无法做到与用户进行情感上的沟通,从而进一步提升用户体验。实际上,用户选择品牌不仅仅出于功能性方面的考虑,品牌的价值观和陪伴式服务同样也是影响其做出决策的重要因素。此外,从品牌溢价层面来看,后者所带来的显著效应更为明显。

未来的元宇宙智能客服可能不仅仅是解答用户关于产品质量、物流、售后等方面的基本疑问的工具,更可能成为"用户的伙伴",为用户提供更加具有人性化的体验,全方位满足用户的需求,让用户对品牌产生依赖。这也正是品牌一直在追求的"全生命周期价值最大化"和"用户黏性提升"的目标所在。在场景塑造方面,数字技术的突出表现之一就是增强现实/虚拟现实等沉浸式交互体验,为用户带来虚拟空间的自由和美学感受。用户可以置身于现实和虚幻的完美转换中,品牌沟通场景更像一幅美学作品,呈现在用户面前,给用户带来极佳的视觉、听觉等感官体验。用户购买的不仅是产品,更是品牌给用户打造的综合体验。这让用户愿意为之付出成本,因为这种体验结合了产品本身的实用价值、用户的购物体验、品牌价值认同和对审美的追求。

8.4　元宇宙广告与用户的角色变换

广告是一种有中介的传播,由一个具有说服性意图的可识别赞助商激活,以引导特定受众做出一些预期的反应。传统的广告学者将广告过程理解为品牌(谁)、信息(说什么)、媒体(渠道)、受众(对谁)、效果和反馈(产生的效果)以及这些元素之间互动的线性关系。元宇宙世界中媒介、信息、受众和反应的独特性质可能会改变广告商推广品牌的方式,产生新的用户反应类型,并改变用户对广告的反应和处理方式。

随着互动电视节目的出现,互动媒体会"给用户很大的控制权",网络将互联网的一部分控制权从广告商手中转移到用户手中。随着互动媒体的引入,人们越来越重视互动的力量,并由此改变了用户在广告过程中的角色。

用户在意义的共同创造中所扮演的角色已经开始从被动转变为更积极和有参与性的角色,用户逐渐成为广告过程的主动发起者,在决定自己想要接触的广告内容、内容的深度和范围以及传递的媒体平台(如电脑、平板电脑、智能手机)方面发挥着更大的作用。不同媒体功能所提供的不同互动范围将为用户提供不同的操作可能性,在元宇宙中,用户可以在沉浸式虚拟现实中触摸、感受产品。因此,元宇宙让话语权更加分散,让过去广告内容单向传递的路径变成可以实现多次创作的交互。换而言之,元宇宙技术支持下的广告交互将会极大地改善人与人、人与品牌之间的连接品质,提供更广阔的创作空间。

8.4.1 广告类型

只有将广告与元宇宙虚拟空间以及用户融合起来,才能使广告更具场景化与交互性,创造出具有真正意义的元宇宙广告。植入式广告、虚拟数字人推广、活动推广等都是当前最常用的社交媒体广告表现形式。

在一些元宇宙虚拟平台上,包括罗布乐思、《堡垒之夜》和 Decentraland 中最常见的广告类型可能是植入式广告。植入式广告的推广形式在 Tiki-Taka Soccer 和国际足球联合会移动版等平台上的游戏中的广告效果很好,并且可以在元宇宙世界中很好地转化。可口可乐、三星、巴黎世家和阿迪达斯等品牌也都注意到了植入式广告的这种潜力,纷纷推出引人注目的公关活动和富有设计感的广告牌,以此来加倍扩大其在虚拟世界的影响力。植入式广告虽然只是将品牌在社交媒体中的广告转移到了元宇宙空间中,但仍旧是元宇宙中应用最广也最为有效的形式之一。

虚拟数字人推广是当今品牌在元宇宙中销售产品的最强大工具之一。作为数字虚拟代言人,其优势显而易见——成本低、风险低、可控性高、具有长期性。从长期来看,相较于真人代言,虚拟数字人的运营成本会较低。随着智能技术的不断成熟,虚拟数字人产业也会自成体系,方便品牌创造专属虚拟代言人;此外,真人由于存在诸多不可控性,常常会给品牌代言业务带来诸多风险,

而虚拟数字人则能够很好地规避部分风险;虚拟数字人是以计算机视觉、语音识别、自然语言处理等人工智能前沿技术为支撑,以数字孪生、增强现实/虚拟现实等为重要载体,以用户交互和数据分析等为主要手段而形成的,因此可控性较高。从长期来看,品牌的虚拟代言人可以代表品牌态度、讲述品牌故事、传达品牌理念,从而能够与用户形成更深层次的连接。

活动推广应用也非常广泛,品牌通常借势元宇宙,举行元宇宙音乐节、元宇宙市集等活动,进而形成品牌虚拟专区的强影响力,模式发展成熟后可进一步吸引社会各界品牌入驻。元宇宙的活动推广离不开多方造势,在利用活动进行推广的同时,品牌还可以推出与元宇宙相关的多样玩法,如最新玩家装扮、限量版 NFT 产品等,用户可通过购买的 NFT 来装扮自己的虚拟形象。品牌将推广活动游戏化、趣味化,在用户之间形成良好的口碑,进一步带动用户的自发传播,形成营销推广的良性循环。此外,活动推广还包括品牌活动冠名与活动赞助。在元宇宙大型活动所吸引的观众体量下,品牌借由冠名/赞助,将品牌标识、标语、代言人形象等与活动内容绑定,能够很好地提升品牌知名度,更好地触达用户。

案例 8.2

勇闯天涯的赛博跨年夜

2023 跨年夜,勇闯天涯 superX 就以"云上 Boom 之夜"元宇宙跨年活动引爆全网。作为雪花旗下定位年轻群体的啤酒品牌,勇闯天涯 superX 举办的这场元宇宙跨年活动无疑戳中了年轻用户的兴趣点。其不仅以当下最具未来感、潮流感的赛博朋克风格为视觉锤,构建了酷炫的元宇宙空间,更在元宇宙空间中打造了五大游戏岛空间,让用户在其中沉浸式地游玩,以元宇宙交互的方式体验专属于勇闯天涯 superX 的虚拟空间。

品牌代言人王一博联动勇闯天涯 superX 品牌虚拟挑战官 LimX,在元宇宙空间全息大屏上展现了一场突破次元的跨年街舞大秀,吸引万名用户登陆元宇宙,共同在"云上 Boom 之夜"的虚拟空间度过不一样的跨年夜。虚拟数字人 LimX 更是以不输专业舞者的流畅舞姿与王一博跨次元同屏互动,再一次打破现实与虚拟世界的界限,以超高水准的精湛舞技为用户带来身临其境的元宇宙视听盛宴。

从最初赞助街舞、滑板赛事,到选择王一博作为代言人,再到推出虚拟挑战官 LimX,勇闯天涯 superX 在当下 Z 世代成为消费主力军的市场环境下,瞄准年轻用户群体,将年轻一代需要表达个性、追逐潮流、充满朝气与活力的气质融入品牌活动策略中。

资料来源:改编自《打破营销次元壁,勇闯天涯 superX 在玩一种很新的元宇宙》,https://zhuanlan.zhihu.com/p/596962470,2023 年 9 月 4 日访问。

8.4.2 元宇宙媒体与用户

在元宇宙中,用户很可能通过数字分身接触商品或服务,或者通过与代言人或代言角色进行互动的形式去感知广告。广告不再是屏幕上的虚拟或视频体验,而是与品牌更丰富、更直接地互动,品牌及其产品可以变成用户可以参观或进行再创造的地方。这可能会改变我们将信任和信誉作为重要因素的传统理解,用户与元宇宙中的广告来源的互动可能产生巨大的影响。品牌应该考虑数字分身对元宇宙广告效果的影响,并考虑传统广告来源因素的转型。

借助各类交互技术,虚拟世界里各类场景的真实性将会极大地增强,扩充更多来自现实世界的逼真生活景观,同时也能突破现实广告媒体受到的时空、数量、品质限制。或许元宇宙中的一砖一瓦、一个路牌、一个装置都能成为品牌

广告投放的容器。因此,用户与元宇宙中的广告来源的互动可能会产生强大的说服力。未来的广告可以考虑转变传统的广告来源因素。鉴于元宇宙中广告创作者和广告接收者之间界限的模糊、虚拟和现实世界之间数据的流动,以及虚拟体验的说服力,品牌可以通过更新和修改传统的广告知识来确定最合适的广告形式(例如,找出最适合的广告策略)和最合适的产品以及服务类别。

案例 8.3

巴黎世家的虚拟时装秀

为宣传全新发布的秋季 2021 时装系列,巴黎世家在官网上线 *Afterworld: The Age of Tomorrow*,突破性地将秀场搬进了游戏之中。游戏可搭配虚拟现实设备,操作非常简单,玩家只需要以第一视角跟随光标指示,一边穿梭在虚拟世界中,一边欣赏新一季的设计,在倒计时结束前抵达终点便可通关。这款游戏秀场被 VOGUE 杂志评价为"划时代的一步",它的划时代意义在用户的沉浸式体验以及游戏场景的丰富性中得到了充分的体现。

作为一个网页视频游戏,《后世:明日世界》展现出了超乎想象的高质量和真实度,突破了常规视频游戏容纳的体量。玩家选定角色正式进入游戏后,极具质感的画面便会在眼前铺开。美感、沉浸感、现实感融为一体的视觉体验第一时间俘获受众芳心,让人切实感受到这款游戏与品牌气质相符的档次和调性。在箭头指引下,玩家会依次经过巴黎世家商店等五个区域。巴黎世家通过精致的细节刻画和大规模的制作投入,将各个场景都塑造得令人如临其境。在高水准的环境营造之下,巴黎世家自然也没有忽视该游戏的本质,即互动性的服装展示。玩家在一路上会与多个身着新一季系列服饰的游戏角色相遇,而这些角色都是通过对巴黎世家的模特进行数字扫描来建模的。玩家可以停留并靠近角色,根据需要从不同角度全方位欣赏服装细节。各个角色根据身着的款式被置于不同场景中,部分角色还拥有特别设计的小短片,在增强趣味性和剧情感的同时,也更好地呈现出不同服饰的特色。

资料来源:改编自《巴黎世家上线游戏秀场,平行世界看秀是一种怎样的体验?》,https://socialbeta.com/t/case-balenciaga-game-2020-12,2023年9月4日访问。

8.4.3　元宇宙媒介的影响

在虚拟体验中,互动类型和水平往往是决定广告效果的基本因素。以往传统技术下产生的广告创意,一般都是通过文字说明商品的性能、规格、价格,并辅以一定尺寸的商品图片或动画来展示。然而,这种方式往往无法真正展现商品的真实性,难以激发用户的购买欲望。采用虚拟现实技术,可以为用户营造一种与现场购物相似的环境,让他们感受到真实的购物临场感。虚拟现实技术可以打破时间与空间的限制,让更多的用户随时随地体验商品的价值,满足自身利益诉求和情感诉求。

以比利时啤酒厂麦氏啤酒(Martens Beer)为例,其在啤酒瓶上使用了增强现实技术。用户只需通过手机扫码,就可以与电视节目中的人物进行对话。这种独特的营销手法和技术已经改变了食品饮料的包装方式,使得啤酒瓶成了用户的收藏对象。虚拟现实技术还可以为广告带来更多的创意和想象空间,例如采用增强现实/虚拟现实等沉浸式交互体验,让用户在虚拟空间中体验商品。这种体验方式更加直观、形象和具体,可以让用户更好地把握商品对象的信息,从而提升广告效果和转化率。

8.4.4　激励用户的元宇宙广告因素

用户很容易被与自己相关的品牌所左右,人们对自己的经历和包含任何自

我元素的信息存在积极偏见,自我背书现象导致了用户对准确判断来源的可信度或能力的担忧。即使用户知道要对广告信息持怀疑态度,他们也可能不知道如何对自己的判断持怀疑态度,尤其是当他们觉得广告信息具有很高的效用时。因此,元宇宙中的广告要用好用户的自我背书,即将自己描绘成是对品牌或产品认可的——换句话说,就是自我认可。与在线广告、虚拟现实体验和增强现实体验中的其他背书信息相比,在广告中使用用户的姓名、图片或头像的自我背书信息可以产生更有利的品牌态度和购买意愿。自我背书的概念也已扩展到人工智能广告中,表明根据用户自我特征量身定制的智能个人助理的推荐比一般智能助理的推荐能产生更有利的品牌态度和购买意愿。

当然,当媒体与我们的日常生活如此紧密地结合在一起时,模糊的道德界限会将消费主义推向生活的方方面面。在元宇宙世界中,广告体验的超个性化能力进一步增加了用户对个人隐私的担忧,这也需要品牌增加对隐私政策的讨论和面向用户的宣传,以最大限度地减少对用户的潜在伤害。还有,在用户参与的过程中,品牌需要问的问题是未来更愿意为用户创造什么样的生活体验。同时,它们也需要考虑,创意执行如何能在更大的程度上鼓励、激发用户参与,以及在用户进行购买决策时如何能让他们更开心、更喜悦,也更有购买意愿。

综合案例

歌力思"云"秀场

中国本土品牌歌力思率先为线上直播时装秀赋予了"第一主角"般的地位和意义——以线上直播的技术条件、信息的传播需求、观众的体验感等为核心,打造最适合网络媒介特质的呈现方式,更以技术和创意升级,努力为这场直播带来更精彩的表现、为观众带来更新奇有趣的体验,进而为这次事件赋予更多内涵从而使其具备产业范例的价值。

"歌力思绿幕科技时装秀"是在绿幕背景下进行的线下真实走秀①，与线上数字虚拟技术相结合，同时，连线时尚博主和形象搭配师一同分享看秀感受，让普通观众在观看时装秀的同时，获得专业人士深入浅出的分析意见，乃至收获针对个人需求的服装搭配建议。因为别开生面的创意，这场秀引起了广泛的反响，至当晚20:30分，共有近6万人次即时观看了直播，绿幕技术实现的多变秀场背景成了观众注意力和点赞的焦点。

此次活动的亮点在于，实现了时尚平权与环保可持续性。利用去中心化的网络技术，歌力思让每一个有兴趣的观众都能在同一时间看到同样的第一手秀场内容，更进一步地，通过时尚博主与造型师在现场连线中进行的介绍和评析，观众得以与品牌、商品、意见领袖和社群之间实现线上与线下无缝连接，信息和观点的自由流动对不能身临传统秀场的普通观众来说，就是现实的"时尚平权"。传统线下时装秀模式，需要品牌大量投入仅能使用一次的秀场环境建设，务求创意夺人眼球，道具布景令人惊艳。观众也需要从世界各地赶往现场，在出行过程中产生大量碳排放。面对此次新冠疫情，除了加速布局线上市场和数字创新，歌力思也在深入思考如何将时尚的本质回归初衷。当环保可持续成为当下社会的重要议题时，歌力思也将创新思考的着力点放在可持续时尚的发展道路上。通过举办"云"时装秀，歌力思致力于解决线下办秀普遍存在的高碳足迹问题。

资料来源：改编自《"黑科技"打造"云秀场"，歌力思全面开启新零售时代》，https://finance.ynet.com/2020/03/24/2477296t632.html，2023年9月4日访问。

---

① 以电影制作里的绿幕技术实现模拟秀场背景，在提供视觉享受的同时，极大地节省布景成本。

第9章
未来商业模式：打造元宇宙平台

在元宇宙中，用户不仅是体验者，更能作为内容和价值创作的一部分，与品牌形成共识并产生更深度的连接。同时，对于许多品牌来说，出海营销始终面临差异化的难题。在此背景下，数据科技公司蓝色光标（Blue Neo）借助元宇宙营销，创造出了虚拟空间Tomato Galaxy（西红柿星系），帮助国内品牌触达海外年轻用户群体，为出海品牌提供长期可运营的虚拟空间。自元宇宙兴起，不少品牌都尝试打造自己的虚拟空间，但并没有出现一个"集合"平台，能将各个品类、不同品牌的产品通过艺术、创意游戏的方式进行展示，实现对用户的集聚效应。而这种"集合"平台对于元宇宙营销来说非常有价值。

Tomato Galaxy由蓝色光标发起，侧重玩法创新与互动体验，目标是通过产品与内容的本土化，充分调动用户积极性，实现快速拉新。作为服务于品牌营销的集合平台，Tomato Galaxy力求让品牌的核心诉求得以实现。尽管各品牌的产品类型与属性不尽相同，但品牌曝光、产品互动、形象年轻化等核心点都是品牌的核心需求，也是各品牌在Tomato Galaxy"集合"的原因与基础。此外，Tomato Galaxy还为品牌提供个性化互动，让品牌可以通过设立虚拟产品、虚拟展览等方式，与用户快速形成连接。在游戏中潜移默化地植入产品，利用元宇宙技术打造品牌符号，只要是想入局元宇宙的品牌，Tomato Galaxy都能够提供有针对性的方案，与品牌共同探索元宇宙中的商机。

在元宇宙中，平台化的商业模式不仅能够帮助用户获得更加完整、丰富的体验，同时也能够连接品牌与用户，实现降本增效，达到用户与品牌的双赢。

9.1 元宇宙营销如何盈利

元宇宙首先需要通过互联网驱动，所以用户数量对元宇宙来说是非常核心的指标，用户还可以在进行内容生产或享受数字服务后进行虚拟货物产权交易，未来在元宇宙里内容创作者是驱动经济发展的主要动力。元宇宙产业链可以分为：上游基础设施，包括软硬件设备技术和网络基础设施，例如芯片、头显设备等；中游要素服务集成，包括平台分发、渠道销售、内容运营，核心要素即NFT、虚拟货币等经济系统交易及一些独立身份、社交场景等要素；下游应用及用户，具体涉及游戏、房地产、教育等领域。

内容创作者是驱动经济发展的主要动力：在元宇宙中，用户数量是非常关键的。除了通过买卖虚拟游戏产品获利，用户还可以进行虚拟货物产权交易，然后再通过虚拟货币资产化获得实际利益，未来在元宇宙中，内容创作者对经济发展有重要推动作用。而对于元宇宙企业或厂商而言，游戏仍是盈利方式之一：元宇宙发展的初级阶段，必然以游戏平台作为虚拟与现实世界的连接，因此游戏平台将成为前期游戏发行商的一个重要盈利点。以罗布乐思为例，其游戏付费模式可分为直接付费与月卡订阅，所获利润由游戏开发商、游戏平台、推广渠道与游戏发行成本等分配。游戏抽成属于较为传统的盈利方式。

除游戏外，元宇宙的出现还将带来其他更为新颖的盈利方式：元宇宙创造出虚拟世界，未来平台存在游戏与社交相结合的趋势，这意味着平台可以通过提供相应的社交服务，如利用独家技术进行人工智能服务来获利；进入元宇宙

需要配备相应的硬件设备,企业可以通过出售配套增强现实/虚拟现实等硬件设备创造收入;也可以通过社交打造一个全新的元宇宙生态系统,形成独立的商业闭环,促进玩家进行内容生产并打造全新的元宇宙商品,然后再利用元宇宙链上宣传、营销等方式进行收费;还可以通过发行数字货币或利用数字货币交易收取铸币税等相关手续费用,用户基数越大,盈利越多。

案例 9.1

SK-Ⅱ元宇宙虚拟城市

SK-Ⅱ携手京东,联合推出首个线上虚拟城市 SK-Ⅱ CITY。进入 SK-Ⅱ CITY 后,用户可在京东吉祥物小狗 Joy 的陪伴下,以滑动屏幕的方式走进这座3D 虚拟城市,从视觉、听觉、感觉三个方面全方位感受和探索城市。

城市中设置有多个虚拟设施,如用户点击进入虚拟影院,即可沉浸式地观看视频。穿过影城中央的过道,就能看到 SK-Ⅱ 工作室的"制作后台",那里呈现了系列动画影片拍摄的幕后故事。另外,用户还能在 SK-Ⅱ CITY 中与 JOY 交互,进一步加强双方的互动,提升体验的趣味性。

需要注意的是,这座 SK-Ⅱ CITY "藏"在京东 App 的下拉页面中,是"特物 Z"的一部分,需要用户于指定时间在京东应用软件首页下拉才能找到。这样的环节设置,更能够激发用户的探索之心,让整个购物体验更具"神秘感"。"特物 Z"是京东开拓的全新营销 IP,旨在与品牌合作打造新奇、有趣的购物体验,成为品牌与用户,尤其是 Z 世代用户的互动场。

发达的线上零售体系正不断颠覆并重塑品牌触达用户,与之产生互动的方式。尤其是生于数字时代的新生代用户,背靠网络资料库,见识广博且精挑细选是其最为显著的特征之一,单纯的广告营销难以吸引他们的关注。打造出一个让用户主动去探索、挖掘故事的品牌世界,并灵活地将销售环节融入其中,提供无缝衔接的消费体验,是 SK-Ⅱ 针对线上场景化购物体验做出的全新尝试。

资料来源:改编自《SK-Ⅱ 建造虚拟城市的背后,高端美妆品牌如何开辟新战场?》,https://zhuanlan.zhihu.com/p/398890631,2023 年 9 月 4 日访问。

9.2 商业模式的元宇宙思路

9.2.1 数字分身营销的营销模式

数字分身是用户在虚拟世界选择或创造的代表自己的 3D 或者 2D 形象。它既可以是现实用户的虚拟映射,即用户通过 MetaHuman Creator、Ready Player Me 等创作工具让数字分身还原自己现实中的外貌;也可以是用户现实形象的理想化延伸,以超自然人或者动物的形象出现。

在元宇宙的世界中,数字分身不仅仅是一个虚拟形象,还是具有"自由"和"自在"两个属性的虚拟数字人。这些虚拟数字人在元宇宙中游戏、生活和工作,在这个过程中形成身份认同并建立社群关系。数字分身是现实用户的映射和延伸,在不同程度上也会影响现实用户的感受、情绪、行为和心理,这被心理学家称为普鲁特斯效应。这种效应已经大量应用到以虚拟现实技术为基础的情绪治疗和教育培训中。普鲁特斯效应也为品牌在元宇宙中面向数字分身的营销奠定了基础,品牌可以通过与数字分身的互动影响现实用户的心智和行为。比如用户通过数字分身在游戏中尝试了滑雪并且体会到了滑雪的乐趣,在现实世界中对滑雪的兴趣也会增加,他们有可能会参照游戏中的装备来选择将要购买的滑雪装备。

在未来的元宇宙世界中,面向数字分身和面向用户的营销将会合二为一。品牌进行面向数字分身的营销,需要创造与数字分身互动的沉浸式场景,设计

去中心化的用户体验和去品牌化的用户参与方式。

9.2.2 品牌的 NFT 营销

NFT 是显示自己身份、个性、爱好甚至财富的符号。即使是 NBA 球星库里,也会把购买的无聊猿游艇俱乐部的 NFT 作为自己社交媒体的头像。NFT 还是记录生活和展示美好瞬间的凭证。无人机竞速联盟(The Drone Racing League)将 NFT 作为选手参加无人机竞赛的成绩凭证。美的联合中国生物多样性保护与绿色发展基金会、数字资产创作机构咖菲科技,共同发起了"熊小美守护濒危动物"数字收藏品项目,用户购买的数字收藏品就是其参与濒危动物保护活动的凭证。

此外,品牌 NFT 具有稀缺性价值,比如比利时时代啤酒(Stella Artois)发行的限量 50 枚的赛马 NFT。品牌也会邀请数字艺术家和设计师参与 NFT 的设计。眼镜品牌雷朋(Ray-Ban)的 NFT 是由德国 3D 艺术家奥利弗·拉塔(Oliver Latta)设计的;阿迪达斯三叶草品牌的 NFT 设计是与无聊猿游艇俱乐部、G-Money 和朋克漫画一起完成的;耐克干脆收购了虚拟产品和服务设计企业 RTFKT;在国内,麦当劳基于上海西岸的新总部大楼设计的首个 NFT 创意作品"巨无霸魔方",是由咖菲科技设计并制作的。

在虚拟世界中,越来越多的品牌开始用 NFT 解决用户数字分身衣食住行的需求,迈凯伦提供赛车、杜嘉班纳提供衣服、耐克和阿迪达斯提供鞋子、北面提供滑雪服。在现实世界中,品牌 NFT 可以用来兑换门票和礼品。足球俱乐部 AC 米兰推出的 NFT,可以让其持有者享有俱乐部的部分决策权。

9.2.3 全时互动的场景营销

实时互动是指品牌基于对用户的理解为其提供带有相关性和个性化的信

息,以促进用户和品牌之间产生更深层次的联系的过程。简单来说,实时互动就是品牌在合适的时间,把合适的内容和价值,通过合适的渠道,传递给合适的人。全时互动是指品牌持续性的实时互动。简单来说,全时互动就是让实时互动的四个"合适"变得更可靠和可持续。

实时互动和全时互动从来都不只是强调互动的即时性。当用户观看产品视频时,品牌不一定需要立刻向用户推送优惠券,而是需要对用户的单一行为进行记录,并结合该用户的标签群组以及用户评分进行综合判断,才能决定如何进行反馈。比如,如果该用户的标签是"竞争对手",那么品牌即时推送优惠券的模板消息很可能会被举报。实时互动和全时互动更侧重建立品牌与用户的可持续互动,这是通过渠道的相关性、内容的个性化以及互动的有效性来实现的。

9.3 品牌元宇宙平台化的必然趋势

数字化让现有产品品牌从传统零售价值链中解放出来。线上渠道如亚马逊、淘宝等平台去除了中介,让品牌直接与用户建立联系。这些平台被称为"品牌聚合平台"(Brand Aggregation Platforms)。品牌聚合平台依赖平台业务模式,提供基础设施和治理服务,使外部供应商和品牌产品的用户之间进行商业交易,而品牌聚合平台本身不提供这些产品,即在品牌聚合平台模式下,市场双方之间互动的核心是品牌产品的买家和卖家之间的商业交换。在这种模式下,用户和商家通过平台获得中心化的共享需求,由于信息非对称等因素,信息不够透明,用户和商家之间缺乏信任,容易导致用户转化率和复购率相对较低。平台对交易质量提供的保障有限,且中心化的信任机制仍难以解决交易效率和信息质量问题,网络效应难以被激发出来。

作为独立交易的中介,品牌聚合平台拥有的品类繁多,这有效降低了搜索成本,并将用户与产品或服务有效地匹配起来。这也使得用户越来越多地在品牌聚合平台上购买商品,平台便代替品牌处于消费中心的位置。由于平台通过一些规则——如产品特征(价格、销量等)等指标——标准化了产品展示,品牌元素的使用受到了限制,从而导致产品品牌降级,削弱了品牌之间的差异,并加剧了商品的价格竞争,甚至出现不同卖家以不同价格提供相同产品的产品销售再中介化现象。

面对这样的情形,部分品牌以品牌平台化作为应对。品牌通过在官方网站拓展业务或者收购现有平台的方式来开展平台业务,进而有效削弱品牌聚合平台的影响。这种品牌的"平台化"超越了特定的第三方补充产品、服务和内容,更全面地满足了用户的需求,被称为"品牌旗舰平台"。例如,耐克将活动、专家指导、独家产品、激励性音乐播放列表,甚至个人训练作为其跑步俱乐部和训练俱乐部平台的一部分。因为品牌平台化试图重新获得用户的直接访问权,其可能会对传统零售商构成威胁。

目前品牌平台化仍处于起步阶段,品牌也逐渐认识到建立自己的数字平台的潜力。例如博世(Bosch)的DIY & Garden(手工花园)App允许用户注册他们的账号,参与多功能社区,并获得手工项目的建议。宝马和梅赛德斯-奔驰将Share Now(即刻分享)平台扩展至叫车服务,提供出租摩托车、汽车和自行车,以及找停车位和充电点服务。

品牌可以利用旗舰平台在高度自我相关性和情感承诺的基础上建立紧密、互利的关系。通过打造品牌旗舰平台,品牌可进行"平台化"转变。由于品牌旗舰平台专注于一个品牌,除了作为自有品牌的销售渠道,还可以为用户提供针对任何单一类别的个性化体验的资源、专业知识、声誉和基础设施,从而占据特定的类别空间。平台更可以作为品牌参与和用户全方位互动的桥梁,从更专业、更贴合品牌个性的角度，通过创造场景化的产品和服务、增加商业或非商业活动等方式，在品牌的品类空间中实现品牌价值创造。这可以进一步提高品牌知名度和忠诚度。

案例 9.2

".SWOOSH"或成耐克未来新增长点

虚拟服装，或者说 NFT 对耐克来说一直是可见的未来增长点。所以耐克也正式宣布将推出区块链虚拟平台".SWOOSH"。耐克表示希望通过.SWOOSH 这个新平台帮助自己的用户了解、收集与共同创造虚拟产品，并让他们有机会在特定游戏或体验活动中穿着这些虚拟产品，甚至在其他平台游戏中购买的 NFT 也有机会出现在 .SWOOSH 平台上。

在耐克的设想中.SWOOSH 可以成为创作的平台。.SWOOSH 对创作者很有吸引力，这里的创作者不再特指体育圈的明星选手或艺术家，也可以是热爱创作的普通人。耐克表示之后或许会在 .SWOOSH 平台上发起挑战赛，平台的用户可以和耐克的专业设计师一同参与耐克 NFT 的设计，表现优秀的用户还能获得 NFT 的销售分成。同时，.SWOOSH 也可以提供实际的产品和服务。线上购买的 NFT 鞋子也可以成为优先购买限量球鞋的资格券。耐克相信，NFT 服装不仅可以出现在视频游戏和元宇宙里，在线下也能使用。

这意味着，未来的时尚品牌会成为一个特殊的"内容展示平台"，品牌要通过设计、展览、游戏、场景、道具等一体化内容，为用户提供沉浸式的时尚生活解决方案。

资料来源：改编自《发 NFT、卖虚拟实体潮鞋，一文看懂耐克元宇宙布局》，https://www.sohu.com/a/618955694_121503003，2023 年 9 月 4 日访问。

如前所述,淘宝、京东、亚马逊等大型数字平台汇集了各种产品和服务,已经成为品牌与消费者之间的重要中介,被称为"品牌聚合平台"。品牌聚合平台的出现,在很大程度上导致传统品牌不得不依赖这些大型数字平台与消费者进行交易和互动,从而失去了与消费者的直接联系。为了应对这种挑战,一些知名品牌开始建立自己的品牌旗舰平台,目的是重新获得对消费者的控制权,并提升消费者的忠诚度。例如,像耐克、阿迪达斯这样的运动品牌,就推出了专门的追踪和训练平台。这些平台能为消费者提供购买产品的渠道,还能让他们在交易之余持续与品牌进行多方面的互动。品牌建立旗舰平台这种"平台化",使得品牌旗舰平台成为参与者之间多种互动的中介,而不仅仅是一个自有品牌的销售渠道,创造了第三方互补产品、服务和内容,占据了更广泛的品类空间,更全面地满足消费者的需求。

数字平台是消费者众包(Crowdsourcing)和众发(Crowdsending)的场所,这是平台化价值创造的核心,品牌可以促进或限制平台中的互动。消费者众包是指消费者将一项任务(例如,找到合适的跑鞋,进行马拉松训练)分配给一个由提供产品、服务和内容的不同平台参与者(即品牌、其他消费者或第三方企业)组成的网络,并且从这些参与者那里获得价值。消费者众发是指消费者将自己的产品、服务和内容贡献给这些平台参与者,为他们提供价值。消费者众包和众发强度的不同引发了产生不同的消费者–平台关系(Consumer-Platform Relationships)。

品牌平台化需要根据不同的品牌管理目标特征运用不同的消费者–平台关系。以下描述了不同目标最适合建立的消费者–平台关系。

- 支持核心产品销售——建立临时关系(The Ad-Hoc Relationship)

当消费者众包和众发强度较低时,消费者–平台关系通常以交易或产品为中心。如果品牌希望该平台能够支持其核心产品的销售(要么直接在平台上销

第9章
未来商业模式：打造元宇宙平台

售，要么通过推荐和广告间接带来潜在客户），那么最好在品牌旗舰平台上建立临时关系。这种消费者-平台关系下，平台主要服务于交换，对消费者来说，这是一种工具性的消费体验，关注更多的是功利利益而不是亲密关系。此时品牌旗舰平台可以采取限制性的治理风格，保留对消费者互动的控制。这种建立在便利或成本节省等实用利益上的消费者-平台关系也会产生消费者忠诚，但只是低程度的忠诚，也就是我们所说的"冷忠诚"（Cold Loyalty）。而如果竞争者提供了更大的功利利益，用户可能很快就会放弃这种忠诚关系，因此这种平台关系增加了消费者转向提供更大功利利益平台的风险。

- 扩展品类空间——培育利用关系（The Capitalizing Relationship）

当消费者众包强度较高而众发强度较低时，消费者主要是单向利用品牌旗舰平台提供的价值，而不是自身进行深度的价值创造，价值通常由品牌自身或第三方提供。如果品牌的主要目标是将其产品扩展到更广泛的品类空间，那么在品牌旗舰平台上培育利益关系是最佳选择。比如培养积极健康的生活方式这个目标可能会产生坚持训练计划、学习营养学基础知识或参加体育活动的需求。一个平台全面涵盖与更高层次目标相关的各种需求的过程，即扩展到更广泛的品类空间，但随着平台进一步扩展品类空间，品牌也面临着被稀释的风险。

- 加强与核心产品互动——促进催化关系（The Catalyzing Relationship）

当消费者众包强度较低而众发强度较高时，品牌旗舰平台催化了消费者的价值创造，消费者更深入地融入价值共创过程。因此，如果品牌的主要目标是加强消费者与核心产品的互动，那么在品牌旗舰平台上促进催化关系是最佳选择。在这种关系中，品牌更加聚焦，降低了被稀释的风险。维持催化关系需要一种宽松的管理风格，使消费者能够发挥创造力，但有可能出现消费者"劫持"平台的现象，其创造的价值与产品品牌价值观不一致，实施反品牌行为。同时，由于过度强调对品牌及其核心产品的关注，因此扩展到更广泛的品类空间（如

利用关系)的潜力有限,不利于吸引多样化的消费者。所以,在与用户建立催化关系后,品牌可以通过互补产品和服务扩展其核心业务,如延伸到相关的产品类别,通过核心业务的拓展促进用户与核心产品的互动,进一步催化品牌平台和用户的关系。以运动领域为例,一个销售跑步设备的品牌可能会在第三方供应商的帮助下,利用该平台为消费者提供运动饮食建议、私人教练、体育赛事票务预订等服务。

- 建立高度忠诚持久的用户关系——培养伙伴关系(The Nurturing Partnership)

当消费者众包和众发程度均较高时,消费者和平台之间就形成了一种培养伙伴关系。如果一个产品品牌的主要目标是建立忠诚、持久的消费者关系,那么在品牌旗舰平台上培育伙伴关系是最佳选择,即通过促进社交互动或共同创造活动等增强用户黏性的方式来增加品牌资产并加深与消费者的关系。例如,一个平台可能允许跑步者共同设计他们自己的运动装备,从而提高用户的参与度。在培育伙伴关系中,相互的价值创造和相互依赖使这种关系及其互动得以延续,从而使平台有可能成为消费者达成更高层次目标的亲密伙伴。

案例 9.3

红旗品牌元宇宙盛典

2022年9月,一汽红旗在红旗元宇宙社区举行了一场别开生面的"红旗品牌元宇宙盛典",重磅发布其新能源美学设计产品。观众通过创建数字身份,即可直接"穿越"到元宇宙空间,见证并感受这场独具一格的盛会。红旗元宇宙社区由新华网和新华智云联合打造,是新华智云基于其自主开发的"元卯元宇宙构建系统"搭建的首个互联网3D元宇宙平台。

在元宇宙社区内,每一位登录的观众都可以通过捏脸的方式,拥有自己的

3D数字分身。超写实3D数字分身、捏脸数字分身、2D数字分身等新华智云提供的多种形态的数字分身也都在这个元宇宙世界里共存,并基于底层的智能能力,为用户提供各类服务。不仅如此,用户可以在毫无边界的空间中畅快奔跑,感受白天与黑暗的交替;可以在遇到圈友时,发出对话邀约;可以在看到喜爱的汽车款式时,上车"体验";可以上前和知识图谱驱动的"虚拟金牌销售"沟通交流;可以参加红旗抽奖活动并获得NFT数字藏品;未来,用户甚至可以在这里完成汽车交易……依托元卯系统中互联网3D的轻量化载体,红旗元宇宙社区可在此基础上无限扩展,实现从研发、生产到配套服务,从红旗品牌到一汽再到整个汽车行业,从引入跨界品牌到构建全域用户生态的"全链条"元宇宙。

资料来源:改编自《新华网、新华智云联合打造红旗元宇宙,推出全国首个汽车元宇宙社区》,http://www.xinhuanet.com/auto/20220909/719400a120de4c3dafe8576ab6ff57a9/c.html,2023年9月4日访问。

9.4 平台经济与网络效应:助力元宇宙发展

9.4.1 平台经济

平台经济是一种新型经济形态,它既是一种经济模式,也是对市场业态结构产生影响的过程。在互联网技术的基础上,平台经营者向不同主体提供差异化的产品与服务,从而整合多主体之间的资源和关系。这种经济形态可以在平台上实现各主体间的关联或者交易等互动,从而创造价值,使多主体利益最大化。与传统的单边市场经济形态有所不同,其通常涉及双边甚至多边市场。

随着数字化和信息化时代的发展,移动通信、媒介、互联网等新技术的迭代更新和组合使用,极大地降低了平台经济的成本,提高了平台经济的收益。互联网技术和移动通信技术为平台经济提供了互联互通的网络基础,新媒介技术则扮演平台经济黏合剂的角色,使其快速发展。因此,平台经济就是在数字经

济技术快速发展的基础上,以数据作为生产要素或一种有价值的资产进行资源配置的新方式。

作为一种资源配置的新方式,平台经济的实质是利用现代网络数字技术,使其资源配置的方式比其他方式更有效率,更能为平台经济利益的相关当事人创造价值。在这种模式下,平台经济可以全面提升经济效率及整个社会的福利水平,创造数字红利。总之,平台经济是数字化时代的新经济形态,其在推动经济发展和改变商业模式方面具有重要意义。

案例 9.4

韩国旅游元宇宙平台

2021 年,韩国政府敲定《旅游产业复苏及再跃进方案》。根据该方案,韩国政府将推进元宇宙等虚拟旅游与实际访客智慧旅游结合的"双轨"体系——AR Incheon(增强现实仁川)。该体系涵盖开发与防弹少年团等全球人气文创内容相结合的旅游产品以及数字景点,包括韩国的主要景点、人气影视剧取景地等。

AR Incheon 服务通过智能手机在元宇宙平台上向用户提供单向互动内容。例如,平台提供增强现实导航服务和地图,让游客能够根据历史人物的指引,穿越回该景点的重要历史时刻,饱览当时的风土人情。此外,平台还推出了《仁川行动》(Operation Incheon)游戏,向游客发布游戏任务,以有奖参与的方式增加旅游的吸引力。此外,仁川还制定了"虚拟现实/增强现实产业中长期发展战略"以推进本地内容产业发展,并设立"仁川虚拟现实/增强现实制作支持中心",该中心支持内容开发,免费提供增强现实和虚拟现实设备,培养专业人才,并通过产学研合作,孵化产出有效内容的企业。

资料来源:改编自《探秘元宇宙在各行业场景应用》,https://zhuanlan.zhihu.com/p/493009054,2023 年 9 月 4 日访问。

9.4.2 平台经济的主要特点

9.4.2.1 双边市场性

平台经济最显著的特点是具有双边市场性。双边市场性也被称为双边网络性,是指有两组参与者通过平台进行交易,区别于传统的单边市场在交易中各自形成不同的市场边,两者与平台既紧密结合又相互独立,且各自市场边的收益相互关联。常见的双边市场平台大致分为两类:一类是以淘宝、拼多多、京东等为首的电商品牌。每多一个用户都能被接纳,都会增加一点价值,用户和用户之间没有竞争,供给非常充分(接近无限供给),一个用户购买一件商品不会影响另一个用户的购买。所以淘宝、拼多多等电商平台规模越大,价值越高。另一类是以美团、滴滴出行为代表的极度依赖供给侧的平台。随着用户规模的扩大,用户之间会产生竞争,一个用户购买"商品"会影响另一个用户的购买。如打车行为在用户端有影响,高峰时期人多打不到车;在司机端也有影响,单子被抢走了就没了。同样地,在外卖高峰期,常常会出现配送不及时的情况。

9.4.2.2 交叉网络外部性

交叉网络外部性也是平台经济的一个显著特征。它是指在平台经济中,网络效应不仅取决于平台一侧的同一类型用户数量,还取决于平台另一侧不同类型用户的数量。在正向交叉网络外部性的情况下,平台一侧用户的效用会随着平台另一侧用户数量的增加而提高。这一现象在如天猫、京东等电子商务平台上得到了充分体现。商家入驻平台的数量与用户数量呈正相关关系,商家入驻数量增加,平台整体的交易额也会随之增加。

9.4.2.3 价格结构不对称性

平台经济的价格结构不对称性是由其双边市场性和交叉网络外部性特征共同作用而产生的。不对称的价格结构意味着平台经营者可以通过不同的定

价策略来实现利润最大化,以应对连接着两组用户的平台。例如,在搜索引擎市场,网络用户可以免费使用搜索引擎查询信息,但广告商则需支付高额的广告服务费用,形成了双边市场价格结构的不对称性。

9.4.2.4 路径依赖与用户锁定性

在平台经济中,用户对早期进入市场的产品既会有基于熟悉操作方式、产品特点、产品文化等而形成的先入为主的心理优势,又会有基于前期为使用该产品所付出的努力而产生的沉没成本。这些都会成为新产品进入市场后被用户使用时的转移成本。高额的转移成本造成的路径依赖增加了用户黏性,产生了用户锁定效应。以微信为例,在以往的微信版本中,其中一版是通过首页下拉的方式来录制视频,但由于用户已经对"点开朋友圈——点击右上角相机"来录制视频的方式产生依赖,该版本的模式更改也以失败而告终;微信作为中国的头部社交软件,已经成为很多人进行在线联络时的首选,产生了极大的用户黏性,若此时要求用户更换社交软件,就意味着需要将其所有联系人重新导入新软件,这大大增加了用户的时间成本。

9.4.2.5 动态竞争性

在互联网时代,经营者面临着不断变化的市场环境和不断加大的竞争。他们需要不断博弈、学习、模仿和创新来保持竞争优势。其中,技术竞争尤为重要。在相对开放的市场环境下,只要该领域的核心技术不受知识产权垄断的影响,就会有新的竞争者进入和退出市场,形成动态竞争,争夺庞大的互联网用户群体。因此,经营者需要不断优化自己的技术特征和管理模式,以在竞争中脱颖而出。

9.4.3 平台的网络效应

许多产品和服务都能将两个不同用户组连接在一起。例如,报纸连接订阅

第9章
未来商业模式：打造元宇宙平台

者和广告商，操作系统连接计算机用户和应用程序开发者。这就是经济学家所称的"双边市场"或"双边网络"。在双边网络中，产品和服务汇集于平台，由平台提供便于双边交易的基础设施和规则。在某些情况下，平台依赖于实体产品，如用户的信用卡和商家的授权终端。在其他情况下，它们是提供服务的地方，如购物中心或 eBay（易贝网）。在许多行业中都可以找到双边网络，但双边网络本质上与其他产品不同。在传统价值链中，价值从左向右移动：企业左侧是成本，右侧是收入。在双边网络中，成本和收入同时在两侧，因为平台每侧都有一组用户，双边群体都有成本与收益。这两个群体互相吸引——经济学家称之为"网络效应"现象。对于双边网络效应，平台对于任何给定的用户所具有的价值在很大程度上取决于网络另一侧的用户数量。平台的价值随着平台匹配双方需求的增加而提升。例如，视频游戏开发商将为具有大量玩家的平台创建游戏，因为开发人员需要足够大的用户群体来承担前期编程成本；反过来，玩家喜欢有更多种类游戏的平台。

因为网络效应的存在，成功的平台可以享受到更大的规模收益。随着用户群体的扩大，用户为访问更大的网络愿意支付更多的费用，因此平台的利润率也会提高。这使得网络平台与传统制造和服务业务有所不同。在传统业务中，超过某个点的增长往往会导致收益递减，获得新用户变得更加困难。但在双边市场中，为了增加更多的收益，竞争变得更加激烈。平台可以利用其较高的利润来更多地投入研发，或者降低价格。因此，成熟的双边市场通常由少数大型平台主导。例如，抖音最初采用的是单边驱动——更关注短视频创作者的增长，通过吸引头部创作者来吸引更多的用户。但是，随着平台的发展，它需要从单边驱动转向双边驱动，于是从 2017 年开始，抖音已经逐渐从单边驱动向双边发展，通过一系列运营活动吸引更多的用户。通过运用这样的策略，抖音最终实现了曲线式增长。

综合案例

腾讯：具有元宇宙要素禀赋的多元化互联网巨头

从移动互联网霸主到元宇宙先行者，腾讯如何思考元宇宙的实现路径，又有着怎样的资源禀赋，下一个互联网时代腾讯会不会是领航者？在腾讯2021年第三季度财报电话会议的提问环节，被投资者问得最多的就是监管和元宇宙方面的问题。腾讯答复元宇宙是非常宏大的概念，是对物理世界的进一步扩充，让现实世界更加丰富，将为游戏、社交等行业带来新的机遇。要实现元宇宙，腾讯有许多不同的道路可以选择。例如，可以开发高度互动、开放世界类的游戏；可以在同一IP/世界观下开发不同品类的游戏；可以通过游戏平台让玩家通过完善的基础设施自行开发；也可以在社交网络中引入更多游戏化因素；还可以通过增强现实/虚拟现实技术提供更真实的物理世界体验。腾讯具备构建元宇宙的基础要素能力，有技术和"Know-How"（专门技术）构建模块，在游戏、社交方面具备经验，具有引擎、人工智能等方面的优势，并且能够连接更多的用户，这些都能够很好地支撑腾讯去打造元宇宙。

QQ拥有超过5.74亿月活跃用户，用户日均使用时长约35分钟，且秉持积极拥抱网络世代用户的原则，有望成为腾讯元宇宙计划的先行军。《王者荣耀》拥有超过1亿月活跃用户，用户日均使用时长超过140分钟，是国内覆盖用户最广的游戏，其IP逐步延伸至开放世界等多种游戏类型，如《王者荣耀·世界》等，因此它也可能成为构建元宇宙的一种方式；《和平精英》的月活跃用户与《王者荣耀》相近，用户日均使用时长约98分钟，其"绿洲启元"活动计划为玩家搭建了一个玩法制作平台，以便每个玩家构建其心目中的"绿洲"。事实上，微信、QQ的直接商业化能力并不强，二者主要是通过游戏渠道分账、账号体系来支撑团队竞技类游戏和支付业务，以实现间接商业化，腾讯游戏和金融科技业务占比接近70%，这些业务都将是腾讯通向元宇宙的重要基础设施或要素。我们已

第 9 章
未来商业模式：打造元宇宙平台

经赋予了元宇宙一些新的定义：规模庞大、持续存在、社交性强、沉浸感强、具备开放内容生态、去中心化管理体制。基于这些定义，我们可以归纳出元宇宙所需要的五个核心能力：拓展现实、图像引擎、游戏经验、用户生成内容生态以及社交系统。

2021年4月，腾讯平台与内容事业群内部发文宣布进行新一轮的组织架构和人事调整。最重磅的人事任命当数腾讯副总裁、腾讯互动娱乐事业群天美工作室总裁姚晓光接手了专家生成内容社交平台整体业务。专家生成内容社交平台业务的两大产品正是QQ和QQ空间，姚晓光成了QQ新的掌舵人。此举也被认为是腾讯在元宇宙领域的一次尝试。姚晓光一直以来都被认为是腾讯游戏的"中流砥柱"，自2006年加入腾讯后，他一直潜心于腾讯自研业务。此次的调整能够更好地为QQ的未来注入技术和想象力，推动"社交+游戏"进化。

早在2003年，QQ就已经具备了元宇宙的基础要素，这里指的是一代人见证的QQ秀。据说，QQ秀的缘起是这样的：腾讯的产品经理许良在韩国某个社交网站上冲浪时，对在付费前提下为用户提供表情、装扮、家具的虚拟形象"数字分身"功能十分看好，并决定把它本土化，加入QQ之中——也就是2003年1月上线的QQ秀。可以说，自那以后QQ便在迈向元宇宙的道路上不断前行。2021年11月，QQ内测了一项新功能——"QQ频道"。QQ频道是一种"娱乐协作新方式"，用户可在其中找到志同道合的伙伴，在相同的频道内聊天、直播、开黑[①]、创作等。QQ频道的入口独立存在于底部状态栏，足见其重要性。根据内测玩家的消息，QQ频道包含许多自频道，具体体验上类似于平台游戏中不同类型的玩法。比如在文字频道中，用户可以聊天、斗图、发红包；语音频道，支持99人连麦，像是一个大型聊天室；直播频道，支持直播和打赏；应用频道，服务于投票、开黑等活动。虽然依托于QQ，但在QQ频道中，用户完全可以用一个新的身

---

① 游戏用语，指玩游戏时，玩家可以通过语音或面对面交流。

份进行社交。除了缺少能让用户赚钱的"经济体系",QQ几乎是元宇宙一份完美答卷的体现。

每个人在元宇宙中都需要有一个数字分身,即用户个性的虚拟身份。与现在的用户ID不同,数字分身只有一个,它是具有自己的消费习惯、品牌偏好、数字资产的虚拟个体。而元宇宙中的营销对象便从现实用户变成了数字分身。创业企业PitchFWD创始人兼纽约大学客座教授萨曼莎·G.沃尔夫(Samantha G. Wolfe)表示,Z世代认为数字分身是他们自身的延续,这一代人热衷于个性表达,而元宇宙为他们提供了新的表达方式,也为创造这些表达方式的设计师提供了巨大的机会。敦煌研究院与腾讯QQ联合推出了"飞天散花"虚拟形象装扮,用户可以在QQ厘米秀中换上敦煌装扮,在聊天框中向好友发送"散花动作"的表情。用户可以以这一新颖的方式感受敦煌文化之美。这是敦煌研究院与腾讯达成合作以来,在传统文化保护上的又一次数字化尝试,也是敦煌文化与年轻化的社交场景的一次融合。厘米秀是Z世代QQ用户最喜爱的三个功能之一,它可用来制作自己的虚拟形象,并以这个形象和好友互动。随着元宇宙的逐步实现,去中心化成为现实,类似厘米秀这样的数字分身将替我们完成线上虚拟风格、消费习惯、品牌偏好的表达。而针对线上数字分身的营销方式也将出现,围绕数字分身兴起的虚拟装扮、虚拟表情等产业也会越来越兴盛。

腾讯音乐旗下的首个虚拟社交平台——TMELAND一直在探索虚拟音乐体验的更多可能性:从举办虚拟跨年音乐节,110万乐迷开启虚拟音乐初体验,到携手央视在五四青年节以晚会形式向全国用户展示数字分身与真实舞台同屏联动的数实融合体验,再到联动阿迪达斯经典系列打造"OZ未来音乐会",以虚拟社交潮流助力虚拟音乐体验创造更大的价值。

2022年10月25日,TMELAND为可口可乐打造的"可口可乐粉丝节元宇宙宠粉街区",是腾讯对于虚拟平台的一次尝试,用户可通过"TMELAND"小程

第 9 章
未来商业模式：打造元宇宙平台

序进入，降低了其进入元宇宙平台的难度。当前元宇宙行业的发展困境，在于行业发展与用户体验之间存在明显的脱节。其背后的原因，一方面在于许多元宇宙平台设置的用户体验门槛过高，另一方面也在于行业内缺少真正的长期主义者持续挖掘元宇宙市场价值释放的动力机制。而这一次 TMELAND 联合可口可乐粉丝节搭建元宇宙宠粉街区，实际上正是通过平台的持续迭代升级来疏解行业现有的瓶颈。

从平台的角度看，TMELAND 上线了微信小程序，用户只需通过小程序的下拉列表便可以进入元宇宙场景，几乎零门槛，用户交互操作的友好度大大提升；与此同时，TMELAND 小程序与可口可乐的小程序之间实现了无缝跳转，也为更多资本赋能提供了可能。从玩法的角度看，TMELAND 致力于开发出品牌展示、游戏、抽奖等更多沉浸式体验，使用户对元宇宙的感知趋于有形化、立体化，直观地感受到元宇宙场景中的沉浸式体验，将未来拉进现实。除此之外，TMELAND 在元宇宙场景的搭建中更加稳扎稳打，并规划了可持续发展的愿景，而不是仅仅为了一次营销活动的落地。从可口可乐粉丝节元宇宙宠粉街区的现有规模来看，TMELAND 实际上为更多虚拟数字场馆的建设预留了发展空间，且可以料想的是，这些场景的延展在未来会助力内容、娱乐、商业等更多维度的延展。

据悉，TMELAND 未来将持续上线各类新场馆。在第二波上线的可口可乐用户品牌馆中，用户将会发现麦当劳、京东、罗森、万达等现实中的场景都在元宇宙中赫然在列，美食、购物、娱乐等场馆一应俱全，形成了基于现实街区全方位的数字拟真和投射，而用户只需轻触小程序端口，便可在元宇宙中体验"沉浸式逛街"。在第三步的规划中，TMELAND 还将打造腾讯艺术艺人馆。同时，TMELAND 还将逐渐开放场景中数字场馆的运营权限，这就意味着在未来的元宇宙场景中将出现更多定制化的内容和产品，无论是品牌还是艺人，都有望在自己的虚拟空间内举办活动,例如召开新品发布会、演唱会等。TMELAND 不仅想要实现现实生活场景的模拟,还想要实现现实生活方式的数字化,开启文娱生活、社交生活全方位、沉浸式的元宇宙体验。从这一次的活动中足见TMELAND 在元宇宙行业的野心以及作为长期主义者的决心,而从手机级的应用来看,TMELAND 也几乎是目前可知实现程度最高的元宇宙玩法之一。一时的热点终究会过去,而在搭建的过程中留下更长远的发展空间,努力打造一个"共建共享"的未来音乐体验场景,才能沉淀真正的行业价值。

毫无疑问,腾讯这样的多元化互联网巨头具有非常多的元宇宙要素禀赋,它可以通过不同的"基地/载体",补足"缺失要素",逐步达成元宇宙目标。游戏和社交将成为腾讯进军元宇宙的重要突破口,产品经理文化和赛马机制①也非常有助于创新,腾讯的"元"宇宙将是百花齐放的。

资料来源:改编自《五月天加持,TMELAND 元宇宙跨年音乐会到底怎么样?》,https://new.qq.com/rain/a/20220104A0CUEI00,2023 年 9 月 4 日访问。

---

① 鼓励员工争先创优的企业管理机制。

第10章
不同行业的元宇宙营销

10.1 餐饮品牌联手 Z 世代

如何与年轻用户产生更多的连接与共鸣,成为新时代餐饮品牌集体讨论的热点。而元宇宙的出现,或将重新定义多元文化,使其成为适合未来的内容载体。

"买家年轻化"无疑是一大趋势。但"年轻化"毕竟是一个很宽泛的提法,唯一可以确认的是,以千禧一代、Z 世代等为代表的年轻群体,相比上一代,从消费行为到消费趣味都发生了很大转变。盲盒、NFT、虚拟形象……越来越多新的概念此起彼伏,它们正引领着下一个世代的消费趋势。

以"世代"定义人群的方式最早可以追溯到道格拉斯·库普兰在 1991 年出版的小说《X 一代:在加速文化中失重的故事》,他在书中着力描述和刻画了"X 世代"(大致出生于 1965—1980 年)的处世态度。由于他们对前途无法预见,却又不愿遵循父辈的职业和生活方式,因此,他们的人生便面临着"未知"或"虚无"。库普兰冠之以"X 代人"这一称谓,并使 X 符号蔚为流行。此后,大致以 15 年为一个世代,产生了 Y 世代(1981—1995 年生人,也称千禧一代)、Z 世代等概念。

Z世代受到互联网、智能手机、平板电脑等科技产物的影响巨大,可以说是第一个自小便同时生活在电子虚拟世界与现实世界中的原生世代,因此他们也常常被称为第一批"数字原住民"。作为数字原生代,Z世代用户展现了与前辈们截然不同的消费特征,而随着Z世代的逐渐成长和收入水平的提高,他们的消费能力也将会稳步提升。

案例 10.1

奈雪的茶——利用元宇宙创意走近 Z 世代

作为2015年刚刚创立的新品牌,奈雪的茶与传统消费品牌有所不同,其目标用户群体是喜欢尝鲜的 Z 世代年轻人,也积累了大量忠实的用户。但是,随着现制茶饮赛道新品牌的不断涌现,对于年轻用户群体注意力的争夺越发激烈,品牌也急需更多营销创意来拉新和留存。为了让用户产生眼前一亮的新鲜感,奈雪的茶选择了元宇宙这个主题作为营销创意,以其成立六周年的"生日季"这个年度最大的会员营销节点来落地执行。

在策略层面,奈雪的茶选择了更加多样化的元素:同时结合了虚拟数字人+数字藏品。一方面打造出品牌自有虚拟数字人 IP——NAYUKI,作为一个社会符号与用户产生更多情感连接,另一方面将 IP 的虚拟周边作为数字藏品发售,营造专属感和稀缺感。奈雪的茶官方数据显示,数字藏品发售后的72小时内,产生近2亿元交易总额,NFT盲盒与潮玩也在当日售罄。此次元宇宙主题活动,在营销上给奈雪的茶带来了很强的竞争力,实现声誉和销量的双向提升:在年轻群体中"出圈"效应明显,社交讨论度和拉新数增加;虚实跨界,虚拟产品带动了实体产品销售,交易总额进一步增长;沉淀了用户资产,未来可以与会员体系绑定,在用户生命周期内提供更多样化的服务和更强的互动体验。

Z世代年轻人同样喜爱有攻略意义的多样玩法,奈雪的茶就根据其需求推出"奈雪币"和虚拟股票。据奈雪的茶官方消息,自2022年6月30日起,用户获得的奈雪的茶的积分更名为"奈雪币",用户每消费1元可获得1奈雪币。目前,奈雪币只能通过下单和每日签到及其他任务免费获得。奈雪币的玩法多样,用户可以买卖虚拟股票,成为虚拟股东,而奈雪虚拟股票和真实股票的涨跌绑定。值得一提的是,用户还可以加入杠杆借币玩法,根据需要选择不同倍数的杠杆。奈雪币可以在商城里兑换各种优惠券、礼品。例如,100奈雪币可以兑换3元心意券,或者兑换霸气榴莲饮品3元现金券;1 300奈雪币可以兑换袋泡茶免费券;200 000奈雪币可以兑换一台苹果电脑。奈雪币和虚拟股票的实际玩法是积分兑换的方式,奈雪币作为单向币,进行虚拟股票买卖,不会受到现有金融政策的监督,而且最大限度地吸引了年轻用户的关注。

资料来源:改编自《新茶饮"内卷"战火再燃起,元宇宙是新世界还是新战场?》,https://baijiahao.baidu.com/s?id=1718935299088032663&wfr=spider&for=pc,2023年9月4日访问。

10.2 美妆行业的"游戏"元宇宙

在用户有着充分选择的当下,美妆品牌如何冲破日常用品的场景,向用户全方位地展示品牌及其历史以及其倡导的价值观,基于此吸引到与之产生共鸣的用户,辅以优质的消费体验,彼此形成强联结,正在成为各个品牌发力的方向。

在元宇宙浪潮下,游戏领域无疑是这个第二世界的领跑者,催生出了一批结合元宇宙的游戏平台,在构建虚拟空间、制作游戏内容、建设社交平台等方面都进行了更多的可能性实验。元宇宙与游戏产业结合的业态已经初现规模,二者结合将涌现出新的发展路径。

而美妆品牌若想要在元宇宙中获得知名度,首先就需要找到更具针对性的营销方案,且能够针对不同的预期效果进行灵活变通,其中与游戏平台进行合作推广就是其把握元宇宙机遇的重要法宝之一。根据调查,2022年全球61%的美妆迷们曾经玩过或者下载过免费网络游戏。重合度相当高的两个用户群体为美妆品牌指明了出路,即切实地在网络游戏中去接触美妆消费者,并为其提供真正的价值。

美妆品牌与游戏平台展开合作,不仅能够加深用户对品牌的准确定位,并产生一些话题度和新认知,更能够利用元宇宙游戏平台的高沉浸度,让自身也成为创造性体验的一部分。这种在游戏过程中的实验性和不断的创新发现对于用户来说有着超乎想象的重要性,完美提升了用户在美妆元宇宙游戏世界中的数字化体验。

案例 10.2

罗布乐思联合美妆行业聚焦游戏平台的数字化用户体验

游戏平台已经成为品牌升级线上战略、实现破圈层交流互动的首选。现在,就连香水品牌也不愿错过这一机会。2022年6月13日,纪梵希香水(Givenchy Perfumes)在全球游戏平台罗布乐思上推出了自己的元宇宙空间——纪梵希美妆屋(Givenchy Beauty House)。

纪梵希美妆屋由纪梵希香水与瑞典开发工作室 The Gang 合作打造,用户可以沉浸在一个魔法王国般的虚拟世界中,那里颇具都市风情,甚至还有一座灵感来自纪梵希已故品牌创始人休伯特·德·纪梵希(Hubert de Givenchy)的城堡。用户可以在指定的化妆台给自己的虚拟形象化妆,还可以参加比赛赢取数字时尚配饰。

虽然纪梵希美妆屋是罗布乐思平台的第一个沉浸式美容世界,但这并不是这个来自法国的奢侈美妆品牌第一次领先行业率先试水元宇宙。2020年，纪梵希香水曾在电子游戏《集合啦！动物森友会》中开发并推出虚拟化妆品系列，玩家可以使用自己的虚拟形象探索并拥有品牌的热门产品。

事实上，2021年，元宇宙吸引着美妆行业举行了一系列活动。2022年3月，LVMH旗下品牌娇兰发布了1 828件"Cryptobee"NFT作品，以此支持一项生物多样性倡议，为法国某自然环境恢复项目提供支持。与此同时，Nars宣布将于2022年4月推出针对中国用户的虚拟世界——Nonstop Nars Virtual World，允许用户定制自己的"数字分身"虚拟形象、尝试品牌产品，以及赚取Ncoim虚拟币。2021年，古驰限时开放古驰花园虚拟空间期间，该品牌也在罗布乐思平台上发布了Bloom Perfume（盛开香氛）数字藏品供用户购买。

入驻罗布乐思无疑是各大奢侈品品牌最向往的目标。虽然上线于2004年的罗布乐思早已不是什么新鲜事物，但2022年，各大品牌开始加紧利用罗布乐思平台资源布局元宇宙。罗布乐思等游戏服务平台曾经只是忠实玩家逃避现实的出口，而现在其已经发展成为全球时尚品牌获得收入的可靠来源，例如古驰的古驰小镇和汤米·希尔费格的Tommy Play（汤米演出）。

但是，游戏平台为何能赢得各大品牌的关注？首先，游戏行业为品牌提供了诸多益处，可以帮助品牌转变生态系统，获取潜在用户和电子商务机会。其次，游戏平台可以作为连接现实世界和虚拟世界的桥梁。如今关于NFT的炒作热潮趋于缓和，各大品牌转而开始探索在元宇宙世界接触用户的其他独特手段。虽然元宇宙面临的质疑声不断，但市场和平台为品牌提供了大量机会，品牌得以一边创造独特的数字化用户体验，一边将数字化体验与现实牢牢联系在一起。

纪梵希美妆屋不仅将现实生活中的营销活动与虚拟世界同步联动，还鼓励用户在现实世界中展示其为虚拟形象所打造的妆容，并在门店内提供对应产

品,以便用户进行购买。纪梵希香水是首批进入这个市场的品牌之一,但它肯定不会是最后一个。随着游戏平台逐渐成为奢侈品品牌互联网3.0长期战略的下一篇章,这些服务未来可能会成为最受全球用户欢迎、最具价值的电商渠道之一。

资料来源:改编自《Givenchy Beauty 入驻 Roblox,美妆品牌掘金元宇宙》,https://www.163.com/dy/article/HA152R0S0552U2HZ.html,2023年9月4日访问。

10.3 网络零售品牌的"区块链"化

线上渠道——流量入口的竞争已经进入白热化,流量重心变为高转化。近年来,数字化降本增效和基础设施带来的服务升级已经成为商家标配,内卷之下难以取得明显优势,传统增长逻辑开始失效,零售行业已经处于变革期。

流量增长困局之下,元宇宙带来大量新生流量场景,区块链技术或将改变零售行业,成为网络零售品牌营销之路的重要推动力。虽然区块链是以加密货币而知名的技术,但许多创新者很快发现了它在其他领域的应用。除了云存储、智能合约和智慧城市等非金融领域,区块链还被视为打破零售格局的理想解决方案。虽然这些改变不可能一夜之间就在整个零售领域实现,但区块链目前正在尝试改变零售这个传统行业,特别是在购物体验方面。

数据改善了用户的购物体验。区块链提供了一种收集和分析可用信息的有效方法,可以实时收集和评估来自用户和零售商等的数据。如此多的数据通过如此多的渠道获得,以至于这些数据是支离破碎的。这种碎片化数据使得筛选和找出能够指导零售商如何改变用户体验,以响应数据中描述的特定需求颇具挑战性,而这也正是零售商容易错失的机会。现在区块链平台可以从整个供应链收集数据,然后使用机器学习处理这些数据并给出见解和策略。

此外,区块链能确保供应链和物流数据的真实性及安全性,主要通过监督供应链中的每一个记录和表格来实现,这意味着数据不能被篡改。此外,供应链的每一步都有时间节点记录,一切都是经过独立核实的。其结果是对产品制造的地点、过程和时间进行严密控制。此外,区块链供应链模型还允许零售商指定运输、存储、交付和上架方式。伴随着这种真实性而来的是透明度,这有助于用户更多地了解他们所购买的产品,包括其生产的地点、方式和时间。此外,它还可以提供关于使用材料的介绍。这些额外的信息有助于吸引用户,并在他们和零售品牌之间建立信任。

案例 10.3

沃尔玛利用区块链技术完善用户体验

作为世界零售业巨头,沃尔玛最近几年的经营状况并不乐观。在各种形式的电商、新零售、微商甚至疫情的冲击下,2021年12月仅在美国本土沃尔玛就关闭了近60家门店。其在中国也同样陷入困境。据悉,自2012年至今,沃尔玛在中国已陆续关闭了超过120家门店,并已开始将重心转向印度等国家。

沃尔玛意识到,要想改变现状,必须在经营方式上与时俱进,与元宇宙结合就成为其发展的新方向。与Meta、迪士尼不同,沃尔玛并没有大张旗鼓地对其将进军元宇宙进行营销,而只是尝试为用户提供虚拟货币和NFT,在部分线下门店摆设加密货币自动取款机。若不是消费者新闻与商业频道(CNBC)的报道点出了沃尔玛的野心,这件事或许就不会被外界所关注。而沃尔玛似乎在进军元宇宙这件事上早有准备。早在2017年,沃尔玛就曾在西南偏南(SXSW)科技大会上放出过一段虚拟现实演示短片,用户以第一视角手推购物车进入沃尔玛,商品价码、简介等信息以文字形式悬浮在商品前,供客户参考选购,甚至还有虚拟的售货员协助购物。

自2018年以来,沃尔玛就已开始将区块链技术应用于供应链管理、用户市场和智能电器上。2021年8月,这家零售巨头又推出了一个"数字货币和加密货币产品负责人"的新职位,目的是推动数字货币战略。不过,目前该信息已被删除。随后,沃尔玛开始了紧密布局。2021年9月,有海外媒体称沃尔玛宣布用户可以用莱特币进行线上支付,但其很快否认与莱特币构建合作伙伴关系。2021年10月,沃尔玛与加密货币自动取款机企业Coinstar和加密货币交易所Coinme合作,在美国各地的门店安装了200台比特币自动取款机。2021年12月,沃尔玛甚至为制造和销售虚拟商品提交了7份单独的商标申请,表明其有意制造和销售虚拟商品,包括电子产品、家居装饰、玩具、体育用品和个人护理产品等。同时,它也在一份文件中提到"数字货币"和"数字代币",以及购买和销售NFT的机会。至此,沃尔玛的野心才真正显露出来,并且成功落实。联系其此前的行为,不难发现它一直在探索元宇宙世界,如今则一鸣惊人。

资料来源:改编自《还怕吃上问题食品?沃尔玛用区块链技术解决这个难题》,https://www.sohu.com/a/125440202_320672,2023年9月4日访问。

10.4 运动品牌入局虚拟专区

随着互联网技术和传媒渠道的飞速发展,人们对于线上社交和消费的需求越来越迫切。针对不同的消费需求和社交需求,运动品牌的网络营销逐渐转向社区化的发展模式,而虚拟品牌社区作为一种社交性的网络平台越来越受到运动品牌的重视。

在虚拟品牌社区中,用户可以通过与其他用户或品牌互动,更方便地获取信息、产品或服务,获得更好的购物和社交体验。而品牌方则可以根据用户的发言、访客记录等信息,挖掘潜在用户、维持现有用户并预测市场需求,从而更好地推广产品和服务。虚拟品牌社区不仅满足了用户的各种需求,如功能性、社交性、娱乐性和精神性等,还满足了品牌在商业、社会等多个层面的需要,展现出巨大的商业价值。

案例 10.4

耐克的元宇宙品牌专区——耐克训练俱乐部

2006年,耐克与苹果合作开发了一系列"Nike+"服务。最初这项服务的形式是:当用户穿着带有传感器的耐克鞋跑步时,跑步相关的数据记录会被上传到苹果便携式播放器设备中,之后用户可以把苹果便携式播放器连接到电脑上,上传跑步数据,与朋友进行比拼。2012年,耐克推出了一款叫"Nike+Fuel Band"的智能健身腕带。戴上这款腕带后,就算你没有专门去做任何运动,手环也能告诉你每天消耗了多少卡路里,并把消耗的卡路里换算成"耐克能量"积分。与Fitbit以及其他运动追踪设备不同的是,耐克推出"Nike+"服务与"Nike+Fuel Band"的目的并不在于销售多少与此相关的硬件设备,而是想要获取大量的用户数据,比如他们的运动方式、每天什么时段会做多少运动等,以此来推动耐克现有产品的销售。

然而,耐克最终还是放弃了通过外部设备获取人们运动数据的战略。因为当时有些竞争者已经开始生产能够进行运动数据管理的可穿戴设备,并且已经在用户中火爆起来。耐克推断,如果用户记录运动数据还需要另行购买单独的设备才能实现,那么耐克将很难靠此方式获取足够的数据样本。于是耐克将战略重点从硬件转移到了软件上,开始打造自己的运动元宇宙,让用户能够快速、便捷地沉浸其中。几经打磨,耐克目前主要提供两大类型的应用软件服务:一

个是跑步类应用软件 Nike Run Club,另一个则是综合各类运动管理的软件 Nike Training Club。在 Nike Run Club 中,用户可以分享自己的跑步路径与记录,与朋友相互鼓励、相互比较。在 Nike Training Club 中,用户可以参加知名体育明星的训练课程,并把训练成果分享到社交媒体上。在无接触的大环境下,人们无法聚集在一起共同做运动,于是使用 Nike Run Club 与 Nike Training Club 的用户数量急剧攀升。这个起初以"Nike+"起步的运动元宇宙正在把世界各地的人吸引到耐克的世界中来。通过品牌虚拟专区的创立与运作,耐克所获得的运动数据之详细、数据样本之广泛,超过了世界上任何一家企业或研究机构。与此同时,伴随着耐克元宇宙一起壮大的,还有企业持续上升的市值。截至 2021 年 1 月,耐克总市值估值达到了 2 196 亿美元,远远超过市值 676 亿美元的阿迪达斯。

耐克的元宇宙乐园为用户提供了前所未有的沉浸式数字体验,面向数字分身的营销为品牌提供了直接与用户沟通的机会,NFT 为品牌提供了"数字商品"这个新的产品形式和商业模式,同时,品牌元宇宙社区使品牌能够实现与用户的持续性实时互动,并在实时互动中与之建立新的品牌关系。面对营销生态和用户行为的改变,品牌应该始终保持尝试和学习模式,以强烈的求知欲探索营销思想和营销方法的迭代。耐克是积极探索元宇宙营销的品牌之一,不仅大力投入对数字商品的研发,还在元宇宙平台上建立了品牌虚拟专区。耐克的首席执行官约翰·多纳霍认为,耐克对元宇宙的积极探索是企业数字化转型的重要战略组成部分。元宇宙为耐克提供了一个连接用户、运动员和艺术家的平台,并把体育、创意、游戏和文化四个要素完美结合在一起。

资料来源:改编自《NIKE 宣布首个元宇宙场景,分析师称其并非单纯试验性质》,https://stock.stockstar.com/IG2023020700003594.shtml,2023 年 9 月 4 日访问。

第 10 章
不同行业的元宇宙营销

10.5 文旅产业：沉浸式虚拟旅游体验

随着虚拟现实、增强现实、5G、人工智能等技术的发展，元宇宙里描绘的部分场景已经能够在现实社会中找到些许雏形。元宇宙强调的"临场感""沉浸式体验"，也正好契合了数字化时代下文旅产业所追求的新模式。近年来，国内外政府、景区、酒店等也都在布局自身的元宇宙项目和产品。而文旅元宇宙作为专门为文化和旅游项目提供沉浸式消费体验而诞生的产品，以区块链作为底层技术搭建，以现实中存在的自然或人文景观资源为模板创造，为广大用户带来了全新的沉浸式文旅体验。

元宇宙在文旅领域的应用是指，以区块链技术为基础，模拟真实的自然或人文景观资源，为用户提供沉浸式文旅体验的虚拟世界。它与旅游业的结合有着天然的契合度，可以提供虚拟的旅游景观、场景、道具，以及交互参与、沉浸式体验等，这些都可以为旅游产品提供更好的用户体验。在元宇宙概念成为热点之前，数字化、虚拟现实技术及沉浸式体验在旅游景区已经有了一定的应用，产生了经济和社会效益，这也是文旅产业对元宇宙概念充满热情的原因之一。

对于沉浸式景区来说，元宇宙具备较强的示范意义，元宇宙与沉浸式景区在概念、战略机遇、发展前景等方面，都有着极其相似的发展特征。单从为人们提供体验性产品的角度来解读，元宇宙能够通过场景营造和数字设备提供虚拟场景体验和生理性情感反应，这些都可以在沉浸式景区的产品内容生产上得到充分的运用。因此，无论是从宏观角度还是微观角度看，元宇宙都为沉浸式景区的发展指明了方向。沉浸式景区所提供的是实景化的真实世界沉浸式体验，通过实景再现的方式，构建写实性故事情景的游览观赏、体验娱乐场景，营造具有真实感的物理空间，为用户创造一个超脱于日常生活的沉浸式休闲度假景

区,并利用真实的演职人员和旅游演艺产品,让用户进行角色扮演、身份转变、情绪交流、文化探索、情景消费等真实且具有温度的体验。用户可以根据自己的假期安排,在景区里游览,并在持续的沉浸式体验过程中,获得日常休闲生活需求的满足。

案例 10.5

迪士尼的数字化转型——沉浸感的全方位塑造

迪士尼将元宇宙和互联网 3.0 视作"下一代叙事方式",早在 2020 年 11 月就透露了自己的元宇宙战略。迪士尼执行副总裁提拉克·曼达迪曾披露迪士尼元宇宙战略:用人工智能、虚拟现实、机器人、物联网等技术,将虚实共生的乐园内外整体体验向更高层级的沉浸感和个性化推进。他曾表示:我们乐园讲故事的方式一直在演变:从经典的、线性的故事,到互动的故事,再到沉浸式故事。现在,我们讲故事的方式正逐渐变得个性化和社会化。

迪士尼透露,增强现实技术将是其战略的一个关键要素。一切都始于一个联网的乐园。计算机视觉、增强现实、人工智能和物联网等技术支持将物理环境与数字世界无缝结合,并重新定义乐园的体验。迪士尼的原创舞台剧《冰雪奇缘》(*Frozen*,*A Musical Spectacular*),将传统的剧院技术与最先进的增强现实技术相结合,通过运动追踪视频图形与大型移动布景的结合创造出一个冰雪世界,使游客沉浸其中。

沉浸感不单体现在感官的真实性上,互动性也是其中的重要一环。曼达迪总结了元宇宙在增强迪士尼乐园之外讲述故事方面所发挥的作用:元宇宙允许人们扮演既定角色,甚至可以做自己,在整个故事中为自己创造角色,也可以给故事增添新角色。这是元宇宙实现个性化的关键。而作为迪士尼突出的一款反向增强现实的游戏,"Play Disney Parks"(玩转迪士尼乐园)的游客需要跟家人或朋友一起完成任务,根据蓝牙设置,借助手机摄像头激活周围隐藏的增强现实元素,比如在排队等候乘坐太空飞船时,可以看见火箭飞过头顶等。

资料来源:改编自《元宇宙+旅游业:3大典型案例和4种发展路径》,https://new.qq.com/rain/a/20220313A08FA400,2023年9月4日访问。

10.6 面向B端企业的数字工厂

互联网的发展路径带给我们的启发是,从长远来看,基础设施级别的B端应用可能才是元宇宙未来最大的赢家。而在面向B端企业的元宇宙革命中,数字工厂的到来无疑是面向B端企业的营销活动的亮点。此前,由于工业互联网快速发展,大型工厂规模不断扩大,存在着智能监控装置部署分散、日常巡检与管控压力大、人员成本高、生产协同困难、产品定制化困难、系统维护自动化程度低和上岗工人培训耗时费力且成效不够显著等一系列问题。

为带动生产力提升、改进工厂生产模式、人员协同模式,促成企业数字化转型和以人为本的理念转型,优化产业生态,进而促进价值分配与经济模式转变,保障人员生产安全和设备运行安全,打造工厂元宇宙成了数字化工厂进一步升级转型的关键。元宇宙是集成了扩展现实、人工智能、区块链和5G等多种技术的融合成果,需要较高的应用条件,而大型工厂作为具有相对固定场所且数字化程度较高的物理环境,完全具备构建元宇宙的条件与优势。

综合案例

三一重工数字工厂——工业元宇宙领军者

三一重工是国内知名重机械设备生产制造企业,曾参与建设阿联酋迪拜

塔、上海中心大厦、广州"小蛮腰"等地标性超高层建筑。三一重工同时也是国内首家"破千亿元"的工程机械企业,正是因为有强大的基础,三一桩机工厂被选为"灯塔工厂"。8个柔性工作中心,16条智能化产线,375台全联网生产设备,这不是一家普通的工厂可以达到的规模。

三一重工自决定建立"灯塔工厂"以来,便成立了智能研究总院,致力于将工厂打造为智慧工厂。伴随着5G时代的到来,网络不稳定、网速慢、时延长等问题也迎刃而解。增强现实仓储系统的打造是三一重工旗下盛景智能科技公司面对的首要问题,据介绍,该系统是行业首个基于增强现实和语音识别技术的智能仓储系统,实现拣货流程100%替代,配送流程60%替代,拣配错误率降低60%以上。增强现实目前需要通过手势、语音、遥控等进行交互,但是三一重工竟然选择了在嘈杂的工厂内应用语音识别技术,这是令很多人都意想不到的。三一重工选择了和知名增强现实企业Rokid合作。Rokid根据以往的经验及解决方案,为三一重工解决了在高噪音环境下应用语音识别技术的难题。增强现实智能仓储系统通过5G工业云专网将拣货配送任务实时下发至员工增强现实眼镜,分拣员和配送员通过增强现实眼镜接收拣配任务,全程语音交互,解放了员工的双手,提升了作业效率。

选择增强现实来助力打造智慧工厂,是三一重工的明智选择。"灯塔工厂"远远不能通过体量大小来衡量,而应通过工厂是否智能化、数字化、全球化来衡量。增强现实作为目前的前沿科技,解决语音识别等问题后,更利于工作的开展。三一桩机的数字化转型印证了"灯塔工厂"的意义:人让机器变得更有效率,机器让人变得更有价值。

资料来源:改编自《三一重工探索数字化转型:要么翻身要么翻船,做奔跑的大象》,https://www.thepaper.cn/newsDetail_forward_14784031,2023年9月4日访问。

第11章
元宇宙营销挑战

  A股上市企业天下秀数字科技集团推出了一款App——"虹宇宙"（Honnverse）。用户下载虹宇宙App后，可以在其中创建3D虚拟形象，拥有自己的3D虚拟住宅，并开展社交活动等。该应用软件详细展示了13种房型，每种房型的发行量和稀缺度都不同，房子的等级从高到低分为SSS、SS、S、A、B级，级别越高越稀有，价格从8.88元到88元，甚至更高。"我的星产证明"则包括用户在这款应用程序上拥有的土地和房产，根据用户拥有的房产的数量还有一个世界排名。在虹宇宙里，你既可以装饰自己的房子，也可以去别人的房子里参观。"超级稀缺，半海景别墅，买到就是赚到！"虹宇宙上线伊始，其虚拟房产市场便遭遇爆炒。虹宇宙虚拟房产的价格屡创新高，在二手平台上，一个虹宇宙的房型，挂牌价从几百元到几十万元不等，价格最高的一套达到99.99万元。据玩家回忆，当时虚拟房产一天一个价，大家都怕错过了暴富的机会。

  随后，该企业股价连续涨停，市值飙升近50亿元。上交所随后发布了对该企业及相关负责人的监管警示。上交所的监管文件称，元宇宙等相关产品、技术处于当前市场高度关注的热点时期，但企业实际并未参与增强现实、虚拟现实、混合现实及相关硬件技术研发，亦无相关硬件技术储备或专利，企业主营业务也未发生重大变化。经过一段时间的疯狂炒作后，2021年12月底，闲鱼等二手平台屏蔽了"虹宇宙""虚拟房产"等关键词，并将涉及交易的内容下架。虹

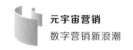

宇宙官方微博也发文表示对所有涉及私下交易、诱导交易、炒作、欺诈等违规违法行为进行重点监控,一经发现,将对相关账户采取限制登录、禁止登录等措施。

由此可见,元宇宙当中还是存在不少"言过其实"的骗局,在体验元宇宙精彩世界的过程中,如何防患于未然,保证隐私安全、数据安全、数字人权等诸多问题,值得我们重点关注。

11.1 维护用户隐私与数据安全

自元宇宙概念爆火至今,不难发现,它确实存在巨大的泡沫成分,但元宇宙的深远价值在于它确立了未来互联网的发展方向。伴随元宇宙的发展,人类的数字化生存、行业各界的虚拟数字人布局、打造可视化的IP、将人工智能人格化成为未来的必然趋势,虚拟数字人和数字分身将会在未来元宇宙的沉浸式体验中实现真正的交互,数字分身将会产生更多的需求,与品牌有更多、更直接、更频繁的互动。尽管元宇宙营销吸引了大众的关注,但是各方面布局都还处于比较初级的阶段,仍然面临诸多的困难与挑战。

例如,作为元宇宙游戏平台的代表,罗布乐思每月有约1.64亿的活跃用户,美国16岁以下的儿童中有一半在罗布乐思平台上玩游戏。罗布乐思的盗号问题频发,以至于其在官网展示了找回账号的步骤,但并不是所有人都可以幸运地找回账号。常见的盗号原因包括浏览器外挂、密码被泄露、未绑定电子邮箱等,往往只有那些做了足够的事前准备工作的用户才能顺利找回账号。不过,即便找回了账号,也面临账号道具或货币遗失的问题,且难以复原。由此可见,元宇宙伴随着大量的隐私和数据安全问题。

第 11 章
元宇宙营销挑战

11.1.1 隐私问题

当代人虽然凭借互联网技术获得了诸多便利,但也因此让渡了对隐私的控制权。连我们自己也不知晓,我们的个人信息究竟流转到何处、被利用到了何种地步。前几天刚去过某商店,今天就被推送了同一品牌的广告,甚至只是昨天和朋友聊天时提到了某款产品,今天就被网购平台推送了该产品的广告信息……人们为了保护个人信息,甚至出现了"戴着头盔去看房"的情况。

元宇宙时代产生的信息安全风险远比移动互联网时代严峻复杂。为了提供沉浸式、交互式体验,元宇宙势必会对用户生理、行为等与个人属性强相关的信息,包括指纹、虹膜、心跳、脑电波等进行采集分析。与此同时,用户在元宇宙中的经济交易、社交往来等行为也会产生大量信息,更大量级的隐私收集,也意味着更高维度的隐私风险。这些个人隐私信息一旦被泄露或滥用将导致严重后果。例如,在增强现实环境中,一家企业可能希望为一个用户提供沙发广告,因为他们在该用户的增强环境中看到其沙发有点破旧。通过人工智能,他们会为该用户推送与他家墙上油漆颜色相匹配的沙发广告。广告的推送不再是根据人,而是根据人的行为(例如你的眼球在特定内容上停留了多久)和关联信息来进行。

随着元宇宙及相关技术的不断普及,以数字形态存在的个人信息将全方位暴露于虚拟时空中,元宇宙对海量个人信息的收集将前所未有。在运用元宇宙技术进行营销的过程中,企业可以更多地让用户参与到"创造"的过程中,可以更多地根据用户的感受来满足其个性化的需求。但是,由于元宇宙对个人信息收集的海量性、集中性、隐私性,一旦其被泄露,个人隐私的损失将是全方位的,将对公众人身安全、财产安全造成巨大威胁。企业在进行元宇宙营销的过程中必然会收集更多的用户个人信息,这些数据具有相当可观的商业价值,如果企

业没有保护好这些数据导致它们被不法分子恶意使用,将会给企业带来巨大的亏损与灾难,同时也会泄露用户的个人信息,使用户受到伤害,最终导致用户对品牌的信任度下降,让企业损失已有或者潜在的用户,不利于品牌的发展。

11.1.2 数据安全问题

作为新生事物,元宇宙被认为是移动互联网的下一个形态,为实现全球数据大爆发提供了可能。一方面,数据的全球化为经济增长带来了新的动力;另一方面,无序的数据流动也助长了资本野蛮生长,放大了资本的消极作用。元宇宙在未来极有可能是多家企业联手打造的一个虚拟空间。对于用户来说,各家企业之间如何协同保护数据、如何确保隐私数据的安全性必然是其最担心的问题。数据资源的不合理配置会导致平台之间掠夺、争抢数据,出现滥采滥用数据、数据泄露、数据垄断等问题,危害数据安全。以在线打车平台为例,其不仅掌握大量的双边用户数据,更对城市出行的交通信息了如指掌。从某种程度上来说,掌握庞大体量的数据给予了其超越政府的力量,它既可以利用算法识别并分析用户画像后实现"大数据杀熟",又可以利用动态数据对城市出行状况进行实时监控。

开发元宇宙技术的企业的商业模式依赖于收集用户的详细个人数据。例如,想要使用奥科勒斯探索系列第二代的人,必须拥有 Meta 平台账户等。虚拟现实头显可以收集高度个人化和敏感的数据,如用户所处的位置、用户的身体特征、动作以及声音等。但元宇宙企业并未承诺将这些数据保密或限制广告商可能对其进行的访问。随着元宇宙相关技术及业务生态的不断发展,数据量将呈爆炸式增长,随之而来的数据安全问题也将日益凸显,借助去中心化特征,元宇宙业态将以全球化模式发展,将不可避免地涉及数据跨境问题,对数据安全保障造成严峻挑战。

11.2 规范元宇宙社区:成为守法"元"公民

作为一个理论上去中心化、平等共建的空间,元宇宙被许多人认为是能够遏制网络仇恨言论、保护用户隐私的完美社区。比如 Decentraland 声称可以通过智能合约和社区监控帮助消除仇恨言论。因为大多数元宇宙空间都是用户自主运行的,这意味着理论上用户可以共同投票淘汰一些有污点的人,保持社区的良好运行。但现实往往并不按理论运行,与许多互联网平台一样,当形形色色的人参与进来时,也会带来许多不良行为、仇恨、极端言论等。

元宇宙推动了人类"感知数字化"的发展,随着各类虚拟空间感知设备的发展,现实社会中的各种问题可能都会在虚拟空间上演,对这些问题的界定需要一套新的标准体系。面对新的变量环境,用户道德感下滑等新问题可能也会出现,因此,对"边界"问题的处理关乎元宇宙的长远发展。这又延伸出新的问题,在道德之外,元宇宙中还有许多规则和标准需要补足,如法律、经济、隐私和知识产权等方面的问题,现在这些领域都还是空白。

当下,虽然元宇宙社区是高度去中心化的,但其实各类虚拟社区的治理、交易等规则都由企业巨头把控和引导。自由度更高的元宇宙并不意味着毫无标准,也不意味着只能靠算法去制约用户的行为,元宇宙的边界要有一套完整的"秩序体系",并需要专门的监察和执行机构去界定及惩罚试图越界的用户。

面对从道德和法律层面都与现实世界截然不同的元宇宙社区,政府更应采取相应的防范措施。首先,需要由相关部门对以元宇宙概念运营网络社区、网络游戏、网络交易的企业,依据《中华人民共和国网络安全法》等法律法规的要求进行监管。其次,跟踪研究其中产生的新模式、新机制,提前研究制定监管法律和规范。关注该类企业和社区的发展,根据需要制定备案登记制度、运营交

易模式监管制度,避免出现利用"元宇宙"社区进行社会舆情引导,对金融、经济模式造成冲击,用户数字人权受损等情况,提前防范系统风险。最后,政府在技术、标准、法律等方面做好前瞻性布局,特别是明确产业的边界红线和"禁区",这样也有利于企业创新和探索,使元宇宙真正成为驱动经济持续健康发展的新引擎。

11.3 品牌资产保护——元宇宙产权隐痛

作为一个现阶段热门的营销概念,品牌可以通过元宇宙营销占据流量风口,提升品牌热度,同时也可以通过打破以往与用户的互动模式,拉近品牌与用户尤其是年轻用户之间的距离。尽管元宇宙营销看上去令人欢欣鼓舞,但品牌不能忽略元宇宙营销中可能存在的不同风险,如品牌知识产权、商标权受到侵害等问题。

以元宇宙中最普遍的 NFT 生产、交易为例,人们通常认为非同质化的区块链属性能帮助品牌保护知识产权、杜绝盗版,但往往事与愿违,涉嫌 NFT 的侵权纠纷已经出现。2021 年 12 月,美国艺术家梅森·罗斯柴尔德(Mason Rothschild)以爱马仕经典铂金包(Birkin)为灵感,创作了 100 个名为 Meta Birkin 的 NFT,并在公开的交易平台上发售。而爱马仕认为 Meta Birkin 系列剽窃了爱马仕铂金包的设计,也就是说,设计师在元宇宙中侵犯了品牌的商标权,是未经授权的创作和销售。这一案例也被看作元宇宙品牌侵权第一案。此前大火的元宇宙社交应用软件啫喱也出现过多起设计抄袭的问题,一些角色装扮配件与许多时尚品牌单品设计类似,比如时尚品牌 By Far 的 Miranda 手提袋、THE JINGINGLAB 的花朵包等。这些事件也引发了人们对元宇宙品牌安全的关注。可以预见,未来此类侵权的法律问题将伴随元宇宙的发展在实践中越来越多,如何防范或扼制此类问题也将成为品牌的一大挑战。

自社交媒体发展壮大以来,大多数企业早已习惯仔细监控全部意外情况。而元宇宙带来的竞争更加激烈,并且用户对元宇宙的控制权逐渐增大,品牌被用户恶搞或破坏的风险也更高,如企业聊天机器人可能会被程序诱导引入种族主义对话中。这就需要品牌在营销策略上做到全面、谨慎和精确。品牌需要实时监控虚拟世界,提前应对这些问题以降低品牌可能遇到的风险。举例来说,品牌在向用户出售NFT或允许他们进入虚拟空间之前,可以将某些规则纳入强制智能合约,以此来保障品牌安全,否则,用户无法使用该程序。

品牌也必须真正地了解元宇宙运营所带来的财务和声誉风险。一些元宇宙平台拥护者鼓吹封闭式元宇宙社区的保护性因素,而另一些则相信"智能合约"的安全性,试图通过区块链基础设施来提高用户对平台的信任度和平台本身的透明度。事实上,网络游戏和社交媒体的发展史表明,不法分子无孔不入,总会借机从事违法犯罪活动。在这个本就充满不稳定因素的环境中,企业需要考虑元宇宙对社会生活的影响。最好的处理方式是建立一个跨职能工作组,由来自人力资源、法律、技术、通信、营销和运营方面的代表人员组成,同时还应包括特定专业(游戏、加密货币和非同质代币等)的内部或外部资源。

11.4 元宇宙成瘾——未来电子世界隐患

现在人们普遍沉迷于网络,但元宇宙凭借其高度沉浸和交互式的特点,远比互联网更具诱惑力。未来,当元宇宙真正成为超越现实世界的第二空间时,用户在元宇宙中待上几天可能会变成常态,"元宇宙成瘾"或将成为现实。

在元宇宙中,所有的虚拟互动都会更加激烈和刺激,用户的感受会比通过手机、平板电脑体验到的更加真实。一方面,数字技术的使用确实可以让人们

暂时逃离现实和缓解生活压力,并带来暂时的快感,但过度使用数字技术会导致诸多的心理健康问题,包括抑郁、易怒,甚至严重的精神疾病等。另一方面,元宇宙的到来确实为用户带来了不少益处。元宇宙作为一个实体化的互联网,用户可以尽情地在其中探索,几乎可以做到任何能够想象到的事情——与朋友聚会、学习、工作、购物,甚至创造新事物,这种全新的体验将会打开智能技术体验的新篇章。此外,尽管元宇宙会带来一系列有关数字成瘾方面的问题,但其同样也为用户提供了一个全真的心理治疗的就医环境。不少虚拟现实企业正致力于这一领域的心理健康应用,这项技术给人们的健康带来的潜在好处让人兴奋不已。

为预防数字成瘾问题,最大化用户权益与福利,政府与社会组织需要切实展开相关部署。社会公益组织、大中小学校要突出元宇宙情境下的道德教育深化,积极传导数智伦理,提升社会公众和数智用户的数智素养,避免技术成瘾、隐私泄露、算法暴力和数字歧视等问题。另外,社会组织和用户个体应遵守元宇宙相关法律法规,积极配合政府构建起道德规范机制和监督反馈渠道,共同建立和谐健康的元宇宙社会。元宇宙外部治理为元宇宙的向善发展提供了生态土壤和能源动力,是元宇宙社会的基础性治理。

综合案例

广州元宇宙仲裁院——法律界新突破

2022年7月,为贯彻落实习近平总书记不断做强做优做大我国数字经济的重要指示精神,顺应元宇宙蓬勃发展的潮流,发挥仲裁机制公正、高效、专业、灵活和经济等优势,在超媒体控股的支持下,广州仲裁委员会建设了全球首个元宇宙仲裁院——Meta City元邦仲裁院(以下简称元邦仲裁院),切实提升和完善元邦城市的数字经济治理体系,拓展网络经济空间,促进互联网和经济社会融合发展,开创元宇宙仲裁规治的先河。

广州仲裁院一直以来都非常重视科技赋能,努力开创仲裁行业的新模式。广州仲裁院发布了世界上第一个互联网仲裁"广州标准",推动了互联网仲裁的发展;还打造了世界首个亚太经合组织在线争端解决平台,积极促进国际互联网仲裁服务的发展;更是开展了世界上首次跨国远程庭审,通过技术手段实现了在线审理,为当事人提供了更为便捷的仲裁服务。

随着科技的不断发展,广州仲裁院未来将继续与超媒体控股展开合作,探索将元邦仲裁院建成全球首个虚拟仲裁庭室。该庭室将借助虚拟现实技术,在元宇宙中打造出与现实世界相似的虚拟环境,为当事人提供更加真实的仲裁体验。与此同时,广州仲裁院还将推出全球首个虚拟仲裁秘书,让当事人能够享受到更加高效、智能化的仲裁服务。未来,在条件成熟的情况下,广州仲裁院还将推动虚拟世界立法,打造一个更加规范的虚拟社会环境。

为了更好地服务于当事人,广州仲裁院还研发了"云小仲"智能机器人。该机器人集身份识别、在线立案、智能咨询于一体,能够协助当事人进行无障碍立案,并为当事人传达仲裁前沿资讯、普及仲裁法律知识,实现互联网+法律的深度融合。这一创新将开启仲裁服务的新时代,也将为元宇宙中的仲裁服务提供更加便捷的智能化解决方案。

资料来源:改编自《首宗元宇宙财产纠纷仲裁案五天调解结案 广州仲裁委员会设元宇宙仲裁院办理涉虚拟世界案件》,https://finance.sina.com.cn/tech/internet/2022-11-16/doc-imqqsmrp6381369.shtml,2023年9月4日访问。

参考文献

中文文献

毕斯鹏、吕鹏,2023,《"元宇宙世代"的属性、开启与发展——基于世代理论的青年社会学研究》,《中国青年研究》,2:4—14。

卜庆娟、金永生和李朝辉,2016,《互动一定创造价值吗?——顾客价值共创互动行为对顾客价值的影响》,《外国经济与管理》,38(9):21—37。

程思琪、喻国明和杨嘉仪等,2022,《虚拟数字人:一种体验性媒介——试析虚拟数字人的连接机制与媒介属性》,《新闻界》,7:12—23。

李安、刘冬璐,2022,《元宇宙品牌营销生态系统的重构逻辑与策略》,《现代传播:中国传媒大学学报》,44(12):161—168。

李杨、杨慕柴蓉,2020,《网络微社区影响下文化旅游服务平台设计研究》,《包装工程》,41(16):15—20。

梁娟娟,2023,《元宇宙赋能跨境电商独立站营销模式创新研究》,《现代营销(上旬刊)》,1:148—150。

刘邦高,2022,《从触点到界面:新媒体环境下的品牌传播思维模式》,《传播与版权》,4:102—104。

刘婷婷、刘箴和许辉煌等,2020,《基于情绪认知评价理论的虚拟人情绪模型研究》,《心理科学》,43(1):53—59。

龙思薇、周艳,2021,《营销云:以客户体验为中心的新型营销》,《现代传播:中国传媒大学学报》,43(12):132—136。

史安斌、杨晨晞,2021,《从NFT到元宇宙:前沿科技重塑新闻传媒业的路径与愿景》,《青年记者》,21:84—87。

王静、李永林,2023,《区块链赋能下电商平台的网络效应重构与定价研究》,《技术与创新管理》,44(1):69—76。

奚楠楠,2018,《游戏化互动对品牌资产的影响研究》,博士学位论文,中南财经政法大学。

夏翠娟、铁钟和黄薇,2023,《元宇宙中的数字记忆:"虚拟数字人"的数字记忆概念模型及其应用场景》,《图书馆论坛》,43(5):152—161。

杨丹辉,2022,《元宇宙热潮:缘起、影响与展望》,《人民论坛》,7:14—20。

易宪容、陈颖颖和于伟,2020,《平台经济的实质及运作机制研究》,《江苏社会科学》,6:70—78。

喻国明、耿晓梦,2022,《元宇宙:媒介化社会的未来生态图景》,《新疆师范大学学报(哲学社会科学版)》,3:110—118。

张夏恒、李想,2022,《国外元宇宙领域研究现状、热点及启示》,《产业经济评论》,2:199—214。

郑诚慧,2022,《元宇宙关键技术及与数字孪生的异同》,《网络安全技术与应用》,9:124—126。

英文文献

Colicev, A. 2023. How can non-fungible tokens bring value to brands. *International Journal of Research in Marketing*, 40(1):30-37.

Hwang, Y. 2023. When makers meet the metaverse: Effects of creating NFT metaverse exhibition in maker education. *Computers & Education*, 194(4): Article 104693.

Kshetri, N. 2022. Web 3.0 and the Metaverse Shaping Organizations' brand and product strategies. *IT Professional*, 24(2):11-15.

Lee, J. K., Kwon, K. H. 2022. Future value and direction of cosmetics in the era of metaverse. *Journal of Cosmetic Dermatology*, 21(10): 4176-4183.

Marthews, A. and Tucker, C. 2023. What blockchain can and can't do: Applications to marketing and privacy. *International Journal of Research in Marketing*, 40(1): 49-53.

Sailer, M., Hense, J. U., Mayr, S., et al. 2017. How gamification motivates: An experimental study of the effects of specific game design elements on psychological need satisfaction. *Computers in Human Behavior*, 69: 371-380.